和珅传

何国松◎主编

吉林大学出版社

图书在版编目（CIP）数据

和珅传/何国松主编．—长春：吉林大学出版
社，2009.1
ISBN 978-7-5601-5106-9

Ⅰ.①和…　Ⅱ.①何…　Ⅲ.①和珅（1750～1799）—
传记　Ⅳ.①K827＝49

中国版本图书馆 CIP 数据核字（2009）第 215055 号

书　　　名：和珅传
作　　　者：何国松
责 任 编 辑：王世林
责 任 校 对：王世林
封 面 设 计：点滴空间
出 版 发 行：吉林大学出版社
社　　　址：长春市明德路 421 号
邮　　　编：130021
发 行 部 电话：0431-88499826
网　　　址：http：//www. jlup. com. cn
　E-mail：jlup@ mail. jlu. edu. cn
印　　　刷：三河市金轩印务有限公司
开　　　本：710×1000 毫米　1/16
印　　　张：16
字　　　数：310 千字
版　　　次：2009 年 1 月第 1 版　2020 年修订
书　　　号：ISBN 978-7-5601-5106-9
定　　　价：58.00 元

前　言

　　一提起和珅，大多数人的脑海就会浮现出一个贼眉鼠目、大腹便便的贪官形象。其实历史上的和珅是清朝乾隆年间一个著名的美男子，他性格机敏，头脑聪慧，二十七岁时，官职已至军机大臣，掌管国家内政外交，赢得了乾隆皇帝的绝对宠信，成为把握大清王朝实权的重要人物。和珅集国家行政权、财权、兵权、人事权于一身。他是理财高手，办事奇人，却把许多财产都"理"到他自己家中。乾隆死后，和珅的家产被嘉庆皇帝抄没，人被赐死，其家产数额甚巨，民间遂有"和珅跌倒，嘉庆吃饱"的说法。

　　和珅的一生可以说是充满了数不清的传奇和疑问。本书以此为主旨，全面描述了和珅从普通官学生，到权倾朝野的"二皇帝"，最终被缢杀于狱中的一生，是中国历史人物传记创作上的一部不可多得的力作。

　　当然，本书并非一本历史学著作，因此，我们在尊重史实的基础上，根据行文和读者的需要，合理、大胆地进行了合乎文学规律的再创作和艺术加工，以期为读者带来最大的精神享受和阅读享受。

　　由于学识所限，加之时间仓促，本书的不当之处自是难免，诚望各位读者提出宝贵意见，在此先予致谢。

目　录

第一章

孩童时代

和珅，原名善保，字致斋，出生于乾隆十五年（1750 年），是满洲正红旗二甲喇人。甲喇为满语，汉译为"世""代"等意，是八旗组织中的第二级。说起和珅的家世，就得从满洲的崛起说起。

满洲崛起于中国东北地区，其统治民族满族，最早可以追溯自世代生息在白山黑水之间的女真人（其先人在先秦时期称"肃慎"，两汉三国时期称"挹娄"，两晋南北朝时期称"勿吉"，隋唐时期称"靺鞨"，唐末五代时期开始称"女真"）。明朝时，女真人分为建州、野人、海西三大部。建州女真主要分布在长白山北部至牡丹江、绥芬河一带，是三部中实力最强，受汉族文化影响最深，社会经济发展最快的一部。明朝中叶，由于野人女真的不断侵扰，建州女真开始往南迁移，宣德年间，主要活动于图们江、鸭绿江流域，最后在明英宗统治时期，迁居到浑河、苏子河上游一带，并在以"费阿拉"（亦称"费雅郎阿"，即所谓"旧老城"）与"赫图阿拉"地方（此二地均在今辽宁省新宾满族自治县境内）为中心的地区定居下来。

明朝政府对"女真三部"的统治，主要是采取"使其各自雄长，不相归一"的"分而治之"政策，常常是打一部，拉一部，在他们之间制造各种矛盾，再加上实行防、抚、剿三管齐下的手法，使其各部相互牵制，不相统一。因此，直到明朝后期，中央政府对女真各部还实行着有效的统治。后来明政府看到建州女真逐渐强大起来，便将其一分为三，分别设立了建州卫、建州左卫和建州右卫。

后金创始人努尔哈赤就出身于建州左卫的头领（"都指挥使"）之家，姓爱新觉罗。据说他的先祖布库里雍顺是仙女佛库仑在长白山天池沐浴后，吃了放在她衣服上的灵鹊衔来的（红）果子所生。当然这

只是神话传说而已，不必认真。但是，他的六世祖猛哥铁木耳（亦称孟特穆）确实做过建州左卫的都指挥使；其曾祖父福满柱（亦称福满）与其祖父觉昌安（亦称叫场）也都做过建州左卫的都指挥使；他的父亲塔克世（亦称塔失、他失）后来继任该职。努尔哈赤十岁时，其生母去世，因受不了继母虐待，十九岁时与其父分家另过。此后，他曾带着当地的土特产到抚顺城与汉族商人进行贸易，也曾在明将李成梁部下当差，从而使他深刻了解了汉族文化、习俗（如受《三国演义》和《水浒传》影响很深），并初步掌握了明朝在辽东的实际情况。万历十年（1582 年），李成梁在帮助建州卫苏克素护部图伦城主尼堪外兰攻打建州右卫酋长阿台时，误杀了觉昌安和塔克世。事后明政府虽然任命努尔哈赤承袭建州左卫都指挥使、都督金事，并加封龙虎将军头衔，同时还赐他三十余封敕书和三十匹马以表歉意，但这一切始终也未能平息努尔哈赤心中的怒火，误杀一事成了他日后反明的口实。当年五月，努尔哈赤以其父留下的十三副盔甲起兵，以为父、祖父报仇为名，率众讨伐尼堪外兰，并从此开始了统一女真各部的战争，经过二十余年的征战，最后统一了女真各部，并创立了八旗制度，这是一种兵民合一的制度。原来女真人进行狩猎、生产和军事行动时，每十人为一基本单位，名为"牛录"（满语，汉译为"箭"），其头目称"额真"（满语，汉译为"主"），即所谓汉译"佐领"。实力壮大后，改为每三百人为一"牛录"，五个"牛录"为一"甲喇"（满语，亦称"札兰"，汉译"世""代""辈"等意），总共一千五百人，其头目为"甲喇额真"（满语，汉译为"参领"）。五个甲喇为一"固山"（满语，汉译为"旗"），共七千五百人，其头目为"固山额真"（满语，即旗主，汉译为"都统"），随即在万历四十四年（1616 年）又建立了后金国，公开与明朝分庭抗礼。

钮祜禄氏是满洲八旗氏族中的大姓和望族。它是一个既古老，又人口较多的姓氏，其地域分布也较广。清朝的许多名人与文臣武将都为此姓，甚至连皇后、皇妃亦有不少人出自此姓。例如，康熙帝的孝昭仁皇后、雍正帝的孝圣宪皇后（乾隆帝的生母，额亦都的后裔）、嘉庆帝的孝和睿皇后与恭顺皇贵妃、道光帝的孝穆成皇后和孝全成皇后（咸丰帝的生母），以及咸丰帝的原皇后孝贞显皇后等。由于钮祜禄氏分布地区不同，因此在《御制八旗氏族通谱》中又往往分为××地方钮祜禄氏。和珅一家属于英额地方钮祜禄氏。英额系指辽宁省东部的"英莪（额）峪"地方。此地盛产一种名叫"英莪秋"的野生小果子，酸甜可口，非常好吃，在清朝是一种进贡品。"英额峪"地方，现在叫"英额门"，是今辽宁省清原满族自治县境内的一个乡镇。此地有一条小河名"英额河"，从这里流向西南兴京（今辽宁省新宾满族自治县）界，最后注入浑河。当时此地是一个小小的军事、交通要地，设有"柳条边门"（即明朝所修"柳条边墙"的"边门"，即"英额门"）。此地离后金国的都城"费阿拉"与"赫图阿拉"不远，地位比较重要。

　　"英额地方钮祜禄氏"，原来都生活在长白山地区，后来也是跟随建州女真部迁移至此的。例如，清朝开国元勋、五大臣之一的额亦都，就"世居长白山"，后来他祖父阿陵阿跟随建州左卫一起"移居英额峪"。额亦都一家是满族的巨室大户，颇具资财，殷实富裕，一直雄踞乡里，远近知名。阿陵阿在部族中很有声望，被人们称为"拜颜"（满语，亦称"巴延""巴颜"，意为"富翁"）。额亦都尚在童年时候，父母就被仇家所杀，他本人因躲藏在邻村友人家中，才得以幸免。当时他怀着对亲人的无比思念与对仇人的刻骨仇恨，发誓一定要报此深仇大恨。于是当他刚刚十三岁时，就只身找到仇人家里，"手刃其仇人"。然后为了避难便投奔到嘉木湖寨长、姑父木通阿家，依靠姑母、姑父生活。万历八年（1580年），他在姑父家与努尔哈赤相遇，两人一见如故，彼此结成生死之交。从此他一直跟随努尔哈赤南征北战，成为努尔哈赤的左膀右臂，是当时著名的勇将，为后金国的建立立下了汗马功劳。和珅虽非额亦都的直系，但他们同属同一个地方的同一姓氏，推测他们之间应该多少会有血缘关系。

　　根据《御制八旗满洲氏族通谱》一书记载，和珅的直系先祖叫噶哈察鸾，其旗籍属于满洲"正红旗"。他在后金国建立初期，就归顺了努尔哈赤，成为了八旗军的一员战将。他是赖卢浑都督的亲伯父。他的四世孙倭琛在清军入关时，曾以"前锋"的身份从征山西，攻打蒲城（今永济县）时，首先登上城楼，攻克该城后，因军功被赐予"巴图鲁"（满语，即"勇士""英雄"之意）称号，授骑都尉官职。后

来，由于他在攻打浙江舟山时又立下战功，而加一等云骑尉，官至杭州副都统。噶哈察鸾的另外三个四世孙，一个叫阿尔吉禅官至郎中兼佐领，另两个分别叫雅尔吉与达珠瑚都曾任护军校的官职。五世孙锡礼浑也曾任护军校，纳萧曾任山西布政使，常绥曾任给事中，图尔泰与爱唐阿二人都曾担任过御史兼佐领。六世孙拉汉泰曾任郎中；察哈达曾任笔帖式；郎深泰曾任佐领；尼雅哈纳，为闲散兵丁随清军入关经北京，征伐山东，由于梯攻河间府时首先登上城墙，于是清军很快攻下该城，因战功赐"巴图鲁"称号，并被授予三等轻车都尉世职（正三品，每年的俸禄大约为禄米八十石，奉银一百六十两）。死后其子鄂锡礼袭职，遇恩诏加二等轻车都尉，死后由其弟蒙鄂绰袭职。他死后由其子武勒袭职，武勒死后由其亲叔之子（即堂弟）长生袭职。长生死后由其子阿哈硕色袭职，并兼任佐领；同时由于他在从征新疆准噶尔的战争中，在一个叫和通呼尔哈脑尔的地方，"击贼身亡"而受到嘉奖。其叔父伊兰泰袭职时，削去了恩诏所加之职，仍袭三等轻车都尉，历任护军统领，兼佐领。其死后由尼雅哈纳的四世孙常保袭职；后因追叙阿哈硕色战功，赠一等云骑尉。他死后由其长子善宝（即和珅）承袭其职。

从以上叙述中不难看出，和珅家族世代行伍，并获有战功；特别是其高祖（即五世祖）尼雅哈纳凭借战功，为其后代挣下了一个三等轻车都尉的世职，可以"世袭罔替"。和珅的父亲常保袭职后，还曾担任过福建副都统的官职；此时，皇上还因追叙他兄弟阿哈硕色的军功，又特别赐予了他家一个一等云骑尉的官职。

"和珅"是其"满语"名字的音译，如果译成汉文应该是"三纲之纲"的意思。他一家在顺治元年（1644年），与其他八旗军民一起从龙入关进入京师（今北京）后，便按着当时的规制：汉人全部迁出内城，其房屋由八旗军民居住；又按"旗分制"规定八旗军民严格按照旗分不同划分住处。特别是在清朝前期，京师的内城设有按满洲、蒙古、汉军等旗籍划分的二十四都统衙门，各旗分别有自己的驻防领地和固定教场、学校等设施。至于各旗人员的家居住处，也是按旗分不同，分别住在不同的区域。一般说来，这一规定从清初至清末大体上没有什么变化。当时的具体规定如下：

镶黄旗居安定门内（清皇族属于此旗）；

正黄旗居德胜门内；

正白旗居东直门内；

（以上三旗为"上三旗"，由皇帝亲自统领）

镶白旗居朝阳门内；

正红旗居西直门内；

镶红旗居阜成门内；

正蓝旗居崇文门内；

镶蓝旗居宣武门内。

（以上五旗为"下五旗"）

　　据清史档案与和珅的《嘉乐堂诗集》的"诗注"记载，他家隶属于满洲正红旗二甲喇，其原来的宅第坐落在西直门内驴肉胡同（民国后改为"礼路胡同"，即今"西四头条"胡同）的东头，坐落在著名古刹"广济寺"（今中国佛教协会驻地）后面。和珅与其弟和琳都出生在那里，一直居住到他家的旗籍被抬入正黄旗，和珅家才迁至正黄旗领地德胜门内什刹海畔的大宅第，即今北京西城前海西街的恭王府。

　　然而，关于和珅的出身，以往人们总认为他出身"低微""贫贱"，甚至有人说他家出身"包衣"（满语，汉译为家里供使用的"奴仆""佣人"等）。这种观点也影响到了一些外国人。例如，乾隆五十八年（1793年）来华的英国特使马戛尔尼在他的回忆录《乾隆英使觐见记》中就写道："皇帝之首相，即和中堂，其人乃一鞑靼，出身颇微，然很具有才干。"不管怎么说，我们认为这种看法是不大妥当的，也是不符合实际的。和珅在乾隆三十四年（1769年），二十岁时，其父常保故去后，承袭了三等轻车都尉世职。虽然这已经是他家第五代人承袭该职了，并且在乾隆年间，三等轻车都尉这个官职已是屡见不鲜的一般官职，但常保所任的福建副都统一衔，却是有职有权的高级武官官职，这个官职在清朝属于正三品，相当于现代军队中的"中将"一级，并在后来皇帝又赏给了他家一个一等云骑尉的官职，这在当时众多的八旗军民中，并不是人人都可得到的。和珅的生母乃河道总督

嘉谟的女儿，继母系吏部尚书伍弥泰之女，也都是有头有脸人物的后代，这怎么能说他们的儿孙的出身"低微"呢？因为在那个时代，讲究门当户对，哪家达官贵人，肯把自己的心爱女儿，嫁给比自己地位低的人呢？再有，和珅在乾隆三十七年（1772 年），被授予"三等侍卫，挑补黏竿处"。黏竿处是通俗的称呼，它的官称应叫"上（尚）虞备用处"。通常该处由侍卫十人组成，主要任务是每当皇帝出行时，服侍在皇帝乘舆（轿）左右，负责扶轿、打灯笼等工作，俗称叫"打执事的"，另外有"司库一员（由内务府委派），掌黏竿、钓竿及一切用具"。人们通常说，和珅曾在銮仪卫当差，做过"拜唐阿"（满语，亦称"柏唐阿"，汉译为"听差的""执事人"），是给皇帝抬轿子的，言外之意认为他的社会地位很"低微"。其实则不然，"拜唐阿"一职，就是"上虞备用处"辖下的属官，是清朝武官中的一个级别，比蓝翎侍卫低一级。对此清礼亲王昭梿在《啸亭杂录》中，做了较为详细的解释："定制，选八旗大员子弟中的捐捷者为执事人，司上巡狩时扶舆、擎盖、捕鱼、罝雀之事，名曰'上虞备用处'。盖以少年血气喷张，故令习劳勤，以备他日干城侍卫之选。实有类汉代羽林制也，而精锐过之，盖善于宠驭近侍之制也。"从上面的文字中不难看出，当"上虞备用处"的"拜唐阿"，不但不说明和珅的社会地位"卑贱""低微"，反而说明他是"八旗大员"的优秀子弟，是皇帝特意从众多旗人青少年中挑选出来的杰出人才，专供在自己身边使用，并且对他们经常进行各种"磨炼"，准备日后另有重用。因此，我们认为和珅出身虽非十分显贵，但说他出身于清朝中叶满洲封建统治阶级中的中上层武官家庭，这个定位是比较恰如其分的。

和珅出生的年代与他生活的整个青少年时期，正赶上清朝的"鼎盛"时期，即人们常说的"康乾盛世"。当时上距清军入关已经有一百余年，清朝历经顺治、康熙、雍正三朝实施的一系列积极措施与励精图治，缓和了民族矛盾和阶级矛盾，全国统一，疆域扩大，政权巩固。与此同时，恢复并发展了社会生产力，使广大人民有了一个较为安定、祥和的生产与生活的氛围，经济有了长足发展；学术文化也达到了相当高的水平，有集以前各代大成之趋势。这个时期人们安居乐业，普遍都感到有奔头。例如，康熙帝从亲政开始，为了长治久安，国泰民安，使百姓休养生息，他接连发布了一些"惠民"的诏谕，宣布停止"圈地"，实行"更名田"；奖励开荒；兴修水利，治理黄河、淮河、永定河，并多次亲临工程现场视察，指导治河工作；改革赋役制度，重视发展农业生产，蠲免钱粮，改革地丁银的征收方法，宣布滋生人口永不加赋。此外，康熙帝特别是在其统治前期，还大力整顿吏治，裁减冗员，惩治贪污，表彰清廉，为"康乾盛世"进入"鼎盛"，打下了基础。雍正帝统治时期，从实际出发，大刀阔斧，雷厉风行，以"猛严"的作风和姿态，惩治各种弊端，一改其父康熙帝统治后期的"宽仁"之法。从而一扫康熙末年以来的固守因循之风，使全国呈现出一派"政治一新"的景象。他"立志以勤先天下，凡大小臣功奏折，悉皆手批"，"朱批奏折，不下万余件"。国家大政，事无巨细，他均要经过熟思详虑，然后下达诏令。他亲自处理奏章，每日批阅文件往往至深夜。此外，雍正统治时期，十分重视选拔、使用人才。他深知"治天下唯以用人为本，其余皆枝叶耳"。例如，他对鄂尔泰、田文镜、李卫等人的重用就很能说明情况。这几个人都不是科举出身，且原来地位低微，但因为他们都有办事的能力，又精明强干，认真踏实，富有经验，故而将他们都提升为封疆大吏（即总督、巡抚），独当一面，成为朝野闻名的股肱之臣。同时他十分重视整顿吏治，采取坚决措施粉碎朋党，对八旗大员也进行了各种限制，并严惩贪官污吏，使政风为之一新。为了保证官吏清正廉洁，他决定实行"耗羡归公"制度，并以发放"养廉银"作为补充。为了加强中央集权，巩固封建专制制度，他决定设立"军机处"。这是皇帝亲理政事，独揽军政大权的有力措施。在他统治时期还实行了开豁"贱民"，废除各种人身依附关系，从而缓和了尖锐的阶级矛盾，解放了部分生产力。为了促进生产发展和社会繁荣，他下令实行"摊丁入亩"的政策，这样就减轻了无地、少地，而人口多的贫苦农民的负担。他为了巩固边疆，笼络少数民族的上层人士，增加其"向心力"与凝聚力，继续实行其父康熙帝所采取的重视藏传佛教（即喇嘛教）的做法。与此同时，他还在西南地区，实行"改土归流"政策，这对于消除分裂割据，巩固边疆，从而进一步促进各民族经济、文化交流，加快民族融合都起到了积极作用。由于雍正帝的一系列政治、经济改革，使社会繁荣昌盛，面貌为之一新。

第一章 孩童时代

具体表现在国家财政收入显著增加，国库存银数量不断上升。例如，康熙六十年（1721年），户部银库实际存银为三千二百余万两，可是到了雍正七年（1729年），短短的七八年间，就迅速增加到存银六千余万两，史载当时"积贮可供二十余年之用"。

乾隆统治时期，采取了"宽"、"严"结合的持"中"政策，缓和其父统治时期社会各阶层间的紧张关系。他采取了"罢开垦，停捐纳，重农桑，汰僧尼"与八旗家奴"开户"等一系列措施。为了发展生产，他继续注意兴修水利工程，加紧治理黄河、淮河，兴建海塘，提高预防自然灾害的能力。每当遇有灾荒之年，政府还借贷灾民口粮、种子、"耕牛价银"，只要借贷人按期归还，一般都不收取利息；或以工代赈，甚至蠲免不还。因此，这一系列积极措施，提高了农民生产的积极性，以至农业生产力不断提高，耕种面积不断扩大。例如，顺治八年（1651年），全国耕地面积只有二百多万顷，到雍正二年（1724年），就增加到六百八十多万顷，至乾隆三十一年（1761年），又增加到七百四十余万顷。与此相应的是粮食产量有了较大的增长，农作物种类有了增加。此时是农产品生产开始向商品生产转化的重要时期。

当时的手工业生产也有了较大发展，例如，制盐、冶铁、冶铜、采煤、纺织、陶瓷和造船等行业，均比前代有了长足的进步。商业活动也比前代更加活跃，商业贸易与商品流通亦很发达。皇商、徽商、晋商、闽商、粤商、秦商、江右商人，以及吴越商人集团都十分活跃，他们几乎垄断了国内、国外的商品交易和外贸往来。随着社会生产的恢复和发展，特别是商品经济的发展，使农业、手工业的资本主义萌芽，在原来的基础上，又缓慢地发展起来。具体表现为社会生活中人身依附关系削弱，工农业生产中使用雇工进行商品生产的作坊、手工工场比以前增多，生产中雇佣关系比前代更有发展。

乾隆帝统治时期，进一步加强了对新疆蒙古厄鲁特四部、回部与西藏的统治，基本上奠定了我国现有的疆域。当时我国的疆域北自恰克图，南到南海诸岛，西始葱岭巴尔喀什湖，东至黑龙江库页岛与太平洋西岸。当时中国是世界上少有的、亚洲最大的繁荣昌盛的大国之一。当时中国空前统一，社会相对和平安定，封建经济繁荣发展。这就是所谓"康乾盛世"的鼎盛时期。和坤一生几乎都生活在这一时期，他从降生以至童年、少年到青、壮年都是在这一时期度过的。这种条件与氛围为他展示才华，实现抱负提供了有利条件；当然也为他凭借着手中的权力，蠹国肥私，大肆贪污也提供了可能。前文已述，虽然和珅出身并不是太卑微，乃是将门之后，原本有可靠的保证，可以令他过上悠闲、舒适的生活。也许这样就没有成为大清王朝乾隆帝的最大宠臣和宰相的和珅了。然而，还在和珅年少之时，家中就陡发变故，将他一下推到了人生的危境之中。

和珅三岁丧母，在幼年时期就遭遇了人生的第一大不幸。

和珅的父亲常保，史书上对他的生平记述不多，仅可以知道他为人中正平和，做官清正廉明。因身为福建都统，所以很少留在京城，多年戍守在外，无暇照顾和珅及其弟弟和琳。继母对待他们兄弟苛刻暴戾，根本无温情可言，和珅兄弟每日在继母的白眼中过活，甚是凄苦。所以，和珅是在既缺父爱，也无母爱的环境中长大的。

也许正是这样的环境，使得和珅小小年纪即知道了读书的重要性。兄弟二人刻苦攻读，和珅九岁时（乾隆二十四年）与和琳一起双双以优异成绩被选入咸安宫官学。

咸安宫官学是当时京城最好的学校，要进入该所学校，必须是八旗子弟中长相俊秀者及内务府子弟，同时学业要十分优异，每年只选八十名左右的学生入学（八旗中每旗选十名），而且坚持宁缺毋滥。学校设管理大臣、协理事务大臣，另有满汉总裁。总裁须是翰林，教师也多是翰林，极少数不是翰林的，也必是享有盛名的饱学之士通过考核后方可担任。学校不仅开设一般的经、史、子、集课，而且还开设满、汉、蒙、藏等多种语言课，同时教授骑射、习用火器。可以说，咸安宫官学是培养文武全才的贵族学校。

有的读者心中会有疑问，和珅的家庭不是已经破落了么？他的父母不是已经都去世了么？他怎么能有资格上这么好的学校呢？难道这所学校是当时大清朝专门为家庭贫困而又刻苦好学的孩子举办的么？

那么，他是怎么上了咸安宫官学这所当时京城最好的学校的呢？按照他们家当时的条件，即使托关系恐怕也上不成这么好的学校吧？谁还肯为一个无父无母、将来对自己一点用也没有的穷孩子帮忙啊？

其实，他上这所学校还真没用别人帮忙。这里有一个时间上的巧

合，他上咸安宫官学在先，他父亲死在他上咸安宫官学之后，两件事只是在同一年而已。

咸安宫官学不收学费，但日常生活费用需要自己打理。凭着父亲常保的薪俸，和坤与和琳倒也不必为读书之外的事情操心。

但上天似乎故意与和坤作对，在和坤刚刚进入咸安宫官学不到一年，也就是在和坤十岁时（乾隆二十五年），父亲常保在福建任上突然病逝。和坤遭遇了人生的又一次沉重打击。

常保为官清廉，和坤的家中很少有额外的收入，全凭常保一人的薪俸过活，常保的病逝使全家人唯一的生活来源骤然断绝，和坤的生活立刻窘迫起来，以至于支付不起自己和弟弟上学的生活费用。

和坤为了凑足生活费用，小小年纪不得不四处告贷。

和坤为了筹措生活费用只得强压住心头的羞愧，四处举贷。在家人刘全的陪伴下，向父亲生前的故友去借钱。俗话说："人走茶凉"，常保生前的故友，在他在世时，常来常往，亲热非常，及至常保病逝，所有的交情在一夜间就荡然无存了。和坤家中早已是门庭冷落车马稀，再无一人上门探望。和坤原本指望他们能看在与父亲相交多年的份上，绝不会见死不救，于是满怀希望地登门造访，谁知迎接他的不是冷冰冰的闭门羹，就是恶狠狠的猛犬。一次次的乞求，换来的只是无情的嘲弄与奚落，和坤小小年纪就要学习在冷眼与屈辱中生活。

在向自己的亲戚以及父亲的故旧告贷无门的情况下，和坤只得去向管理自己家十五顷官封地的赖五去讨要。

赖五本是常保的部下，是常保非常信任之人，因此，常保将自己家的官封地交给赖五管理。由于常保常年在外，赖五向和坤家所交租银很少，常保也不逼问。常保死后，赖五交给和坤家的租银就更少了。

赖五也许是觉得和坤年幼可欺，非但不给租银，反而将和坤赶了出来。

和坤无奈，将赖五一纸告到保定府，结果保定知府不但不主持公道，反将和坤一顿痛斥。

为了能够活下去，为了能够继续自己在咸安宫官学的学业，和坤当机立断——卖地。

和坤忍受屈辱，作出卖地的决定时，才仅有十三岁。

和珅的决定是正确的，靠着卖地所得的银两，他与和琳在咸安宫官学的学业才不至于中断。在这里，和珅受到了传统文化与军事的最好的教育，这成为他日后为官能充分施展才能的基础。

　　中国古代的哲人说：天将降大任于斯人也，必先苦其心志，劳其筋骨，饿其体肤，空乏其身，行拂乱其所为。

　　和珅三岁丧母，十岁丧父，不得不独自面对人生的磨难。也许正是这些在少年时期所经受的磨难激发了他奋发向上的潜力。和珅在咸安宫官学里面学到了很多的知识，这些知识都是别人所不具备的知识。

　　和珅，一个没有任何依靠的满洲人，一个无父无母的满洲人，在咸安宫官学里面，他特别喜欢学习汉人的著作、文章。他知道，汉人的著作、文章是清朝这样的一个少数民族政权要想能够长久必须要学习的东西。也正是因为如此，他才整日沉浸在传统的汉人的经、史、子、集等著作之中，尤其是对儒家的经典非常熟悉。

　　此外，和珅在咸安宫官学里面还学到了许多为人处世的能力。这些为人处世的必备能力对于和珅是非常重要的。它们主要包括下面两项内容：

　　第一是涵养。

　　涵养，是我们每一个成功人士所必须具备的重要条件，也是每一个成功人士所必须具备的基本条件。正是因为涵养的重要，我们才把这项列为第一位。

　　正是因为在这里读书的富家子弟们都倚仗着祖上的富有和权力，所以他们一个个都是异常的骄横跋扈，为所欲为。他们，一个个的谁也不爱理谁，更别说与和珅这样的"穷学生"说句话了。

　　和珅呢？他虽然从心底里面就看不起这些富家子弟们，但和珅又希望自己也能够成为这些富裕家庭中的一员。

　　于是，和珅在与这些富家子弟们相处的时候，他就有意识地训练自己的涵养。比如：

　　有一次，一位大员的儿子写了一首嘲讽老师的诗，却说是和珅作的。恼羞成怒的教师不容和珅分辩就抄起戒尺一通乱打。和珅知道，像这样的教师只敢在他这等学生身上发泄怒火，却无论如何不敢招惹大员的儿子。戒尺打在和珅的身上，也打在了他的心上，更加激发了

他一定要出人头地的愿望。总之，对无端地欺侮和挑衅，和珅总是视而不见，并且，喜怒也渐渐地不行于色了——和珅的脸上，始终保持着温和的表情——没有人知道，他温和的表情下面究竟在想些什么。

第二是洞察力和谄媚讨好的手段。

关于这点，实际上包含着两个方面的能力：一是洞察力；二是谄媚讨好的手段。

关于洞察力，也就是敏锐的观察能力。和珅一有机会，就细心地观察老师们的举止言行，努力地发掘他们内心的秘密。他很快就发现这些老师们表面上道貌岸然、才高八斗，可骨子里却一样猥琐、狭隘；他们之间也是互相瞧不起，对下是幸灾乐祸，对上是曲意逢迎、溜须拍马。金钱和权力在这里同样是畅通无阻的保证。

关于谄媚讨好的手段，有的读者一看到这个题目就有问题了：和珅他学习敏锐的观察能力和洞察力是对的，可是他为什么要学会谄媚讨好的手段呢？其实，这与和珅在上学期间所受到的不公平的待遇有关。他要改变自己所处的地位，可是他的学问和能力又一时不被人所知，并且一时间他自己又没有什么好的改变自己地位的好办法，于是他只能选择学习谄媚讨好的手段，企图利用这种不正常的手段来达到短时期内迅速改变自己地位的目的——虽然此种手段并不高明，但对于一个普通人来讲，也应该是情有可原的。

正是在这段学习的关键时期内，和珅确立了自己的人生观和世界观。他认识到，必须迅速地改变自己家庭的状况，成为一个既有权又有钱、人人都羡慕的人——这就是和珅一生追求的最高目标。

由于和珅兄弟学业优秀，引起了当时人们的关注。就连名满天下的袁枚都称赞和珅兄弟说："少小闻诗礼，通侯及冠军。弯弓朱雁落，健笔李摩云。"在他笔下，和珅俨然是一个文武全才的人。这时，朝中重臣——也是和珅父亲的好友英廉听说了和珅的学问后，认为他前途不可限量，所以，有心把自己心爱的孙女许配给他。

从此，咸安宫官学中不时可以看到英廉的身影，他总是详细询问学校的情况，对每个学生的学习成绩直至日常起居都极关心。起初，官学的老师们对英廉此举十分不解，两年后才恍然大悟，不禁惊异于英廉的眼光。

经过两年多的观察，英廉决心要把自己的孙女嫁给和珅。

英廉自此让和珅在官学中安心读书，对他多方关照。从此，和珅再也不用为生计发愁，得以安心读书，顺利完成学业，为他以后的发达打下了坚实的基础。等到和珅十八岁从咸安宫官学毕业的时候，英廉预备了丰厚的嫁资，亲自主持操办了和珅与冯氏的婚事。

和珅的儿子丰绅殷德在他的诗集《延禧堂诗钞》中说：

"尝闻先外祖母下世时，太夫人尚幼，最蒙曾外祖怜爱，自教养以及聘嫁，曾外祖为之经理。"

和珅的妻子冯氏不仅秀美绝伦，而且知书达理，全没有一般官宦人家小姐的种种劣习。英廉的悉心教导使她成为一个贞慧贤淑的女人，和珅夫妻成婚以后，相亲相爱，感情颇好，即使是和珅后来官高爵显，风流无度的时候，他还是保存了对冯氏的真情实意，对冯氏关怀备至。冯氏也一心一意地关心照料着和珅，特别是他们的儿子出生后，更是恩爱有加。

和珅靠自己的勤勉、聪颖、学识以及自强不息的奋斗赢得了当朝高官的垂青，不但使自己一举步出了人生的困境，而且初步踏上了人生的坦途。如果当初没有英廉的关照，不知道和珅还会不会成为乾隆朝的最大的宠臣。

第一章 孩童时代

第二章

叩开权力之门

和珅之父常保本是不知名的副都统。和珅少年时家中陡然发生变故贫穷而无所依恃。至乾隆中叶，还不过是八旗官学生，只中过秀才。以这样的基础，和珅要出人头地几乎是不可能的。但乾隆三十四年（1769年），和珅却沾上了祖上的光，而开始摆脱困境。由于他的高祖尼雅哈那有军功，故他在父亲死后承袭了三等轻车都尉之爵。这个世爵给和珅带来了相当可观的收入。三等轻车都尉的岁俸为银一百六十两，米一百八十石，和珅有了这笔固定的收入，就可以安享中等以上的生活了。也就在同一年，和珅还参加了科举考试。

科举制度最早起源于隋朝。清代科举最早在皇太极时期就已举行了，但不经常，考试的方式方法比较简单。入关后，首次科举考试是在顺治二年。

清朝科举考试有三个目的。一是为选官取士。清朝土地辽阔，需要大批官员来管理政事，帮助维持统治。从科举及第的考生中选取官员是唐代以来选拔官员的正途。这种做法有助于克服选拔中的长官意志，扩大选官基础。二是为了笼络汉族知识分子，缓和民族矛盾，这个目的清初尤其明显。范文程说："治天下在得民心。士为秀民，士心得，则民心得矣。"出于这个目的，康熙、乾隆二帝各在正常的科举考试之外还搞了一次制科考试——博学鸿词科考试。第三是有助于加强思想统治。通过考四书五经，默写《圣谕广训》，就可以有效地达到用儒家思想统一全国人民思想的目的。

和珅参加举人考试的结果是他名落孙山，没有考中举人。

但是，这并未影响和珅走上仕途。这是因为，汉人必须经由科举才能走入官场。

但是满洲人不一样，他有两种当官的渠道：一、科举考试；二、祖上的功绩，凭借祖上给自己创下来的基业，直接就可以当官了。

和珅的祖上就给他留下了一个三等轻车都尉的官，也就是和珅22岁的时候，他被授为三等侍卫（皇帝的普通保镖），和珅成了一个皇家仪仗队的成员。

做了三等侍卫，和珅终于可以接近皇上了。那么，和珅是怎样发迹的呢？

在皇上身边的时候，一般的侍卫都是安于现状的，他们都知道"伴君如伴虎"的道理，因此整日唯唯诺诺、小心谨慎、唯恐因一时出现的差错而招来杀身之祸。但和珅并不赞同这些侍卫们的做法。

关于和珅发迹的具体过程，我们现在所能够看得到的正史如《清史稿》等著作里面没有任何的记载——毕竟，和珅在正史如《清史稿》等著作里面是个贪官的形象，具体描述贪官的发迹过程，是有损于乾隆皇帝形象的。因此，关于和珅发迹的具体过程，我们只能在一般不被人重视的野史中去查阅。

野史中关于和珅发迹的具体过程，主要有以下三种说法：

第一种说法：

清人陈康祺在《郎潜记闻》中的记录：一日，乾隆帝大驾将出，仓猝间求黄龙伞盖不得，乾隆帝发了脾气，问道："是谁之过欤？"皇帝发怒，非同小可，一时间，各员瞪目相向，不知所措，而和珅却应声答道："典守者不得辞其责！"他声音洪亮，口齿清楚，语言干脆。

乾隆见到和珅，不禁问道："想你一个仪卫差役，却也知道《论语》，你念过书吗？"和珅恭恭敬敬地回复皇上，说自己是咸安宫官学的学生。乾隆一听大喜，眼见和珅不仅长得一表人才，而且还是官学的学生，有心考他一考，就说："你且说说《季氏将伐颛臾》一的意思？"

这正是和珅梦寐以求的进身之阶，他平日的攻读，此刻终于派上用场了。于是，他不慌不忙地说道："重教化，修文德以怀人，不然则邦分崩离析，祸起萧墙，此真乃圣人之见也。然，世易时移，如今之世，远方多顽固不化之人，若仅以教化化之，不示之以威势，则反易生妄心。如此，于国于都，应首重教化，修文德以服人，使远者来之，

来者安之，且加之以威力，防微杜渐，不然，就真正是'虎兕出于柙，龟玉毁于椟中'。"

和坤的这一番侃侃而谈，张弛有度，中规中矩，一下使得乾隆龙心大悦。乾隆皇帝一向重视文化，尤重四书五经，对一些读过四书五经的满族生员，当然更加另眼相看。所以一路上便向和坤问起四书五经的内容来。这和坤原本不学无术，可对四书五经倒稍能记忆，居然"奏对颇能称旨"。至此，和坤进一步引起了乾隆帝的好感，遂派其总管仪仗，升为侍卫。从此官运亨通，扶摇直上。

可以看出，当皇上发怒，众人惊愕，惶恐不安的时候，和坤敢于挺身而出，勇于应答，才把握住了这一稍纵即逝的时机。只要我们想想，和坤面对的是一言九鼎的帝王，稍有不慎就有可能身首异处，就不得不佩服他过人的胆识了。

试想，即使和坤满腹经纶，但如果没有出人头地的强烈愿望以及由此而产生的"机不可失、时不再来"的抓住机遇的紧迫感，他无论如何也不敢在乾隆皇帝盛怒之时作出应答。

和坤凭着他过人的胆量，抓住了稍纵即逝的机会，打开了通往权力顶峰的大门。

耐人寻味的是，和坤登上政治舞台之前的第一声叫喊，便是整人之语。仓促间一时未能找到黄龙伞盖，这本为细事，然而和坤却小题大做，以一副义正言辞的架势指责起"典守者"来。"典守者不得辞其责"，一语双关，它不仅是对"典守者"的指控，也有自荐其能的含义。和坤在乾隆面前第一次亮相，便已表现出不善品性，露出踩在他人肩膀往上爬的端倪。可惜，此时的乾隆帝对此已不可能有所觉察了。过了几十年天皇老子生活的乾隆帝，此时更是充满虚骄之气，对一些生活琐事变得更加挑剔了。可能和坤对乾隆的脾气、爱好、生活习惯都了如指掌，所以想乾隆之所想，为乾隆之所欲为。因而才敢于放胆而言。结果倒真获得了皇帝的眷顾，并取代了原来的仪仗"典守者"。

又一日，乾隆在圆明园的水榭上读书，和坤随侍在侧。不知不觉中，天色渐渐暗了下来，乾隆不久看不清手中的《孟子》上朱熹的注解了。因为朱熹的注解是用小字排在《孟子》的原文之下的。乾隆就对和坤说："和坤，去拿灯来，这行字，朕看不清了。"

和珅躬身道："不知皇上看的是哪一句？"

乾隆又说道："人之道也，饮食暖衣，逸居而无教，则近了禽兽。圣人有忧之使契为司徒，教以人伦。"

和珅不假思索，朗声背道："吉水土平，然后得以教稼穑；衣食足，然后得以施教化。后稷。树，亦种也。艺，殖也。契，音薛，亦舜臣名也。司徒，官名也。人之有道，言其皆有秉彝之性也，然无教，则亦放逸怠惰而失之。故圣人设官而教以人伦，亦因其固有者而道之耳。《书》曰：'天叙有典，敕我王典到哉！'世之谓也。"和珅一口气将朱子的注解背了下来。

乾隆等他背完，说："不知爱卿竟有如此的造诣。"

于是，乾隆背文，和珅背注，君臣两人你一言，我一语的背了许久。

乾隆一见，和珅这样的文武双全的人才在所有的大臣中间，尤其是在所有的满人大臣中间，简直太不可多得了。

您想想，当时的满洲人入关已经一百多年了，真实的说，他们已经不再是马上民族了，但是，他们又不喜欢学习汉民族的东西，像和珅这样如此精通汉人文化的满洲人简直太少了，太不可多得了。

而当时的汉人呢，他们在文学修养上似乎略胜满洲人一筹，但是，在武功征战上还是要差一些。

在同等条件下，满洲人建立的大清朝的皇帝能不重用和珅这样文武双全、工作能力极高、聪明且胆识过人的满洲人么？

于是乾隆立即升和珅为御前侍卫（贴身保镖）。

第二种说法：

《归云室见闻杂记》中记载：

和珅一生的转折点是在乾隆四十年（1775 年），这一年乾隆皇帝巡幸山东，和珅扈从。乾隆皇帝喜欢乘坐一种骡子驾驭的小车，"行十里，一更换，其快如飞。"有一天，碰巧和珅跟这种小车随从侍卫，于是有了君臣二人的下面一段对话：

上问：是何出身？

对曰：文员。

问：汝下场乎？

对曰：庚寅曾赴举。

问：何题？

对曰：孟公绰一节。

上曰：能背汝文乎？

随行随背，矫捷异常。

上曰：汝文亦可中得也。

其知遇之恩实由于此。

这段话的意思很简单。说的是乾隆皇帝问和珅是什么出身，和珅回答说是学生。乾隆皇帝又问和珅是否参加过科举考试，和珅又回答说曾经参加庚寅年（1768 年）的科举考试。乾隆皇帝又问和珅当年考试的题目是什么，和珅回答说是《论语》中的《孟公绰》一节。乾隆皇帝又问和珅，能否背诵下来当年他在考试的时候所写的文章。和珅于是随行随背，矫捷异常。乾隆皇帝就对和珅说，你的文章也是可以考中举人的。和珅的机遇实际上由此开始。

孟公绰是春秋时期一个以清廉而著称于世的人，是孔子心目中的完人形象。但是，孔子认为他这样的人只能适合做一些大国的世家大族，如晋国赵氏、魏氏的家臣，而不适合做一些小国如滕、薛这样的很小的小国的栋梁之臣。所以，才有了孔子下面的一段话（参见《论语·孟公绰》）：

子曰："孟公绰为赵魏老则优，不可以为滕薛大夫。"

这段话的意思是：孔子说："孟公绰做晋国赵氏、魏氏的家臣，是才力有余的，但不能做滕、薛这样小国的大夫。"这是孔子本人对孟公绰的个人评价。

我国当代著名满学家阎崇年在他的《清朝皇帝列传》（紫禁城出版社）里面持此种看法。

不管以上说法哪一种是真实可信的，它们都反映了一个基本的史实：和珅得到乾隆皇帝的宠信既是很突然的、也是很必然的。这是为什么呢？

说其很突然，实际上是说和珅受宠的偶然性。偶然之间的一次君臣谈话，就奠定了和珅迅速升迁的基础。这真是历史的偶然。

说其很必然，实际上说的是必然性。

和珅受宠发迹的真实原因是什么呢？从上面的三段野史上的故事我们可以看出一些和珅受宠发迹的共同原因：

第一：学识渊。

和珅在上学读书的时候非常用功，被别人发现是一个人才，那是早晚的事。和珅受宠于乾隆皇帝，只是一个时间问题。

第二：出身满洲。

不管怎么说，和珅毕竟出身于满洲正红旗。这是他受宠发迹的最基本的条件。

第三：相貌堂堂。

不管怎么说，和珅也是当时号称满洲第一俊男，长得很酷的。

第四：聪明伶俐。

不管怎么说，和珅的所作所为也是属于聪明伶俐、见机行事、干练潇洒，能够随时把握住机会的人。

第三种说法：这第三种说法是最为传奇的。

说的是和珅是雍正爱妃转世，与乾隆有宿缘。

乾隆快到二十岁那年，有一次进宫，经过父皇雍正的一个妃子身边，看见她正在对镜梳头，游戏心起，便突然从后面捂住了她的眼睛。该妃不知道身后是太子，大惊，顺手便拿起梳子向后边打去，正中乾隆的额头。

第二天，皇后看见乾隆额头上有伤痕，逼问出这一情形，大怒，认为是这个妃子调戏太子，马上将她赐死。年轻的乾隆非常害怕，想为此妃辩白，但又不敢这样做。犹豫再三，束手无策。后来他跑到书房，以小指染上朱色，返回妃子的住所，见到她已经上吊，但还没有气绝，便在妃子颈上点了朱色，说："我害了你！如果魂魄有灵，二十年后再相见吧。"

当和珅引起乾隆注意的时候，乾隆发觉和珅似曾相识，一再思之，想起来和珅的容貌跟那个死去的妃子相似，密召和珅觐见，令其靠近

御座，俯视其颈，竟然发现当年的指痕似乎犹在，于是乾隆便默认和坤是父皇爱妃的后身了，对他倍加爱惜。

这个故事没有多少可信度。相信并且采纳这个观点的一般是西方人的著作，诸如佩雷菲特所著的《停滞的帝国——两个世界的撞击》之类。不过，这个故事中透露出乾隆与和坤的那种若有若无的同性恋情感，倒似乎不是不可能的。

清代官场多有好"男风"的陋习，乾隆未能免俗也应该是正常的现象。乾隆喜好俊秀之人应该是可能出现的现象；而和坤本人，也正如我们前面所叙述的那样，正是一个相貌英俊潇洒的美男子；而且和坤本人聪明伶俐，受到乾隆异常宠爱，也是可以理解的。御史钱沣就曾经指责和坤办公地点过于接近皇帝的住所。

不管上述说法哪一种是正确的，不管这些说法是否有道理，但是和坤由此迅速发迹了是真的，是一个客观存在的历史事实。和坤本人从此以后就迅速地登上了权力的顶峰。

第三章

侍君如父

和珅非常清楚地知道，要想与乾隆皇帝相处融洽，就要在乾隆皇帝面前抓住一切可以抓住的机会，大力施展自己的才华。他知道，这是博得乾隆皇帝垂青的第一项基本条件。

那么，自己能够在哪些方面抓住机会、施展才华呢？

第一，与乾隆皇帝和诗。

中国古代帝王们大都是赳赳武夫，在文采上要差一点。这一点，和珅也是非常清楚的。

但是，乾隆皇帝不但能征善战，而且诗、文、书法俱佳，真可谓文武双全。就这一点来说，乾隆皇帝在中国历朝历代的所有皇帝中是水平最高的。而且，乾隆皇帝本人也是引以为荣的。而以上这些，是和珅在咸安宫官学学习的时候就非常了解的。

因此，和珅在真正接触到了乾隆皇帝以后，就决定自己在今后的工作中，不但要在工作上做得出色，更为重要的是，要以诗、文、书法作为突破口，来赢得乾隆皇帝对自己的好感。

乾隆一生喜爱作诗，和珅对乾隆皇帝所作诗词的风格、用典、喜用的词句都知道得一清二楚。和珅为了迎合乾隆皇帝，下功夫学诗、写诗，并造诣很深。他偶尔会在乾隆面前表现一下自己对诗文的偏爱，甚至闲暇的时候以"骚人"自居。与和珅同时代的钱泳曾评价他的诗说：他的诗偶有佳句，很通诗律。和珅的诗作统统合乎乾隆的审美趣味，乾隆阅后，怎能不喜，很多时候就命和珅即景赋诗，以代替自己亲为了。在和珅的诗集《嘉乐堂诗集》中就有很多首是奉乾隆皇帝的命令所为，如《奉敕敬题射鹿图·御宝匣戊申》一首：

木兰较猎乘秋令，平野合围呦鹿竞。
霜叶平铺青嶂红，角方晓挟寒风劲。
图来制匣宝装成，贮就天章玉彩莹。
文修戒备双含美，犹日孜孜体健行。

和珅还经常与乾隆和诗，历史档案中至今保存着当年和珅与乾隆和诗的文档。

第二，模仿乾隆皇帝书法。

乾隆皇帝爱书法，和珅就刻意模仿乾隆的书法，他写的字酷似乾隆的御笔。乾隆后期有些诗匾题字，干脆交由和珅代笔。

我们现在看到的北京故宫重华宫内屏风上的诗文是乾隆书写，而挂在故宫崇敬殿的御制诗匾，据考证就是由和珅代笔的。从中可以看出和珅书法之造诣。

第三，言谈话语委婉动听。

俗话说："良药苦口利于病，忠言逆耳利于行"。然而，即便如此，还是没有多少人乐意听到逆耳的话语，尤其是像乾隆这样的一国之君，心高气傲，整日围在身边的都是歌功颂德的句子。一句违逆圣意的话，听起来会显得愈发刺耳。和珅非常清楚地知道祸从口出的道理，因此他在侍奉皇帝的时候，就随时提醒自己要做到紧睁眼，慢说话；在说话的时候尽量做到将话说得委婉动听。

这方面最著名的事例就是和珅在处理镇压台湾林爽文起义前后的活动了。

乾隆年间，林爽文在台湾兴兵起义，负责镇压的部队屡屡受挫，引起了乾隆的担心，他表示要御驾亲征。和珅却委婉地阻止皇帝说："皇上，我跟您说，台湾战事不佳有其深刻的原因，您看在您统治的几十年里，对老百姓多好啊，轻徭薄赋，人头税都不征收了，只征一点地税，哪见您这么好的皇上？但是台湾这里肯定不知道您的仁慈，不知道您的恩德，是什么原因呢？领导者的责任，您派去管理台湾的人他没有把您的恩德带到台湾，问题在这里。所以依奴才愚见，两手准备：一，继续用兵；二，换掉台湾的官员。换上一个新的官员，把您的仁德带给台湾人。"短短的几句话，乾隆听了很中用，很爱听。和珅话不多，但第一阻止了乾隆亲征的打算，第二夸了乾隆的功德，第三指出了破敌的方略。几句话，乾隆听着得多舒服？他能不喜欢和珅么？还有，一般而言，我们会认为，乾隆皇帝是个皇帝。

但是，在和珅眼中，乾隆皇帝不仅是个皇帝，更重要的，乾隆皇帝是个很普通的老人。和珅发迹的时候，乾隆皇帝已经是六十多岁的人了，而且乾隆皇帝还越来越老。因此，在和珅看来，在更多的情况下，乾隆皇帝倒不像是个皇帝，而更像是个很普通的、很慈祥的老者。在乾隆皇帝身上，和珅似乎看到了自己父亲的影子。他看到，乾隆皇帝也有我们平常人一样的喜怒哀乐。

因此，学会如何照顾好老年的乾隆皇帝，就成为和珅博得乾隆皇帝垂青的第二项基本条件。

那么，如何照顾好老年的乾隆皇帝呢？

第一，照顾好老年乾隆皇帝的生活起居。

照顾好老年乾隆皇帝，这本来应该是宫女、妃嫔、太监们的职责。但是这些宫女、妃嫔、太监们都没有文化，不能同乾隆皇帝交谈诗文、书画、佛经，也不能帮乾隆皇帝处理军国大事、进行多种语言文字交流。所以，和珅对老年乾隆来说，是没有一个人可以替代的。

更为重要是，年老的乾隆皇帝也与平常的老年人一样，喜欢别人奉承、照顾，和珅就陪伴在乾隆左右，对皇上服侍照顾，体贴周到。从朝鲜《李朝实录》中可以看到：和珅虽贵为大学士、军机大臣，但每当皇帝咳嗽吐痰的时候，他就马上端个痰盂去接。

第二，照顾好皇太后的生活起居。

在历史上，我们常常可以看到这样的情形，想要亲近什么人，如果能够从他身边的人入手，对他尊敬的人表现出同样的，甚至更强的尊敬，对他关心之人表现出更多的关心，往往会被引为同道，使人一见如故，收到奇效。

乾隆皇帝这个人是非常孝顺他的母亲的，乾隆留下来的万余首诗作中很多就描绘了母子之间共享天伦之乐的情景，表达了他对母亲无限的热爱和依恋。这些诗往往借节日中母子相聚共庆为题材。比如每年五月，石榴花开，端阳佳节来临的时候，乾隆总是陪伴着太后到圆明园中观赏龙舟。他的一首诗就记叙了这一热闹的场面：

快霁天中景丽鲜，宜人都为利农田。

轻阴乍晴招惊牖，永昼如迟竟渡船。

斜叶焦云亭畔卷，低枝榴火沼中燃。

五丝彩缕随风俗，愿比慈宁寿算绵。

每当太后大寿之时，乾隆总是不惜财富把寿庆办得隆重喜庆，场面宏大，让母亲满意、高兴。当时的一篇文章详细地记录了乾隆庆祝皇太后六十大寿时的情景，极尽人间能事：

"十余里中各在分地，张设灯彩，结撰楼阁。天街本广阔，两旁遂视市廛，锦绣山河，金银宫阙，剪彩为花，铺满巷屋，九华三灯，七宝之座，丹碧相映，不可名状，每数十步间一戏台，南腔北调，备四方之乐，依童妙伎，歌扇舞衫，后部未歇，前部已迎，左顾右惊，右盼复眩，游者加入蓬莱仙岛，在琼楼玉宇中，听霓裳曲，观羽衣舞，其景物之工，亦有巧于点缀而不甚贵者。或以色绢为山岳形，锡箔为波涛纹，甚至一蟠桃大数间屋，此皆粗略不足道。至如广东所极翡翠亭。广二、三丈，全以孔雀作屋瓦，一亭不啻万眼。楚省之黄鹤楼，重檐三层。墙壁皆用玻璃高七、八尺者。浙省出湖镜，则为广榭，中以大圆镜嵌藻井之上，四旁则小镜数万，鳞彻成墙，人一入其中，即一身化千百亿身，如左慈之无处不在，真天下奇观也。"

这一大段繁琐冗长的描写，足以表现出当年祝寿的盛况，也可以看出乾隆对母亲的挚爱。

每当皇太后寿诞之日，和珅会与侍卫们一起，亲自抬着太后的凤辇，乾隆看在眼里，心中不由更加看重、欣赏和珅。

乾隆皇帝孝顺他的母亲到了什么地步？乾隆皇帝每天命令宫女给他的母亲梳头，把掉地下的头发一根一根捡起来，最后等到他母亲去世以后，把所有的头发都集中到一个盒子里，专门用黄金铸一个金发塔，这个金发塔现在保存在故宫里面珍藏着。外面是黄金的，里面是空的，空的盒子里面装的是头发。

崇庆皇太后在乾隆六十七岁的时候，以八十六岁高龄崩逝，乾隆悲恸欲绝，当即剪发，服白绸孝衣，为太后守孝。乾隆罢朝三日，长跪不起，就在灵堂那儿，谁搀也不回去，那个时候您觉得他是皇上吗？很多人都劝乾隆皇帝，劝乾隆皇帝要节哀，要慎重，要以国家为重，要以大局为重，只有和珅没有劝过乾隆皇帝一句话，乾隆皇帝跟那儿跪着，他也在那儿跪着，乾隆皇帝不起来，他也不走，他自始至终陪伴着乾隆皇帝，一句话都没说，和珅没有劝过皇帝一句话。这个时候和珅知道一切语言都是多余的。三天以后，乾隆皇帝瘦了，和珅也瘦了。由此可见，和珅之心思和心机。乾隆皇帝崇奉佛教中的喇嘛教，于是和珅也崇奉喇嘛教。共同的宗教信仰就成为和珅博得乾隆皇帝垂青的第三项基本条件。

　　乾隆皇帝不但崇奉喇嘛教，而且对喇嘛教的经典颇有研究。乾隆皇帝还曾主持翻译并刻印了《满文大藏经》。

　　中国是一个有多种宗教的国家，世界的三大宗教（佛教、天主教、伊斯兰教），在中国都有其信徒、组织和活动场所。其中，佛教分汉语系佛教（公元前 1 世纪传入）、藏语系佛教（公元 7 世纪传入）和巴利语系佛教（公元 13 世纪传入）三大支。西藏佛教，指的就是这三大支系中的藏语系佛教，通称藏传佛教，俗称喇嘛教。

　　喇嘛教，属于佛教中的密宗，7 世纪传入中国。15 世纪初，青海人宗喀巴（1357－1419）改革了藏传佛教，把藏传佛教的教义与当地民间信仰相结合，创建了喇嘛教，称"格鲁派"，因格鲁派的喇嘛僧人头戴黄色法冠，身披黄色袈裟而将喇嘛教也称"黄教"。

　　喇嘛教作为佛教的一支，其追求的终极目标与其他教派并没有什么不同，但与被称为"显教"的汉地佛教相比，"显教"以理论探索为主，而藏传佛教以密教为精髓，以高度组织化的咒术仪礼、俗信为其主要特征，宣传口诵真言咒语（语密）、手结印契（身密）和心作观想（意密）三密相结合的修行方式。

　　和珅知道乾隆皇帝崇奉喇嘛教，于是自己也认真研习喇嘛教的经典。很快，和珅就达到了能同乾隆皇帝一起"修持密宗"的程度。在这方面，他们能够做到心意相通。

　　不少清人笔记中记载着关于和珅同乾隆皇帝一起"修持密宗"中

的一件事：

乾隆皇帝当满六十年皇帝退位以后，湖北襄阳地区掀起了声势浩大的白莲教起义。起义军纵横驰骋于四川、湖北、河南、陕西、甘肃五省，极大地震动了统治者。这也让已经当上太上皇的乾隆整日寝食难安，耿耿于怀。即使在乾隆弥留之际，也念念不忘。话说乾隆禅位之后，忽然有一天，单独传召，命和珅入大内进见。等到和珅进入后宫，发现乾隆面南而坐，而当时已登基称帝的嘉庆，则只坐在乾隆身边的一个小凳上。和珅跪在地上，过了很久也不见乾隆说话，乾隆闭着眼睛好像睡着一样，只是口中念念有词，好像在说什么。嘉庆侧起耳朵，努力想听清楚，却终究无济于事，不明所以。过了一会，乾隆忽然睁开眼睛大喝道："那人叫什么名字？"跪在地上的和珅不假思索立刻回答道："徐天德，苟文明。"乾隆不再言语，继续闭起眼睛默默念诵着什么。过了大约一个时辰，才打发和珅出来，其间没有同和珅说一句话。嘉庆大为惊愕，过了几天，秘密传见和珅，问他说："上一次，父皇召你进宫，他说的是些什么，而你回答的那六个字又是什么意思？"和珅应该是颇有些得意地说："太上皇背诵的是喇嘛教中的一种秘密咒语，默诵这种咒语，被诅咒的人虽然远在几千里之外的地方也会突然死去。所以当时太上皇问及的时候，我用白莲教匪首徐天德和苟文明的名字来应对。"

这个故事很明显地说明了和珅与乾隆皇帝在信仰方面的默契程度。

和珅本人精通四种语言文字，这在乾隆皇帝在位时期的所有大臣中间是不多见的。所以朝廷中的一些大大小小的关于蒙古语、藏语的翻译等兼职工作很自然就落到了和珅身上。做好理藩事务，就成为和珅得到乾隆皇帝垂青的第四项基本条件。

比如，乾隆皇帝七十寿诞之时，朝廷上下都在紧张地安排祝寿典仪。此时的乾隆皇帝与众多大臣正在热河避暑山庄行宫中准备，和珅等另外一些大臣则在北京留守。

恰在此时，西藏六世班禅飞骑呈来一份文书。乾隆接过文书，却是藏文，随行的众位官员无一人懂得。粗通藏文的乾隆皇帝也看不大明白。乾隆立刻想到了和珅的重要，派人火速传和珅前来热河避暑山庄行宫候驾。

和珅到来后，拿起信，随即念道：

"小僧自幼仰承文殊菩萨大皇帝豢养之恩，不胜尽数，非他人所能比。小僧乃一出家人，无以极称，虽然每日祝祷文殊菩萨大皇帝金莲座亿万年牢固，并让众喇嘛等奉经祈祷，但仍时时企望见文殊菩萨大皇帝。庚子年为大皇帝七旬万万寿，欲往称祝，特致书皇帝膝前，以达敝意。"

此信的大致意思就是说，六世班禅知道乾隆皇帝七十大寿，非常高兴，他准备亲自带领几百名喇嘛、僧人前往北京给乾隆皇帝祝寿。

你想，乾隆听了能不高兴么？人生七十古来稀，七十大寿如果有班禅亲自祝寿，那必然会使祝寿活动大放异彩。乾隆当即命和珅拟诏。和珅用满、藏、汉三种文字拟好了诏书。乾隆见了更是高兴。为了奖励和珅卓越的外交才能，乾隆任命和珅为理藩院尚书，管理蒙、疆、藏事务及外交上的一切事宜。不但如此，乾隆知道班禅要来，就想到了一个问题：班禅住哪儿？北京有他的驻地——西黄寺，但承德避暑山庄没有，没有班禅的驻地，谁来修建？换谁谁也干不了这个工作，当时乾隆命令和珅负责建造六世班禅在承德的驻地，给他专门建造一个宫殿。现在这个宫殿（须弥福寿之庙）还在承德避暑山庄。须弥福寿之庙共占地三万七千九百平方米，整个建筑，采用了日喀则扎什伦布寺的风格。建造在山麓之上，在寺庙正中，建大红台一座，以此为中心，把整个院落分为前中后三个组成部分，前部建有碑亭，后部建琉璃万寿塔，依循山势，逐次升高。庙的前部建筑由五孔石桥、石狮子、山门、碑亭、琉璃牌坊组成。周围建有围墙环绕，左右建有东西掖门，上面按照中式宫城的格局建有楼台。这座庙坐北面南，正中的大红台与东红台，吉祥法喜殿相毗连。交相辉映，相得益彰，给人造成一种辉煌庄严的感觉。乾隆细细看过后，连连称赞，命和珅加紧督造，财力、人才悉听他调用。历时不到一年，"须弥福寿之庙"建成开光。这就是和珅督造的"须弥福寿之庙"，换别人这个工作做不了，因为必须符合西藏喇嘛教的规矩规章，而且又要适合中土的风俗，这个工作只有和珅来做。可以这么说，偌大的一个朝廷，流利地掌握四种

语言的人，不见得会为官；会为官的人呢，又不见得能流利地掌握四种语言。两者都精通的呢？偌大的乾隆朝只有一人——和珅。

除了做好自己的本职工作、使之无人能敌之外，和珅还利用一切机会，做好一些乾隆皇帝临时差遣的兼职工作并尽量使之尽善尽美。他知道，这也是自己博得乾隆皇帝垂青的基本条件之一。

能够典型的体现出和珅做好兼职工作，使之尽善尽美的是下面的几件事情：

1. 编纂《四库全书》

和珅能够时刻为乾隆着想，抓住时机替乾隆换取好的名声。这对把自己的名声看得比什么都重要的乾隆来说，无异于一剂最贴心的良方。

乾隆一生抱负极大，不只是想留得当世的盛名，还希望能够万世不朽。古人曾说人有三不朽："其上立德，其次立言，再次立功"，乾隆帝觉得自己德行足以广被天下，功绩也是百代无双，就想在"立言"上也作出一番成绩。他不仅要超过他的祖父康熙帝编纂《古今图书集成》的大业，而且要超过以前的历代君王编出的"功德"（如宋朝的《太平广记》《太平御览》《文苑英华》和明代的《永乐大典》）。因此他命人编纂了《四库全书》。

《四库全书》是一部规模宏大的书，它收录书籍总计三千四百七十种，七万九千零一十六卷，三万六千零七十八册，在当时的世界上可谓是绝无仅有的一部。它收录的书中，除了皇室原有藏书外，还遍征海内各大藏书名家的珍本善本。这套书从1773年起，至1782年初步完成，共经历了十年。

这期间，《四库全书》修纂馆的总裁几易其人。能够负责《四库全书》修纂的必须是众望所归的饱学之士。因为《四库全书》馆总裁绝不仅是虚挂其名的事，要切实的能够对书籍的入选与否、版本的择定等一系列事务做出决定。

起初，《四库全书》修纂馆的总裁由大学士于敏中任总裁；于敏中病故后由和珅妻子的爷爷英廉接任；1780年又由和珅任总裁。

和珅的学问自然不能胜任这么重大的职责，不过，他为人机智、精明；而且他知道，乾隆对《四库全书》的编纂极其重视，当作生平中的一桩大事。正是因为如此，和珅办起事来理所当然投入了十二分的小心，兢兢业业，一丝不苟；何况还有学富五车的纪晓岚充任总纂官在一旁协助呢。

然而和珅在担任正总裁后，编书之余，多次上书建议乾隆严加查缴书籍，对有问题的书籍一律加以销毁。即使是编入《四库全书》的书中，很多也做了删削或修改，去掉了几乎所有违逆的词句。

所以我们今天看到的《四库全书》本的各种图书，都是经过一番清洗后的洁本。究竟修纂《四库全书》功过如何，实在是不好判断。

但是，我们可以确定的是，《四库全书》确实为乾隆的业绩又添上了浓重的一笔，一直到今天，还被人经常使用。而这一笔中也确实包含了和珅付出的辛劳。

和珅一生中除了充当《四库全书》总裁外，还负责监督、修订了很多图书，如《开国方略》《日下旧闻考》《清三通》《热河志》《石经》《大清一统志》等，为乾隆皇帝在立言方面，做出了极大的贡献。

2. 主持禅位归政大典

1795 年，八十五岁高龄的乾隆帝发布上谕，准备在这一年把皇位传给皇十五子颙琰。如何把禅位归政大典办得隆重，以显示乾隆帝的仁君风范，着实让和珅伤透了脑筋。一直到了大年三十他才把大典的礼仪制定好，交与乾隆帝圣裁。其中，最让乾隆满意的是和珅提议的"千叟宴"。所谓"千叟宴"，就是召集官员、缙绅中七十以上的高寿老翁在皇宫中举行酒宴，与皇帝同乐。

举办"千叟宴"，有什么好处呢？

第一，可以达到提倡尊重老人、孝敬老人的目的，符合中国人的传统道德规范；第二，可以表明乾隆皇帝的功德得到了全国人民的首肯；第三，还可以表明在乾隆帝统治的六十年中，四海升平、百姓都得以长寿。这叫一举三得。

但是，正月时节，北京城正是一年中最寒冷的时候。若大的一个

宫殿中，空空荡荡如何取暖是一个大问题。和珅别出心裁，调来了1550多只火锅，举行火锅宴。这一设想，实在妙不可言，不但可以保证殿内的温度，而且火锅里燃烧的煤炭、沸腾的浓汤都会更好地烘托出喜庆气氛。

正月初四，千叟宴如期按照和珅的安排在宁寿宫皇极殿举行。声势浩大，果然不同凡响。

和珅的这一安排为乾隆赢得了天下盛誉，令乾隆大为满意。

第四章

查处李侍尧

　　乾隆中叶以后，清朝庞大的官僚机构屡屡发生故障，"上下关通，营私欺罔"，"督抚藩臬，朋比为奸"时时出现。乾隆在得悉吏治如此败坏后，发出了"朕将何以用人"的慨叹。乾隆需要了解地方的真实情况，和珅便成为查办地方官员的钦差大臣，开始奉旨出京。

　　乾隆四十五年二月初，和珅一行奉命前往贵州，对云贵总督李侍尧进行突然审讯，以查清他在受贿、勒索方面的罪行。为了避免李侍尧得到风声有所准备，在和珅离京之前，乾隆接连下达密谕，先令兵部侍郎颜希深驰往贵州对李暗中监视，继令军机大臣派人稽查沿途驿站，防止走漏消息，且令与贵州毗邻的湖南巡抚派遣干员把守关口，如遇私骑驿马由北往南者，立即拿获，严讯具奏。

　　李侍尧是额驸李永芳的四世孙，隶汉军正蓝旗。在封疆大吏中，李侍尧是乾隆一手提拔起来的。乾隆元年（1736年），李始为荫生，乾隆八年（1743年）得补印务章京，乾隆十四年（1749年）因皇帝的赏识而被破格擢为副都统，乾隆二十二年代理两广总督。广州自隋唐时起就是对外贸易的港口，康熙二十四年（1685年）清王朝在收复台湾之后，解除海禁，在广州建立海关，对外贸易。清廷责成洋行（亦称十三行）的商人同外国商人交涉贸易事项，外国商品由洋行经销，出口商品由洋行代购，进出口商品均由洋行规定价格。洋行商人要想保持对外贸易的垄断特权，就必须向广东官员行贿，因而两广总督既是要职又是肥缺。清王朝制定的闭关政策以及把对外贸易作为"羁縻"外商手段的策略，都要由两广总督去贯彻执行。

　　李侍尧上任不久就遇到一个十分棘手的案件——英国商人洪仁辉（Mr. Flint）控告广州海关监督李永标额外征税，勒索外商。洪仁辉多

次把船开至宁波，试图在那里进行贸易，因而乾隆二十二年清廷明令禁止外商去宁波，严格实行广州一门通商，以便把中外交往控制在一个最狭小的范围内。其他外商在接到乾隆的谕令后，都作出遵谕的承诺，唯独洪仁辉不愿受此约束，于乾隆二十四年（1759 年）再一次率船到浙江，因不能登岸，遂北上天津，控告李永标额外勒索。

李侍尧在审理此案时，不仅将李永标革职，也对违禁前往浙江的洪仁辉作出押往澳门、监禁三年的处理，并把替洪仁辉书写呈文的秀才刘氏处以死刑。

李侍尧为何如此严办此案呢？原来，早在乾隆十七年（1752 年），清廷抓获了在湖广一带深山聚众烧炭、图谋反清的马朝柱党羽。因其党羽供称头目姓朱，尚在西洋，即将起事杀回国内；而且马朝柱潜逃，下落不明，故乾隆对西洋人颇加防犯，唯恐彼等与国民接触，资助反清势力。

李侍尧深知乾隆坚决反对国人与外国人来往，于是又制定了《防夷五事》，明文规定外国商人不得在广州过冬；外商在广州必须住在行商会馆中，由洋行商人"管束稽查"；国人不得向外商借钱，不得受雇于外商；国人不得为外商探听商业行情；派兵稽查外围商船停泊处，以便及时捕获试图勾结的中外不法之徒。

李侍尧对洪仁辉一案及善后事宜的处理，深得"圣眷"，于是在乾隆二十四年，李侍尧由代理总督变为正式总督。

李侍尧在乾隆朝久受重用，历任两广总督、湖广总督、云贵总督。在地方督抚中，李侍尧以政绩突出著称。例如他在两广总督任内，建议对买补的官仓谷子进行碾试，要求买进上等好谷，防止以次充好；在湖广总督任内，奏请对生活必需的盐"酌中定价"，以剔除两淮盐商"抬价病民"的弊端；在担任云贵总督期间，正值清缅之间为结束敌对状态而进行试探性谈判，李侍尧协助大学士阿桂顺利完成这一转变，对举棋不定的缅甸头人孟干"断接济，绝侦探，以示威德，不予迁就"，促使其回到谈判桌上，为实现两国关系正常化奠定了基础。

李侍尧的才干有目共睹，正如《啸亭杂录》所论：

"公短小精敏，机警过人，凡案籍经目，终身不忘。其下属谒见，数语即知其才干，拥几高坐，谈其邑之肥瘠利害，动中要害；州县有阴事者，公即屡屡道之，如目睹其事者。"

李侍尧以精明强干赢得了皇帝的器重。乾隆三十八年，仍在两广总督任内的李侍尧，被晋升为武英殿大学士，两年后被抬入汉军镶黄旗，升为上三旗。

然而，李侍尧是能人，却非圣人，对于官场上的种种陋规、恶习，他同绝大多数官员一样习以为常，沉溺其中。他不仅心安理得地收受属下的规礼、馈赠，甚至暗示下属送厚礼，进行变相勒索。李侍尧曾令仆人把一颗珍珠强行卖给昆明知县，索银三千两；把另一颗强卖给一名同知，索银两千两。平心而论，在封疆大吏中，李侍尧还算不上声名狼藉，他对属下的勒索，除私欲作祟外，和进贡皇帝也有一定的关系。

按照规定，每逢年节及皇帝万寿、太后千秋，官员都要进贡。而乾隆又是一位情趣极高的君主，对贡品的内在艺术性要求甚高。李侍尧在两广总督任内，确实向乾隆进贡了一些新奇的东西，如外商进献的用发条控制的船只、各种动物，以及能自动报时的钟表、会演奏乐曲的精美的盒子（类似八音盒）等西洋物品，因而甚得皇帝欢心。一次，乾隆在李侍尧进贡后传谕："此次所进镶金洋表亭甚好，嗣后似此样好的多觅几件，再有比此大而好者亦觅几件，不必惜价，如觅得时，于端阳贡几样来，钦此。"然而当李侍尧调任云贵后，虽说手中还有积存的西洋物品，却不能再用那些洋货作为贡品，必须另辟蹊径，以讨好君父。

云贵盛产金银，但要把金银变成高品位的工艺品，还需要一笔可观的投入作为加工费。对李侍尧来说，这笔开销自然要由属下来出，如此勒索当然会引起不满。乾隆四十三年，曾任云南粮储道的海宁在任满回京后，对李侍尧的劣迹私下议论，很快传入皇帝耳中。为此乾隆特召见海宁，询问李侍尧政绩，猜不透天机的海宁唯恐一言不洽触怒天颜，不敢以实上奏。孰料才被抬入汉军镶黄旗三年的李侍尧已经失去圣眷，结果海宁以欺君之罪被传旨严讯。为了尽快摆脱这场自上而下的政治漩涡，海宁只得把有关李侍尧的种种传闻全盘托出，以满

足皇帝治罪李侍尧的需要。

贵州山水虽然比不上甲天下的桂林，却也称得上怪石嵌空，"玲珑如云下垂，如蛟起舞，又如青英万朵"，途经此地的和珅曾作长诗一首，"用志灵迹"，其诗曰：

> 黔州自古千岩抱，谁遣六丁开此道，
> 绝磴层峦一线通，嶙峋怪石天成造。
> 而我勿传空谷音，行行更觉入山深，
> 此山大有逍遥趣，减却匆忙于役心。
> 探奇揽胜恣游骋，况闻前有神仙境，
> 迟回玉勒缓丝鞭，马蹄踏碎松杉影。
> 忽见奇峰拔地起，喷流溅沫响泉声，
> 飞云洞口疑云起，恍若苍龙挟雨行。
> 清风终古难吹去，下有僧人未觉曙，
> 雾气朝朝郁不开，何年古佛锡风来。
> 灵根幻出黄金相，贝叶封成碧玉苔，
> 危亭杰阁悬岩半，望天缥缈烟霞灿。
> 仿佛如同羽化升，归来翻恐红尘绊，
> ……
> 吩咐仆童让我先，今朝平地忽登仙。
> 家中鸡犬劳相挈，客里琴书莫浪捐，
> 忽然一阵峦风起，飘拂长林声震耳。
> 恍如棒喝顶门惊，唤醒痴迷悟方始，
> ……
> 禅机岂可妄相求，我对石言石点头。
> 丝缕牵缠尘纲重，溪山笑傲宦情收，
> 凉汗沾肌岚风冷，策马依然纵玉鞭。
> 回首绝壁矗青天，山灵不许游踪恋，
> 顷刻飞云罩暮烟。

仕途一帆风顺的和珅，何以竟会产生"仿佛如同羽化升，归来翻恐红尘绊"之念呢？这同李侍尧一案恐怕有直接联系。对于李侍尧的突然失宠，不仅一般办案人员不得其解，就连善于揣摩人主意图的和珅也有点猜不透天机。望着眼前"终古难吹去"的"疑云""朝朝郁不开"的"雾气"，不禁"凉汗沾肌"。

从天而降的审讯，令李侍尧猝不及防，只得如实招供：

> 曾收受迤南道庄肇银两千两；收受素尔方阿银三千两；收受按察使汪圻银五千两；收受临安知府德起银五千两；收受东川知府张珑银四千两。一年前，李派家仆回京修房，又接受素尔方阿、德起银各五千两。李在审理一起命案时，查获金六百两、银一千两，他将存单改为金六十两、银七千五百两。按照当时金银比价又可获利三千三百两。

经核实，李侍尧共勒索银35000两，而这只是非法收入的一部分，并非全部。其家人张永受在北京所添置的房产就有六所、地亩一处、放债银两4000；在原籍易州还有房屋数十间、耕地四五顷之多。奴才揩油尚且如此之多，主子搜刮数额之大可想而知。

乾隆在执政之初就一再强调"人臣之所最尚者唯廉"，对贪官污吏的处理可谓严矣。乾隆六年对收受贿银千两的兵部尚书鄂善处以死刑；乾隆二十二年赐勒索属下的云贵总督恒文自尽；又将在山西巡抚任内侵吞帑银二万两的蒋洲处死（蒋洲之父蒋廷锡在雍正时官至文华殿大学士，蒋洲之兄蒋溥在乾隆时期历任户部尚书、大学士、军机大臣等要职）；乾隆三十三年把侵吞盐引的两淮盐政高恒（孝慧皇贵妃之弟）正法；翌年把以开矿牟利的贵州巡抚方世儁（前任）、良卿（现任）绳之以法；乾隆三十七年令将勒索属下金玉的云南布政使钱度处死；乾隆四十三年将私役维吾尔民采玉牟取暴利的高朴（高恒之子），在当地斩首。尤需指出的是，高恒父子系乾隆宠妃高佳氏至亲，一系其弟，一系其侄；而云贵总督恒文在乾隆统治前期也是一位政绩突出的能臣。乾隆十二年在第一次平定大小金川之战期间，当时在甘肃平庆道任职的恒文奏请"兵贵神速"；乾隆十六年恒文在升任湖北巡抚后又"疏请采汉铜广鼓铸，请增筑武昌近城石堤，请停估变省城道仓空敖，备贮协济邻省米石，均得旨允行"。恒文以善于发现问题、抓住要害得到乾

隆的器重。按照"八议"中的议亲、议故、议功、议贵、议勤、议实、议贤、议能，对高恒父子及恒文在量刑时是可以减等从宽的，但乾隆仍坚持从严惩处。

在乾隆中叶以前，因犯贪而幸免一死的只有浙江巡抚卢焯。卢焯隶汉军镶黄旗，是雍乾时期一位能臣，长期出任地方大吏，每到一地都能兴利除弊，诸如严惩把持公务欺压百姓的庄头、严戒械斗、清理积案、赈济灾民、疏浚河道、构筑护城长堤、禁止商人缺斤短两、削减盐价米税、建议以石塘代替柴塘（浙江海塘工程），以及对年久失修的尖山坝进行修复，防患于未然。尖山坝竣工后，乾隆曾亲撰碑文，以示嘉奖。乾隆六年，左都御史刘吴龙弹劾卢焯在审批嘉兴府桐乡县汪姓分家一案时，收受汪氏贿银五万两，嘉兴知府杨景震受贿三万两，经审理属实，卢与杨均被判处绞监候。据《清高宗实录》及《碑传集》记载，在收审卢焯时，"有百姓数数百人喧言，求释放卢，推倒都统衙门鼓亭栅门"，"呼呶罢市"，"数万人赴制府军门击鼓"，"呼冤蹰足"。

有鉴于此，乾隆以卢焯在限期之内退完赃银为由，免其一死，将其发往军台效力，乾隆十六年赦归，四年后起用。卢焯收贿之数高于鄂昌、蒋洲，却得以从宽，显而易见是因其政绩卓越，皇帝以"八议"中的"议能""议勤"而对其减等量刑。

何以同是能臣，对卢焯从宽，对恒文就从严呢？和珅努力地思索着其原因。当然，和珅并不知道，此时已经沦为阶下囚，正在由他负责审问的李侍尧早在其之前，便已经对这个问题进行了一番艰苦的思索。

卢氏才识卓异，且为官颇为清正，深得百姓爱戴，故其最终被从轻发落，亦是出于情理之中。但是，恒文呢？李侍尧的脑海中不时地浮现出恒文那张精明过人的面孔。他把恒文落职前后的情形详详细细地思考了一遍又一遍。终于，李侍尧想明白了：恒文虽然能干，却不精明，当其短价市金被劾后，竟以预备进贡自辩，致使全省喧然，如此自辩岂不是把责任推到皇帝身上？恒文既然如此愚蠢，被赐自尽的命运也就在所难免了。念及于此，李侍尧的眼前豁然一亮，所以在其后的审讯过程中，尽管他对属下的勒索也同进贡有关，却始终只字不提"进贡"二字。李侍尧真的是足够聪明！

和珅也足够聪明！李侍尧明白了恒文之死，而和珅也猜透了李侍尧。那"郁郁不开"的雾气，终于被"一阵岚风"吹散，和珅豁然顿悟。于是，猜透天机的和珅对李侍尧作出了斩监候、籍没家产的拟处上报朝廷。拘泥于从严惩贪已成惯例的内阁大学士和九卿，在讨论和珅的拟处时，却把斩监候改成斩立决，为此乾隆传谕各省督抚，令对两种处理意见各抒己见：

"李侍尧历任封疆，在总督中最为出色，是以简用为大学士，数十年来，受朕倚任深恩。乃不意其贪黩营私，婪索财物，盈千累万，甚至将珠子卖与属员，勒令缴价，复将珠子收回；又厂员调回本任，勒索银两，至八千余两之多。

"现在直省督抚中，令属员购买物件，短发价值及竟不发价者，不能保其必无。至如李侍尧赃私累累，逾闲荡检，实朕意想不到。今李侍尧即有此等败露之案，天下督抚又何能使朕深信乎！朕因此深为惭憞。今又闻杨景索（曾任山东巡抚）声名亦甚狼藉，但其人已死，若至今存，未必不为又一李侍尧也。

"各督抚须痛猛省，毋谓查办不及，幸逃法网，辄自以为得计。总之，有则改之，无则加勉，触目惊心，天良俱在，人人以李侍尧为炯戒，则李侍尧今日之事，未必非各督抚之福也。

"所有此案核拟原折即著发交各督抚阅看，将和珅照例原拟之斩候及大学士、九卿从重改拟斩决之处，酌理准情，各抒己见，定拟具题，毋得游移两可。"

其实，乾隆并不想把李侍尧置于死地，否则就不会把两种处理方案交各省督抚讨论，只不过是想借此机会震慑一下各省督抚而已。但各省督抚唯恐表态支持和珅的意见而被认为与李侍尧沆瀣一气，大多数人为避瓜田李下之嫌，便附和大学士、九卿之议。只有安徽巡抚闵鹗元明确表态按和珅的意见结案。他指出，对于"历任封疆，勤干有为，久为中外推服"的李侍尧，"原照八议条内议勤、议能之文，稍宽一线，不予立决"，乾隆遂就闵鹗元之议，颁谕中外：

"各省督抚核议李侍尧罪名一案，俱已到齐。李侍尧以大学士兼管总督，受恩最深，乃敢营私败检，骄纵妄行，实出意料之外……较之从前恒文、良卿贪婪枉法，致罹刑宪，情节实略相等……李侍尧身任督抚二十余年，如办理暹罗（暹罗即今泰国）颇合机宜，缉拿盗案等事，亦尚认真出力。且其先世李永芳，于定鼎之初，归诚宣力，载在旗常，尤非他人所可援比。是以，前于尚书和珅照例拟斩候，大学士、九卿请改立决时，朕复降旨令督抚等各抒己见，确议具题，原欲以准情法之平。

"兹各督抚，大率以身在局中，多请照大学士、九卿所拟，而闵鹗元则以李侍尧历任封疆，勤干有为，为中外所推服，请援议勤、议能之文稍宽一线具奏。是李侍尧一生之功罪，原属众所共知，诸臣中既有仍请从宽者，则罪拟唯轻，朕亦不肯为已甚之事，李侍尧著即定为斩监候"。

至此，历时八个月的李侍尧一案终于了结。

李侍尧在被判处斩监候不及半年，甘肃爆发苏四十三领导的回民起义，正在服刑等秋后处决的李侍尧得到特赦，以三品顶戴赴兰州办理军务。未几任命其为代理陕甘总督，以替代养痈成患的原总督勒尔谨。此后在平定台湾林爽文起义的过程中，又令其担任浙闽总督、督办台湾军务，并因功而图形紫光阁（清代把立有特大军功的大臣画像放置紫光阁，前文提及的兆惠即享此殊荣）。

既然乾隆并无挥泪斩马谡之意，又何必将其抛出？是为了表明惩贪的决心，还是另有他图？美国历史学家恒慕义主编的《清代名人传略》一书在李侍尧传中，曾对乾隆治罪李侍尧的动机有如下推论："由于对欧洲的贸易，广州官职一直被视为全国的肥缺，而李侍尧在广州任最高地方长官长达十四年（实为十五年）之久（超过任何一个总督在此的任期），想必聚敛了大量财富。我们料想，正是这笔财富打动了和珅甚至乾隆皇帝本人，才一再使李侍尧获罪，以便将其财产籍没。"

上述分析可能存在一定的道理，在我们无法确切地探知乾隆帝如此之举的真正原因之前，可供一说。但是，自古帝王皆以天下为家，四海之内的财富尽属帝王一人所有，乾隆贵为天子，何物而无有？何求而不得？以两广总督李侍尧的一己私财，区区数额，远远无法与其后的和珅诸人等量齐观，似乎还不至于达到令乾隆为之垂涎欲滴，进而通过治罪李侍尧以剥夺其财富的程度。

乾隆在处理此案时所采取的做法：一方面向海宁大搞逼供，对李侍尧封锁消息进行突然审讯，以便抓到真凭实据；另一方面却又不肯按律治罪，使得斩监候的判决成为一场监而不斩的闹剧。这种做法只是乾隆作为封建帝王，在驾驭臣下时所惯用的政治手段而已，并不能说明什么问题。

对李侍尧一案的拟处，充分显示出和珅与乾隆"心有灵犀一点通"，而边陲之行又的确令和珅大开眼界，正像他的一首长诗所言：

> 奉使来滇境，山川此地雄，
> 有云皆作雨，无岭不凌空。
> 鞭影千盘上，人声绝壑中，
> 傍岩开石蹬，隔涧画飞虹。
> 苗妇足双赤，僮民首皆蓬，
> 水田分山下，火耨各西东。
> 问俗停藤桥，观耕驻玉骢，
> 历看黎庶苦，定卜稷禾丰。
> 省治于焉至，舆情到处通，
> 深居宁爱寂，早起在先公。
> 莫谓矜尊贵，唯图慎始终，
> 今朝清宿弊，片语折群衷。
> 万里驰缄奏，三吴达帝聪，
> ……

乾隆四十五年五月，和珅还朝，或者是旁观者清的缘故，并无治理地方经验的和珅，却对设关、盐务、钱法以及清缅关系、同交趾（即越南）的贸易等，提出了许多具有参考价值的建议。其奏曰：永昌府的潞江，普洱府的磨黑"向立税口，禁携带丝、纸、针、绸出隘，

但关外尚有腾越、龙陵、思茅诸处，地阔民繁，难免偷漏，请改设以收实效。"鉴于从四川流入云南的私盐"味好价廉，致官盐难销，正课日亏"，和珅请在川滇交界缉拿贩私盐者，"并以滇省私钱盛行，官铜缺少，请设法整顿"。对于清缅战争遗留的问题——送苏尔相（系清骑兵营都司，议和时被缅拘留，后被送回）等回国的两名缅甸人"尚羁永昌，拟应释放"；对于前往交趾贸易的人应制定统一的政策。和珅上述奏请，"皆奉旨允行"。

滇黔之行成为和珅一生中的第二个转折点：龙心大悦的乾隆皇帝旋即授和珅为御前大臣，补镶蓝旗都统；同时还把自己的掌上明珠，年仅六岁的最小的女儿和孝固伦十公主许配给了他的长子，"待年及岁时，举行指婚礼。"从此，乾隆帝与和珅两人结下了"娃娃亲家"。当年乾隆帝年已古稀，而和珅刚刚三十一岁。

乾隆帝一生共生育了十个女儿，其中有五个因早殇没有加封，更没有下嫁。和孝固伦公主是乾隆帝的第十个女儿，也是他最小的一位公主。她生于乾隆四十年（1775年）正月初三日。那一年乾隆皇帝已经六十五岁。和孝公主的生母汪氏，是乾隆帝所册封的十八位有名位的后妃之中的第十七位。她排在容妃（即所谓维吾尔族妃子"香妃"）的前面。惇妃汪氏是满洲正白旗人，她的父亲名叫四格，曾做过都统。惇妃生于乾隆十一年（1746年）三月初六日，乾隆二十八年（1763年）十月，被选入宫。乾隆帝比较喜欢她，故在当月十八日就封她为"永常在"。乾隆三十三年（1767年），被晋封为"永贵人"，接着又在乾隆三十六年（1771年）十月，晋封她为"惇嫔"。乾隆三十九年（1774年）十一月，因其怀孕在身，被晋封为"惇妃"。第二年（1775年）正月，便生下了和孝公主。

惇妃脾气暴躁，比较骄横，也许自以为生了个皇上喜欢的女儿，有了本钱就飞扬跋扈，不可一世起来，动不动就发火，并经常拿下人出气。她于乾隆四十三年（1778年），借故打死了一名使女，乾隆帝知道后非常生气，把她降为"嫔"。可是不久又恢复了她的"妃"位。这也许是"母以女贵"，因为和孝公主深受乾隆帝宠爱的缘故吧。

乾隆四十一年（1776年）正月初三日，是和孝公主的周岁纪念，即所谓"碎盘日"。那一天，乾隆帝赏赐给她许多玩物与珍宝，其中有汉玉撇口钟、汉玉娃娃戏狮、青玉匙、红白玛瑙仙鹤、油珀圆盒与汉玉扇器等。和孝公主生来活泼好动，聪明伶俐，讨人喜欢，长相也颇似其父乾隆帝，而且她又是乾隆皇帝的最小的女儿，就是俗话所说的"老闺女"，因此，皇上就格外喜欢、宠爱她，视其为"掌上明珠"。在《清史稿·公主表》中记载："主，高宗少女，素所钟爱，未嫁赐金顶轿。"

在和孝公主十三岁时，乾隆帝就破格封她为"固伦（满语，汉译为'国'之意）公主"。按照清朝体制，皇后之女才能封为"固伦公主"，其品级相当于亲王。而妃、嫔所出，或由皇后所收养的宗室之女，则只能封为"和硕公主"。其品级相当于郡王。乾隆帝的其他四个女儿，分别为：第三女和敬固伦公主，乃孝贤皇后所生，乾隆十二年（1747年）三月，下嫁给色布腾巴尔珠尔额驸（蒙古族）；第四女和嘉和硕公主，纯惠贵妃苏氏所生，乾隆二十五年（1760年）正月，下嫁给傅恒之子福隆安额驸；第七女和静固伦公主，孝仪纯皇后所生，乾隆三十五年（1770年），下嫁给拉旺多尔济额驸；第九女和恪和硕公主，孝仪纯皇后所养，乾隆三十七年（1772年），下嫁给扎兰泰额驸。和孝十公主在诸皇女中是备受乾隆帝宠爱、娇惯的一个，从小就被养育在自己身边。乾隆帝以其相貌非常像自己，因此就格外钟爱她、呵护她，并经常对她说："假如你是个皇子，那朕一定立你为皇储。"和孝公主自幼就具有阳刚之气，喜欢把自己打扮成男孩子，更喜欢与男孩子一起玩耍，做一些男孩子们的游戏。青少年时期，她经常随乾隆帝出巡、木兰秋狩，驰骋在密林与一望无际的大草原间，显现出她那飒爽英姿，"不爱红装爱武装"的气魄。当年她进哨行围，用过的各种小型弓箭、撒袋、马鞍等狩猎用具，后来还常被乾隆帝的皇孙辈的孩子们使用。据史料记载：她"性刚毅，能弯十力弓，少尝男装随上较猎，射鹿丽黾，上大喜，赏赐优渥"。

乾隆四十五年（1780年），和孝公主六岁时，就被乾隆帝许配给和珅的长子丰绅殷德为妻。那一年，丰绅殷德也恰好是六岁，他与和孝公主同年同月所生，只是比公主小半个月。他长得与其父和珅几乎一模一样，也是个英俊貌美的少年。他号称"润圃"，含有"恩蒙尚主，入趋禁廷，退乐钟鼓思义"的意义。和孝公主与丰绅殷德订婚以

后，和珅好像吃了一颗定心丸，分外地高兴、得意。他认为他在朝中的地位进一步巩固了，也是乾隆帝最大的信任。他知道，今后只要讨得和孝公主高兴，乾隆帝也一定会高兴。因此，他就变着法地向和孝公主献殷勤，讨喜欢。当时和孝公主尚在童年，经常管和珅叫"丈人"（公主称和珅为"丈人"不知何因，也许是因为其年少时喜欢打扮成男孩子的缘故，把"公爹"叫成"丈人"吧）。有一年春节期间，乾隆皇帝带着和孝公主逛圆明园内同乐园的"买卖街"）在圆明园中，每年新春伊始（即正月初一）到"燕九节"（所谓"燕九节"，是一个道教的节日，即农历正月十九日。因为，这一天是道教"全真派"的主庭北京白云观的创始人丘处机的生日。）期间，仿照民间的"庙会"，临时设立的"买卖一条街"）。和珅当时也陪同他们父女二人逛街，逛来逛去当他们一行来到一家卖衣服的铺子面前，乾隆帝看见了一件"大红呢子夹衣"，便走上前去翻看，和孝公主与和珅也赶紧跑了过去，公主十分喜欢这件衣服，爱不释手，乾隆帝看到这种情景，赶忙说："还不叫你'丈人'给你买下！"于是和珅花了二十八两银子买了这件衣服，送给了和孝公主。

乾隆五十三年（1788 年），当和孝公主十三岁时，被破格晋封为"固伦公主"。也就是从这一年的三月二十日开始，和孝公主开始留起了头发，准备下嫁。据清朝档案记载，乾隆帝这一天赏赐给她一批丰厚的礼物，其中包括有大批绫罗绸缎和珠宝玉器。三月二十六日，乾隆帝又下谕旨赏赐给和孝公主金镶松石如意一柄、伽南香念珠一盘、汉玉扇器四件。同时还赏赐给丰绅殷德金镶松石如意一柄。

乾隆五十四年（1798 年），和孝公主与丰绅殷德按原来的规定，将要举行指婚大礼。当年闰五月初二日，乾隆帝又下谕旨说："凡下嫁外藩固伦公主，例支俸银一千两。如系在京住者，即照下嫁八旗之例支给。从前和敬固伦公主，虽系在京居住，而俸银、缎匹仍照外藩之例支领，年久未便裁减，是以降旨仍照旧关支。今和孝固伦公主，系朕幼女，且在朕前承欢侍养，孝谨有加，将来下嫁后，所有应支俸禄，亦着一体赏给一千两，以昭平允，而示嘉奖。"这也就是说，和孝公主的俸禄是诸皇女中，属于最高一级的，与下嫁外藩的固伦公主相同，很显然这是乾隆帝对和孝公主的偏爱。与此同时，乾隆帝还下谕旨：

"命固伦额驸丰绅殷德在御前行走。"没有多久，他又被任命为散秩大臣。

这一年的十一月二十七日，是个黄道吉日，一切准备停当，刚刚十五岁的和孝公主与丰绅殷德举行了婚礼。为此，乾隆皇帝除了赏赐给她大量土地、庄丁和奴仆外，还赏赐给她一大批妆奁。现在这份赏赐她的清单，还完整地保存在中国第一历史档案馆中，现录列于下：

红宝石朝帽顶一个，嵌二等东珠十颗。

金凤五只，嵌五等东珠二十五颗，内无光七颗，碎小正珠一百二十颗，内乌拉正珠二颗，共重十六两五钱。

金翟鸟一只，嵌碌子一块，碎小正珠十九颗，（随）金镶青金桃花垂挂一件，嵌色暗惊璺小正珠八颗，穿色暗惊璺小正珠一百八十颗，珊瑚坠角三个，连翟鸟共重五两三钱。

帽前金佛一尊，嵌二等东珠二颗。

帽后金花二枝，嵌五等东珠五颗。

金（银）珊瑚头箍一围，嵌二等东珠七颗，重四两七钱。

金镶青金方胜垂挂一件，嵌色暗惊璺小正珠二十四颗，穿碎小正珠二百四十九颗，珊瑚坠角三个，重四两五钱五分。

金镶珊瑚项圈一围，嵌二等东珠五颗，五等东珠二颗，重五两四钱。

鹅黄辫二条，松石背云二个，珊瑚坠角四个，加间三等正珠四颗，四等正珠四颗，重五两三钱。

双正珠坠一副，计大正珠六颗，二等正珠六颗，加间碎小正珠六颗，金钩重一两七钱五分。

金手镯四对，重三十五两。

金菏莲螃蟹簪一对，嵌无光东珠六颗，小正珠二颗，湖珠二十颗，米珠四颗，红宝石九块，蓝宝石二块，锞子一块，重二两一钱。

金莲花盆景簪一对，嵌暴皮三等正珠一颗，湖珠一颗，无光东珠六颗，红宝石十二块，子一块，无挺，重一两五钱。

金松灵祝寿簪一对，嵌无光东珠二颗，碎小正珠二颗，米珠十颗，子二块，红宝石四块，蓝宝石二块，碧牙二块，重二两。

碎小正珠小朝珠一盘，计珠一百八颗，珊瑚佛头塔记念，银镶珠

背云，嵌小正珠一颗，米珠四颗，小正珠大坠角，碎小正珠小坠角，加间米珠四颗，金圈八个，连绦结，共重一两八钱五分。

碎小正珠小朝珠一盘，计珠一百八颗，珊瑚佛头塔记念，银镶珠背云，嵌色暗五等正珠一颗，米珠四颗，小正珠大坠角，碎小正珠小坠角，加间米珠四颗，金圈八个，连绦结，共重一两四钱五分。

珊瑚朝珠一盘，青金佛头塔，金镶绿碧牙背云，碧牙大坠角，松石记念，碧牙黄蓝宝石小坠角，加间色暗暴皮五等正珠四颗。

珊瑚朝珠一盘，催生石佛头塔，铜镶宝石背云，嵌子一块，红宝石二块，蓝宝石二块，碧牙一块，绿晶一块，松石记念，红宝石大坠角，红宝石小坠角二个，蓝宝石小坠角一个，加间无光东珠一颗，小正珠三颗，饭块小正珠十四颗，珊瑚蝙蝠二个。

青石朝珠一盘，珊瑚佛头塔记念，铜镶嵌背云，红宝石四块，碧牙一块，蓝宝石二块，碧牙大坠角，红宝石小坠角，加间假珠四颗。

催生石朝珠一盘，珊瑚佛头塔记念，松石背云，黄宝石大坠角，碧牙小坠角，加间饭块小正珠一颗，碎小正珠三颗。

松石朝珠一盘，碧牙佛头塔记念，蓝宝石背云，红宝石大坠角，珊瑚记念，红宝石碧牙小坠角，加间碎小珠四颗。

松石朝珠一盘，碧牙佛头塔记念，蓝宝石背云，黄宝石碧牙大坠角，珊瑚记念，红宝石碧牙小坠角，加间变色小正珠一颗，饭块小正珠三颗。

蜜蜡朝珠一盘，碧牙佛头塔，背云，记念，坠角，加间碎小正珠四颗。

蜜蜡朝珠一盘，碧牙佛头塔，背云，记念，小坠角，红宝石大坠角，加间碎小正珠三颗，假珠一颗。

酱色缎貂皮袍两件，清缎天马皮袍一件。

酱色缎灰鼠皮袍一件，酱色缎羊皮袍一件。

酱色绸羊皮袍一件，酱色缎上身羊皮，下接银鼠袍一件。青缎貂皮褂二件，石青缎绣八团白狐缂皮褂一件，清石缎四团夔龙银狐褂一件，青缎灰鼠皮褂两件。以上俱换面改作。

绣五彩缎金龙袍料五匹、绣五彩缎蟒袍料二十三匹、绣五彩纱蟒袍料二匹、织五彩缎八团金龙褂料十八匹、绣五彩纱龙袍料三匹、片金二十四、蟒缎二十四、大卷闪缎三匹、小卷闪缎三十二匹、羊绒三十卷、妆缎三十匹、上用金寿字缎二匹、大卷八丝缎一百六十四匹、上用缎六匹、大卷官绸二十五匹、大卷纱二十二匹、大卷五丝缎一百六十匹、小卷五丝缎七十五匹、潞绸八十匹、官纱二十四匹、绫一百匹、纺绸一百匹，共享九百四十匹。

金镶玉草筋二双、商银痰盒二件，每件重七两八钱；银粉妆盒一对，重三十八两一件，三十七两一件；银执壶一对，每件重二十一两；银茶壶一对，每件重三十两五钱；银盆二件，重九两七钱一件，重十两三钱一件；银盒一对，重一百三十两一件，六十一两一件；银壶一把，重七两五钱一件；银盒二件，重九两七钱一件，十两三钱一件；银盒一对，重七两五钱一件，重七两四钱一件；商银小碟一对，重二两五钱一件，一两七钱一件；镀金盒一对，重三两一钱一件，三两二钱一件；银杯盘十份，共重三十二两五钱；银壶四把，重十三两二件，十两二件；银匙四把，每件重六钱；玉杯八件。

象牙木梳十匣、黄杨木梳二十匣、篦子十二匣、大抿二十匣、剔刷一匣、刷牙刮舌十二匣。

摆紫檀格子（即多宝格）用：青汉玉笔筒一件，紫檀座青玉杠头筒一件，紫檀座青玉执壶一件，紫檀座汉玉仙山一件，乌木商丝座汉玉鹅一件。紫檀座摆紫漆案用：汉玉璧磬一件，紫檀架随玉半璧一件、汉玉半璧一件、紫檀座汉玉磬一件、紫檀商丝架随玉夔龙一件、汉玉璧一件、紫檀座青玉瓶一件。紫檀座摆黑漆笔砚桌用：汉玉笔架一件、紫檀座青玉瓶一件、紫檀座汉玉水盛一件、紫檀座紫檀画五屏峰（风）筒妆二座（每座随玻璃镜一面）、红漆长方屉匣十对、雕紫檀长方屉匣六对、红填漆菊花式捧盒二对。

以上乾隆帝的赏赐物品，大体上可分为七大类，即（1）头饰品。（2）皮衣。（3）朝珠。（朝珠乃皇家的一种象征着高贵身份的特殊装饰品。这种朝珠可以用宝石、珠玉缀成，非常华贵，只有皇室主要成员和少数特别高级的官员才能佩带。）（4）衣料。（5）梳妆用品。（6）陈设品。（7）文房四宝等各种用具。这些赏赐用品，有的是乾隆帝特别照顾和孝公主的，比她的几个姐姐都要丰富得多。

乾隆帝不但赏赐给和孝公主大批妆奁，而且就在同一天还赏赐给

额驸丰绅殷德大量礼品，其中主要有：

椰子朝珠一盘，珊瑚佛头塔，银镶蓝宝石背云，嵌红宝石四块，碧牙记念，蓝宝石小坠角，加间养珠四颗。

蜜蜡朝珠一盘，碧绿牙佛头塔，银镶碧牙背云，大小坠角，珊瑚记念，加间碎小正珠四颗。红宝石朝帽顶一个，嵌二等东珠六颗。

帽前金佛一尊，嵌五等东珠二颗。

帽后金花一只，嵌五等东珠一颗。

镀金嵌碧牙四块瓦一副，随手巾束一副。

银镀金嵌温都鲁四块瓦一副。

象牙牙签筒一件，鳅角牙签筒一件。

集锦荷包二匣，每匣金黄大带。

花大荷包一对，珊瑚豆小荷包四个，套二个，扳指套一个，火镰一把，扇套一个。

哈吗一副，小刀二把，灰色青貂袍一件，蓝绸貂皮袍一件，酱色缎灰鼠皮袍一件，蓝色银鼠皮袍一件。

蓝绸羊皮袍一件，石青缎貂皮褂二件。

石青缎灰鼠皮褂一件，石青缎羊皮褂一件。以上十二件，系四执事，俱换面改做。

此外，乾隆帝还赏给丰绅殷德额驸头等女子四名，二等女子四名，三等女子四名。每名女子各赏有皮、棉、夹衣、丝缎衣料、银项圈、铜耳坠等物。同时还赏给了户口男人十一人，女人十一人，户口管领二人，也各赏赐了他们一些衣物和用具等。

乾隆帝觉得以上这些妆奁和礼品，还不大够，于是又格外赏赐给和孝公主与丰绅殷德额驸一些物品，内有包括做衣服、被褥、床单与帐幔等物的丝绸、锦缎、绫罗、绣纱、毛毡和绒线等八百五十九匹。其中包括：大卷八丝缎一百七十六匹、妆缎二十二匹、小卷八丝缎二匹、锦十一匹、倭缎四匹、小卷闪缎十六匹、大卷纱六十九匹、春绸八十二匹、绉绸二百四十七匹、纺绸一百二十三匹、绫八十八匹、小卷金寿字缎十九匹，以及黄猩猩毡二丈一尺、红猩猩毡一丈八尺七寸、绣缎领、袖十副、绣纱领、袖三副，绒线四十四匣、三等金线七百三十四子。

此外，乾隆帝还另加赐给和孝公主妆奁如下：紫檀嵌玉如意一盒（计九柄）、红漆填金捧盒二对、红填漆菊花式捧盒八对、黄彩漆八方捧盒七对、填漆透风八方捧盒八对、彩漆皮圆盒五十件、银珐琅里镶嵌玳瑁面盒七件、广珐琅面盆四件、铜镜四件、玛瑙把镜四件、珐琅把镜四件、紫檀支镜十件、翠顶花钿边三十份、翠凤二十匣、翠花六十匣、小扺二十匣、篦子八匣、刷牙刮舌八匣、剔篦二十匣、剔刷十九匣、旧锦缎绸实例夹被三件、大红缎绣花卉高桌围四个、刻（缂）丝扇套片十片、刻（缂）丝香袋片十四片、绣香袋片五十六片、绣缎镜套料三十六片、未做成小荷包八十八对、刻（缂）丝镜套料二片、西洋线络单一块、绣纱帐子一件、绣纱幔子二件。

除此之外，在和孝公主与丰绅殷德举行正式结婚大典后六日，即十二月初三日，按清朝皇家的礼节，和孝公主与丰绅殷德额驸还要进宫举行回门礼。就在那一天，乾隆帝又赏赐给他们俩大批礼品。其中赏赐给和孝公主的东西主要有：

金年年如意簪一对，嵌小正珠三颗，碎小正珠九颗、无光东珠二颗、红宝石十四块、蓝宝石四块、子二块、子玉一块、羊睛一块，重二两四钱。

金菊花簪一对，五等饭块正珠六颗，红宝石四块，蓝宝石二块，重一两四钱。

金喜荷莲簪一对，嵌无色东珠二颗，米珠八颗，子二块，红宝石六块，蓝宝石二块，重一两四钱五分。

金喜荷莲簪一对，嵌四等正珠一颗，五等东珠一颗，小正珠七颗，湖珠三颗无光东珠三颗，碎小正珠一颗，红宝石十块，蓝宝石一块，羊睛二块，子三块，重一两五钱。

金喜荷莲簪一对，嵌五等正珠二颗，小正珠四颗，碎小正珠二颗，米珠四颗，红宝石七块，玻璃一块，重一两四钱五分。

银镀金龙头吉庆寿字流苏一对，穿饭块小正珠八十颗，红、蓝宝石坠角十个，重一两七钱四分。

金喜荷莲簪一对，嵌色暗惊璺二等正珠一颗，无光东珠一颗，五等正珠一颗，五等东珠一颗，小正珠六颗，碎小正珠十四颗，红宝石十块，蓝宝石二块，子二块，重一两七钱。

金灵芝蜘蛛簪一对，嵌五等正珠一颗，湖珠三颗，小正珠二颗，红宝石十一块，蓝宝石三块，碧牙一块，子二块，松石一块，重二两三钱。

黄汉玉诗意夔纹如意一柄，青玉方朔一件，紫檀乌木商丝座白玉连环节一件，白玉鱼磬一件，紫檀架碧玉夔凤双孔花插一件，紫檀牙座铜牧牛一件，紫檀座水晶灵芝双环瓶一件，乌木红牙座白地红花甘露瓶一件，紫檀座玛瑙葵花碗一件，锦二匹，大卷八丝缎四匹，大卷宁绸三匹。

赏赐给丰绅殷德额驸的礼品主要有：珊瑚朝珠一盘，绿玉佛头塔，碧牙背云，大坠角，松石记念，红宝石小坠角，加间碎小正珠一颗，米珠三颗。

据当时目睹和孝公主下嫁丰绅殷德家的朝鲜使者记载："皇女于归，特赐帑银三十万。""大官手捧如意、珠贝，拜辞于皇女轿前者无虑屡千百，虽以首阁老阿桂之年老位尊，亦复不免云。"

当时朝鲜使者还把和孝公主下嫁丰绅殷德额驸与乾隆帝的另一个女儿和嘉公主下嫁富隆安额驸时的情景作了比较，他说：乾隆皇帝对和孝公主"宠爱之隆，妆奁之侈，十倍于前驸马福隆安时，自过婚日，辇送器玩于主第者论其直（值），殆过数百万金"。这还不算，乾隆帝不久又借着和孝公主过生日之际，又赏赐给她一批礼物，其中主要有：

紫檀嵌玉如意一柄，汉玉开璧磬一件，上栓青玉鸠一件，紫檀架白玉仙山一件，紫檀座汉玉葵花洗一件，紫檀座碧玉双孔花插一件，茜牙座青玉海棠洗一件，紫檀商丝座青绿双瓶一件，绿晶蕉叶花插一件，紫牙白檀座八成金五两重金锞九个，藏香九束，自鸣钟一座，五十两重银元宝九个，绸缎九表九里（外库）。

由此看来，当时乾隆帝对这场婚姻非常满意、高兴，爱女之心意犹未尽，就连和孝公主的母亲惇妃也沾上了光。乾隆帝又在当月的二十一日，赏赐给惇妃白银三百两，其名为是给惇妃过生日的祝贺礼。可是惇妃的生日是三月初六日，离那时还差两个多月呢！由此可见，乾隆帝肯把自己最心爱的小女儿和孝公主下嫁给和坤的儿子丰绅殷德，并赏赐给他们极其丰厚的妆奁与礼物，这不仅意味着乾隆帝对和坤的极为宠幸，同时也是提高和坤身份与地位的一个手段。另一方面，也意味着和珅从此与乾隆帝结成了儿女亲家，双方彼此关系更进一步加深了，这是其他高官显贵们所望尘莫及的。这也说明和珅实际上已成为当朝第一权臣，是别人望眼欲穿的勋贵国戚。

其次，和珅家族与皇家攀亲，除了其子丰绅殷德娶了和孝公主为妻外，和珅的女儿也嫁给了皇族。他的女儿是贝勒永鋆（号"丽斋"）的福晋（满语，亦作福金、夫金，系汉语"夫人"的音译）。永鋆乃是康熙皇帝的曾孙。丰绅殷德曾有《赠丽斋姐丈》一诗，其中写道："莫厌山居太寂寥，绝超城市困喧嚣。自由自在神俱爽，无事无非梦亦调。茅舍竹篱偏得趣，清风明月不须邀。布衣蔬食吾犹愿，况有花时酒一瓢。"丰绅殷德的这首诗写于和珅家产被抄没后，亲属们个个如丧家之犬，心灰意冷眷恋着昔日富贵生活。而丰绅殷德却有一种看破红尘之情感，并以此劝慰其姐丈既来之，则安之，安于现状，得过且过的真实写照。

和珅家族与皇室成员有亲缘关系的另一个事例，就是和珅的侄女，即其弟和琳之女嫁给了乾隆帝的孙子绵庆。绵庆为永瑢的第六子，乾隆五十五年（1790年）袭质郡王，嘉庆九年（1804年）去世，谥号为"恪"。绵庆年幼时聪明伶俐，讨人喜欢。十三岁时，曾经陪同乾隆帝到避暑山庄练习射箭，他因连中三箭，得到乾隆帝嘉奖，赏赐给他一件黄马褂及三眼孔雀花翎。他精通音律，比较好学，但是身体比较羸弱，经常生病，嘉庆九年（1804年）死时，只有二十六岁。嘉庆帝对于他的死十分惋惜，曾经赐银五千两，为其料理丧事。其父永瑢为乾隆帝第六子，后来过继给允禧为后。乾隆二十四年（1759年），袭贝勒爵位，乾隆三十七年（1772年）晋封为质郡王，乾隆五十四年（1789年）晋封为质亲王，次年，得病去世。谥号为"庄"。有关绵庆与和琳之女结为伉俪一事，在丰绅殷德的诗作《延禧堂诗抄》中也有反映。嘉庆十一年（1806年），他曾写了一首《极乐寺少憩用紫幢轩独游水南韵》的诗，其诗注中有："乾隆己酉年（即乾隆五十四年，1789年）秋，先叔希斋（即和琳）公巡漕回觐，曾宿此室。予自城来接待，谈竟日，回忆忽已十八年。而妹倩质恪郡王'书香世界'额，犹悬楣端，伊已下世将二载矣。追思二事已成千古，曷胜憾怆。"关于此事，和珅本人也曾有诗记载，他在一首《希斋弟督军苗疆受瘴而卒，

痛悼之余为挽词十五首，言不成声，泪随笔落，聊长歌以当哭云》的诗中写道："看汝成人瞻汝贫，子婚女嫁任劳顿。如何又为营丧葬，谁是将来送我人。"这说明和琳女儿嫁给质恪郡王一事，是由和坤一手为之操办的。此外，朝鲜使臣也记述了和坤家族与皇室联姻之事："吏部尚书和坤，去年升为军机大臣，子尚皇女，女配皇孙，权势日隆。皇帝遣内侍轮番其第，势焰熏天，缙绅趋附。"和坤从此成为了朝廷炙手可热的新贵。

第五章

审办国泰案

乾隆四十七年四月初，都察院御史钱沣上书弹劾山东巡抚国泰、布政使于易简两人"贪纵营私"，"国泰于属员题升调补，多索贿赂"，"按照州县肥瘠，分股勒派。遇有升调，唯视行贿多寡，以致历城州县亏空或八九万两，或六七万两。布政使于易简亦纵情攫贿，与国泰相埒"。

一石激起千层浪，钱沣的一道奏书，令原本貌似平静的山东官场由此掀起一场轩然大波。

国泰隶属满洲镶白旗，姓富察氏，系四川总督文绶之子，曾任刑部主事、郎中、山东按察使、山东布政使等职，乾隆四十二年被擢为山东巡抚。乾隆三十八年已调任陕甘总督的文绶，因在四川任内庇护纵子为非作歹的阿尔泰，被贬戍伊犁。国泰因疏请同父一起遣戍，得到皇帝的赏识，不仅保住官职，而且很快升为巡抚。

国泰少年得志，为人跋扈，对待属下不以礼节，稍有不当之处则随意呵斥。国泰之父文绶因庇护阿尔泰被罚银八万两，国泰明目张胆勒索属下，代父交纳赎罪银两。于易简则是已故大学士于敏中之弟，虽然也出身宦门（于易简的曾祖于嗣昌曾任山西襄垣知县，祖父于汉翔曾任陕西学政，父亲于树范官至浙江宣平知县，叔父于枋亦是进士出身），但其生性懦弱，因而同国泰共事也称得上是刚柔相济。在国泰大发雷霆时，于易简竟然奴颜婢膝，"长跪白事"。对于国泰的颐指气使，于易简已经是司空见惯。

对于"性情乖张"的国泰，阿桂、福康安（阿桂当时任军机处首席大臣、内阁首辅；福康安是傅恒之子，时任云贵总督）、和珅等相继向皇帝"密为陈奏，欲以京员调用，消弭其事"，却被皇帝拒绝。因屡闻"国泰在山东巡抚任内不能得属员之心"，"恐其有不法款迹"，乾

隆于四十六年正月，特意传谕，令于易简来京讯问。于易简极力保护国泰，说他并无别项款迹，"唯驭下过严，遇有办理案件未协及询问不能登答者，每加训饬，是以属员畏惧，致有后言。"乾隆又问及"国泰屡经保荐吕尔昌，有无徇庇交通情事"，于易简回答说："吕尔昌与国泰均系刑部司官出身，常委审理案件，并无徇庇交通之事。"

于氏何以把自己的身家性命与国泰紧紧连在一起呢？于易简曾任济南知府，由于国泰的提携而升任山东布政使，此种知遇之恩令其没齿难忘。于敏中逝后，于易简对国泰更为依赖。兼之二人都嗜好昆曲，有时还粉墨登场。据传他们最喜欢演的是《长生殿》，于氏扮唐明皇，国泰饰杨玉环，声色俱佳，惟妙惟肖。这种志趣相投，也许正是于易简力保国泰的另一个原因，即所谓高山流水者是也。

乾隆四十七年四月初四，和坤与都察院左都御史刘墉、御史钱沣等奉命前往济南"秉公据实查办"。与此同时，乾隆谕令曾在山东查办过盐务的前长芦盐政伊龄阿如实陈奏在山东的所见所闻；命令已升任湖南布政使的前山东按察使叶佩荪据实陈奏国泰贪纵营私之处，不得稍存徇隐、回护；又责令由国泰推荐升任安徽按察使的原济南府知府吕尔昌交待"如何与国泰交结"，"毋许丝毫欺隐"。

关于和坤的济南之行，在私人笔记和野史中多有描述，归纳起来有以下三点：国泰系和坤私人，"素奔走其门下"，在承办此案时"和坤阴祖国泰"，此其一；和坤在查办国泰勒索属下、山东州县亏空之前，派人给国泰送信，令其"挪款备查"，此其二；在清查历城县库银时，和坤力主抽查不是"全数弹兑"，此其三。

和坤在政治舞台的崛起，是乾隆四十年以后的事情，早已入仕多年的国泰在和坤发迹之前即已在山东任职，先后担任按察使、布政使、巡抚，即使国泰有奔走和坤门下之意，也很难克服这种地域上的阻隔。退一步说，即便不存在地域上的不便，像国泰这样一个少年得志，为人气盛的贵胄子弟，能否曲意逢迎和坤，也是一个未知数。更何况那些野史杂记也未能对国泰如何奔走和坤门下，作较为详细的介绍。因此，关于国泰奔走和坤门下之说，十之八九是受物以类聚、人以群分这种思维方式的影响而产生的推论。然而官场是相当复杂的，贪官污吏之间彼此倾轧、互相弹劾绝非个别现象。曾以发动庄氏明史案而臭名昭著的前归安知县吴之荣，与原浙江粮道李廷枢，就曾因互相参劾对方犯贪而双双入狱；乾隆年间肆意侵渔的贵州巡抚良卿，参劾咸宁州知州刘标侵吞炼铜工本银四万余两、铅七百余万斤，而与刘标关系密切的粮驿道永泰却弹劾按察使高积、原巡抚方世儁、现巡抚良卿屡屡勒索属员，"直索金银"，彼此揭短时有发生。

据《清朝野史大观》记载，当乾隆令和珅、刘墉、钱沣等前往山东查办国泰一案时，钱沣先行一步，"微服止良乡，见干仆乘马过，侦之，则和遣往山东也。记其貌，伺其还，叱止之，搜其畔，得国泰书，具言已挪款备，中多隐语，立奏之。"萧一山先生在《清代通史》中论及清代中衰的原因——官吏贪黩时，也引用了这条野史资料。但这条资料实在是编得并不严谨的演绎，绝无史料价值。

据有关档案记载，和珅、钱沣一行是四月初四奉上谕出京，四月初八抵达山东济南的。在这四天的时间里，不可能乘马从京城到济南往返一次，更不要说钱沣还要在其回京的途中将其截获，然后再于初八赶至济南。

据档案记载，在乾隆四月初四的上谕抄发后，的确有人派仆人去山东给国泰送信，此人就是国泰之弟国霖。国霖供称"在门上当差，听说钦差驰驿出京，又听说发了抄，还有一个姓钱的御史跟随同往"，"我实在是初四日听见钦差驰驿前往涿州、德州、江省一带有查办事件。因我母亲现于上月二十五日起身到我哥哥任上去，有年纪的人行路迟缓，恐怕还该在途中。德州是山东地方，倘有干系我哥哥的事，母亲在道上听见害怕，所以差套儿（国霖家奴仆）赴东，与母亲请安，并叫他探听钦差查办德州信息，如没有我哥哥的事就迅速回京。"

另据套儿供称：初四日自京起身，初七日到山东省，"路上遇见大爷（指国泰）接钦差，我请了安，大爷问我'你来做什么？'我说'二爷（指国霖）打发我来替老太太请安，恐老太太听见有钦差来害怕。'"然而套儿并未到国泰官邸给老太太请安，而是"回到德州住了两日，打听山东省城有什么事，到十四日听说我大爷已查抄拿问了才回来"。

正像办案人所分析的："你既到山东，你大爷为何不留你在那里，这不是怕你漏出马脚致事情败露吗？"国泰在四月十七日的口供却对套

第五章　审办国泰案

儿送信予以否认："我于初六日接德州驿站上报单得知，钦差赴江省一带公干之信，约于初八□□（原档有残），可过齐河，我恐路过盘查，是以叫藩司将县库□（原档有残，笔者注）生查办。至我兄弟差来家人套儿，我于初七日出城恭请圣安，在途中遇着他，说系我兄弟差来给我母亲请安，并说有钦差往江南查办事件，不知山东有应办的事件没有，京中不知信息，甚是害怕，叫来探听探听，就回去告知好放心。我即向他说，钦差现在就要到了，倘有路过东省查办事件，你适自京来，恐有不便，就叫他回去了，并非我兄弟差来送信。"

不排除国泰有为国霖开脱之意。在一年前乾隆就曾传谕布政使于易简来京，询问国泰操守如何，此后不久乾隆还特意"将询问奏对缘由，传谕国泰，令其知所警惕，痛加改悔，所谓有则改之，无则加勉。凡事宽严适中，不可太过，亦不可不及。若伊拳朕此旨，即自知猛省，随事留心更改，将自可长受朕恩，为国家好大臣，岂不甚善。若再不知改悔，或因此转加模棱，不认真办事，是伊自取咎戾，朕不能为国泰宽也。至于易简既奏并无别项款迹，将来或经发觉，或被访闻，不特国泰罪无可辞，即于易简亦有应得之罪。"

心里有鬼的国泰不会体会不出这份上谕的分量，因而当他从驿站报单得知钦差欲往江南公干，立即预感到此行的真正目标很可能就是济南，套儿的到来不过更加证实事态的严重。国泰遂把存在济南府里的"交州县变卖物件银子"，用以弥补历城县亏空，令该县郭德平向冯埏（原济南知府，时任漳州知府）府库要去四万两银子，以掩饰罪行。

因此，从档案记载可知，派人给国泰送信的是其弟国霖，在德州打听钦差意向的是其家人套儿，上述诸事同和坤并无瓜葛。

关于清查历城县库银一节，《郎潜纪闻》中有如下一段记载：

"其时和坤柄国，而国泰素奔走其门下者，人皆为通政（指钱沣）危。及抵境，和坤已授意国泰弥缝，辄以危言相恫喝。刘文清（指刘墉）深知其弊，常与通政密商。比到省盘查，则和先扬言不用全数弹兑，抽查至数十封，无短绌，和即起回馆舍。通政请封库，次日彻底拆封，则多系圆杂色银，盖借诸商贾以充数者，因诘库吏，得其实。遂出示召诸商贾来领，大呼曰：迟来即入官（即没收归公）！于商贾纷纷具领，库为一空。复往盘他府亦然，案遂定，和亦无如何也。"

近年来出版的一些关于乾隆的传记，有不少引用上述传闻，诸如"国泰早已知查仓盘库之信，急忙向商人勒借银两，存放库中"，钱沣细心观察，发现取出验证之银，每锭的重量多少不等，成色不对。"钱沣了解到借商银充库之情，便遣人宣告于众，如被借银存于库中的商人，不将银呈官报明请求归还，则将尽没收其银"，"各商人纷纷奏呈被借之数，将银领还，库为之空，一下子就将历城县亏空帑银四万两之弊，暴露在光天化日之下"等等。然而，史实是否如此呢？

据和珅、刘墉在乾隆四十七年四月十一日给皇帝的奏折中所言，盘查历城县库的情况是这样的：

"臣等即同诺穆清、钱沣并随带员司前赴历城县库彻底盘查，按款比对，逐封弹兑，查得该县应储库项银数虽属相符，但内中颜色掺杂不一。又将仓谷逐加盘验，计缺少三千余石。据该县郭德平称：自仓廒坍塌，谷石霉烂，恐新任知府到任盘查，是以赊取本城钱铺刘玉昆银四千两抵补空项。及传刘玉昆到案质证，坚不承认。臣等复诘郭德平，看其语涉支吾，甚多疑窦，恐有预闻盘查信息，挪移掩盖情弊，遂严讯藩司于易简。据称：本月初六日，巡抚国泰闻有钦差前来公干之信，就对我说：历城现有亏空，若来盘查，恐怕破露，我有交州县变卖物件的银子在济南府里，叫他挪动，暂且顶补便了。郭德平就向冯埏署中要了银四万两归入库内。臣等又讯问于易简，此项交州县变价银系属何款？据称：国泰借办买物件，巧于娄索，交州县办了物件，随意发些价值，又将所办物件另定高价，勒交各州县变卖，各州县按件交银，俱是冯埏经手，是以存府等语。

"是历城库项亏缺挪移掩盖情蔽显然……遵旨讯问臬司梁肯堂，据称：国泰勒索属员银两实有其事，俱系济南府冯埏经手等语。臣等即传到原任济南府调任漳州府冯埏，严加究诘。随据冯埏将以上情节供认确凿，矢口不移。又讯，据历城知县郭德平所供：县库亏缺，又将国泰交存首府银两挪移顶补臣处。与于易简、梁肯堂、冯埏、郭德平各供诘讯国泰，始犹狡展，不肯据实承认，后令于易简、冯埏、郭德

平当面质证，国泰方肯供认前情。"

由此可知，清查历城县库只有一次，而且是"按款比对，逐封弹兑"，并非像《郎潜纪闻》所言先后盘查两次，第一次只"抽查至数十封"，第二次才"彻底拆封"；国泰用以弥补亏空的银两，系存在济南的勒索各州县的银两，并非"借诸商贾以充数者"，更无"商贾纷纷具领，库为一空"的场面。《郎潜纪闻》的作者之所以有"借诸商贾以充数"之说，很可能是据郭德平所供"赊取本城钱铺刘玉昆银四千两抵补空项"的伪证演绎而成。

查办国泰勒索属下、山东州县亏空一案，完全是按照乾隆的布置进行的。该年四月初六，当和坤、刘墉一行抵达献县时，接到皇帝追发的谕令，其指示如下：

"朕转思，维折内所称仓库亏空多至八九万不等，和坤等到彼时迅速逐一比对印册盘查，自无难水落石出，此事尚属易办。至各属以贿营求，思得美缺一节，不特受贿者不肯吐露实情，即行贿各劣员明知与受同罪，亦岂肯和盘托出？即或密为访查，尚恐通省相习成风，不肯首先举发，唯在委曲开导，以此等贿求原非各属所乐为，必系国泰等抑勒需索，致有不得不从之势。若伊等能供出实情，其罪尚可量从未减，和坤等必须明白晓喻，务俾说合过付确有实据，方可成信谳。此事业经举发，不得不办。然上年甘省一案，甫经严办示惩，而东省又复如此，朕实不忍似甘省之复兴大狱。和坤等唯当秉公查究，据实奏闻。"

国泰一案尚未办理，乾隆就已有网开一面之意，他并不愿意像处理乾隆四十六年的甘肃冒赈案那样来办理山东亏空案，甘肃冒赈案使得该省从上到下来了个大换班，地方机构一度陷于瘫痪，为重新组建从督抚到州县的官僚体系，乾隆煞费苦心。显而易见，皇帝并不想把山东当作第二个甘肃。因而他一再强调"东省各州县被上司抑勒需索，原与甘省之上下通同一气，公然冒赈殃民有间，此朕之不为已甚之心，和坤等自能遵照妥办也。"

四月十九日，乾隆再次谕令和珅、刘墉：对钱沣所指参之三州县"必逐一严查，务使有无虚实，毫无隐遁，方成谳狱。至通省州县之亏空人数众多，且出自国泰之抑勒，朕实不忍似甘省之复兴大狱，著明兴（新任山东巡抚）详查妥办，酌量轻重，与以二三年之限，令其自行弥补，此系朕格外施恩。若众人不知感知惧，仍复因循延宕，是伊等自取重戾，不可复宽，著明兴严参按律从重治罪。"责令州县官员在两三年之内自行弥补亏空，这是乾隆不兴大狱的前提。

根据皇帝的部署，和珅、刘墉对国泰、于易简进行严讯。据曾任历城知县的陈珏供称："我于四十三年三月因俸满，要请咨（即平级之间的公文）赴部，在省守候了五个月，国巡抚总不给咨，我只得措办了一千两银子，交吕尔昌处。又上年，我因公上省，又值国巡抚要人帮费，我又措办银一千两交冯埏处。"又据许承苍供："我于四十二年在胶州知州任内，因公赴省，国巡抚屡次要我找寻物件，只得寻了嵌玉罗汉屏一座，那时于藩司（布政使又称藩司）作济南府，系他经手，对我说屏看中了，叫我垫银买下，后来巡抚只发银一千两，我赔了一千二百两。后又代买玉桃盒一件，赔银一千五百余两。至四十六年，国巡抚要人帮费，我又派银两千两，交冯埏收存。"经查证核实，由冯埏收受的银两就有八万两。

乾隆认为，于易简有无勒索劣迹，对于易简生死攸关，"尤当严切讯究，务使水落石出"。在审讯中，于易简"坚称实无其事"，虽经"密行访查"，"传集在省各员，逐一提问"，仍未查到真凭实据。据冯埏、郭德平等供称："于易简在藩司任内，诸事不能主持，一味迎和巡抚，人人都不怕他，且都鄙视他，谁肯送银给他呢……至于年节送些水礼、尺头蟒袍等物这是有的。"和珅、刘墉"复提于易简管门家人刘二，严行讯究"，据刘二供称："我在门上，一切事件俱系我经手，地方州县们有从京中来省的，有从本任上省的，及时年节下、本官生日，他们也有送水礼的，也有送几件绸缎蟒袍的。"对于是否接收"馈送银两一节，反复研究，加以刑夹，刘二坚供并未经手。"

为此，乾隆令两江总督萨载调查于易简在原籍金坛的财产，萨载亲自去金坛传讯于氏族人，据其族人供称：于易简的父亲在分家时"分得厅旁瓦房十一间"，由其长嫂居住，于易简自幼随兄于敏中在京，

从未在原籍买过房地，也从未把银两带回"托人运营生息，或于他处置买田产"。

乾隆又令钱沣与于易简当面对质，据钱沣讲，关于于易简"婪索属员之事"，"得之传闻，不能指实"。御史享有风闻言事之权，但最终定谳要有确凿证据。皇帝在御览上述供词后言道："于易简实系庸懦卑鄙不堪之人，甘心隐忍，曲意逢迎，是以通省属员共相鄙薄，不肯送给银两。所奏各供自系实情，此案大概已有根据，不过如此。"

经和坤、刘墉详查，山东省各州县亏空银两累计达二百万，造成该省亏空如此严重的原因，其实是多方面的，除国泰勒索外，还有承办差务、公益事业及境内战事得不到奏销等原因。其中最明显的就是镇压王伦起义（乾隆三十九年）及修浚河道。曾任历城知县的许承苍就有如下一段供词："因剿捕逆匪王伦，承办军需，挪用库银一万八千八百两，""后止准销五千一百两"。继任周嘉猷因挑浚河道，挪用库银一万五千两，至王元启继任后又因"雇办差务车，挪用库银四千五百两"，至此历城亏空已达三万九千八百两。曾任东平知州的白云从也在供词中言道："因剿捕逆匪王伦，承办军需及泰山庙工共用银一万九千两。"继任者洪鸾"接受前任亏空银一万九千两，又本任内承办挑挖东坝淤河，挪用库银五千九百九十余两"。此后任知州的李瑛因"任内办理差务及修坝栽树共挪用库银一万八千七百五十九两"，东平州亏空累计已达四万三千二百四十九两。不排除各级承办人员乘机从中渔利，大饱私囊，但上述公务的确是造成亏空的最主要原因之一。

然而，乾隆却不肯接受承办军需之说，在五月初八的上谕中写道：

"据刘墉等折内所称，该州县等亏空系由从前办理逆匪王伦滋扰案内，因公挪用，以致各有亏缺银三四万两，若果如此，该省抚藩等何以不将各该处情形早行据实入告，以致辗转因循，使库项久悬。况凡地方公务应用钱粮，朕从无不格外加恩，准其开销，即如两金川平定后，凡军需奏销，经部指驳，仍令川省承办军需大员，详细查明，切实具奏，即特降恩旨，概予准销，或径行豁免，动以千百万计，此天下所共见共闻者。东省各员办理逆匪一事，若果系实用，该抚等即应奏请开销。设竟有因地方有事，藉端浮冒，侵蚀入己之处，则昧良已极，必当查明参奏，从重治罪，何竟转为隐循耶！总之东省亏空皆由国泰、于易简，一则恣意贪婪，一则负心欺罔，以致酿成其事！"

事实上，平定两金川与平定王伦起义有很大差别。前者系朝廷对试图称霸一方的土司势力所进行的战争，四川各级官吏从督抚到州县，是奉旨办军需，即使开销过大，在奏销时一些费用被户部"指驳"，仍可由皇帝"特降恩旨概予准销"；而后者则系地方官吏对境内秘密结社稽查不力所致，清水教主王伦自乾隆十六年即加入该教，以行医为掩护传教收徒，在二十多年的时间里徒众"遍诸各邑"。从乾隆三十九年春，王伦即着手策划起义，令各地教徒集中到兖州、东昌进行训练，由精通武艺的教徒范伟、孟灿、乌三娘等教习枪棒。直至该年五月，寿张知县沈齐义才得到清水教主王伦聚众演武、筹备起义的风声，慌忙"移文阳谷协擒"。由于衙门中的胥吏大多已入清水教，王伦立即得到消息，遂提前发动起义，连克寿张、阳谷、堂县等地，旋即突然兵临临清，一举攻克临清旧城，致使漕运一度中断。时任山东巡抚的徐绩不胜惶恐，自然不敢以实上奏，极力掩盖义军势如破竹的真相，希冀大事化小。继任山东巡抚杨景素，在该年十月走马上任，清军于数日前克临清，上任伊始即忙于清理几乎夷为平地的城池，搜寻活不见人死不见尸的王伦，有关军费开销只能依据余绩的估算上奏，致使很大一部分不在奏销之列，成为地方财政难以承受的负担，竟至作为亏空由上任传给下任，一拖就是八年。

担任地方官二十多年的刘墉深知其弊，故在给皇帝的奏折中，详细援引历届官员的口供，以期使皇帝意识到，当年平定王伦起义，的确留下一笔未予奏销的银两转化为亏空。据郭德平供称："我曾任章丘知县，上年六月（即乾隆四十六年），国巡抚要调我历城，我再四力辞不允。后又逼勒出结，这是通省官员都知道的。至亏项四万两实系历任各员辗转留遗交待下来的。"曾任历城知县已升濮州知州的陈珏供称："我于四十一年调任历城，交待时，见前任知县许承苍亏数甚多，我原不肯接收，面同济南知府李燕禀明国巡抚，国巡抚吩咐说：此项借系有着，你只管接受出结，我将来自然催办发还。"另据已升任临清知州的许承苍供称："我于三十九年在历城县任内承办临清逆匪一案，

一切差使奉札，先提库项应用，实用银二万五千两，后止准五千一百两，仍未蒙给，是以我任内原有些悬项未清，至现在亏至四万两，我实不知道。"由此可知，历城承办军需有一万九千九百两未能核销，即使予以核销的也未能落实到县，在所亏空的四万两中有二万五千两是军需费用。

乾隆之所以不愿正视上述现实，即在于他不肯承担酿成亏空的这部分原因，故其在上谕中一再强调："凡地方公务应用钱粮，朕从无不格外施恩，准其开销"，"总之东省亏空，皆因国泰、于易简"。但从有关档案材料可以证实，国泰的勒索并非是各州县亏空的唯一原因，只是乾隆执意坚持这一点而已。

尽管于易简未勒索属下，尽管乾隆在以前的谕令中也曾强调"于易简有无婪索属员劣迹"关其生死，然而当最终对他们量刑时，于易简同国泰一样被赐令自尽。乾隆的确有些食言，在他的心目中仍旧摆脱不了重满抑汉的阴影。

对于和珅、刘墉的山东之行，皇帝相当满意。他们在办案的过程中秉承圣谕，遵旨而行，既处置了国泰、于易简，又维持了统治秩序，因而和珅在回京后，立即"加太子太保"，"充经筵讲官"，刘墉则被授予代理吏部尚书一职。

第六章

积极参与战事

乾隆四十六年（1781年）春，由于甘肃循化厅的撒拉族群众发动反清起义，清朝在西北的军事重镇兰州受到威胁。乾隆帝得知爆发起义的消息，命令额驸拉旺多尔济、领侍卫内大臣海兰察、护军统领额森特等人，带兵前往镇压。

和珅尽管从未上过战场，却被乾隆帝任命为代表朝廷的钦差大臣。和珅向乾隆帝请求上前线作战，是打算荣立军功，以进一步提高声望，得到乾隆帝更大的信任。和珅心中清楚，虽然乾隆帝经常表白事必躬亲，乾纲独断，然而大清帝国毕竟是统治亿万百姓的国家机器，要操纵这架庞大的机器，实施有效统治，单凭乾隆帝一人"日理万机"是不可能的，皇上要依靠重用一些人，特别是要依靠满族人出身的领班军机大臣，帮助他统治大清帝国。

乾隆帝本人也不回避这一点，他在谈到执政期间所依赖的亲信重臣时说：

"从前当大学士鄂尔泰在之时，朕培养陶成一讷亲；讷亲在之时，朕培养陶成一经略大学士傅恒。皆几经教导，几经历练，而后及此，人才难得，固非一朝一夕所能造就。"

鄂尔泰、讷亲、傅恒以及和珅出仕时的阿桂，都是乾隆帝所倚任的满族领班军机大臣。他们能文能武，出将入相，忠心辅佐乾隆帝，为把"康乾盛世"推向顶峰起到了积极的作用。和珅从他们的事迹中总结出一条经验，若想当上领班军机大臣，必须在战争中立下赫赫军功，从鄂尔泰到阿桂莫不如此。

乾隆初继位，领班军机大臣是满族人鄂尔泰。

鄂尔泰，姓西林觉罗氏，字毅庵，满洲镶蓝旗人。他的父亲鄂拜

曾为国子监祭酒，相当于京师大学堂的校长。鄂尔泰是个大器晚成的人物，他的身体生来瘦弱，满族人当时应童子试，必先试弓箭，他因身体不好，到十六岁才应童子试，第二年中秀才。十九岁补廪膳生，一位主考官对他倍加赞赏，把他视为"国器"。第二年八月参加乡试，九月中举。康熙三十九年（1700年），二十一岁的鄂尔泰步入仕途，先袭佐领，奉诏充侍卫。

但是，鄂尔泰远不如后来的和坤幸运。他当了多年的三等侍卫，没有给康熙帝留下任何印象。康熙五十五年（1716年），鄂尔泰转任内务府员外郎，五年后，鄂尔泰时四十二岁，作诗感叹："看来四十犹如此，便到百年已可知。"

鄂尔泰的机遇，来自康熙逝世，雍正即位。雍正帝对鄂尔泰的为人早有所知，特别欣赏他的坚持原则、忠君不二。当雍正还是一位亲王时，鄂尔泰为内务府员外郎。一次，雍亲王要求这位内务府员外郎为他办理分外的事，鄂尔泰以皇子不可交结外臣而加以拒绝。这给雍正留下了难以忘怀的印象。雍正当了皇帝后，召见鄂尔泰，对他说："汝以郎官之微，而敢上拒皇子，其守法甚坚，今命汝为大臣，必不受他人之请托也。"

鄂尔泰得到雍正帝宠信，成了一朝重臣。雍正元年（1723年）正月，他被任命为云南乡试副主考。人还没离开云南，五月又奉特旨，授江苏布政使。这是一次破格的提拔，清代的布政使为从二品，相当于一省之长。到雍正三年（1725年）底离任，鄂尔泰在江苏布政使任上两年有余。这一时期，鄂尔泰初步展示了他的政治才能。

鄂尔泰在江苏任布政使时的活动可以概括为"兴利除弊"四个字。他亲自制定了《实政十条》：禁打降（雇打手），禁唆讼，禁赌博，禁土豪，禁婚嫁逾制，禁丧葬违礼，禁妇女入庙烧香，禁游方僧道，禁游民，禁赛会。此十条禁令无一不是针对当地的弊害而发。另有《实政六条》，针对地方上缙绅横行及官吏、士民等存在的问题，一一提出饬禁的要求。当时，江苏地方每年中秋节有个虎丘盛会，穷奢极侈，耗费民财，农民终年的劳动，只供一日奢靡，深为可惜。

鄂尔泰下令严禁中秋惰游妄费。对那时流行在江苏地方的倒卖少女即称为"围涉闺女"恶习，鄂尔泰反复申禁。而最大的弊害，就是官僚地主利用火耗、加征从中渔利；横征漕粮，加害于民；谎报荒熟，侵吞赈粮。鄂尔泰针对这些弊害，相应地提出了革除的请求。鄂尔泰在江苏布政使任上，为当地所做的利民之事还有：修复紫阳书院，聘请教师，考取诸生，为国家培养人才。在紫阳院旁还修建了春风亭，招揽各地贤卿名士。鄂尔泰利用公干之余，与他们谈论经史及治国之道。后来，他把这些人的言论编成文集，题名《南邦黎献集》，风行海内，纸贵一时。

和珅在云南办案之外的所作所为，大概也是在效仿鄂尔泰。但鄂尔泰在雍正朝的最大历史贡献，是策划和主持西南地区的"改土归流"。乾隆帝写有《赐大学士鄂尔泰》诗，诗中有："早年勋绩振南蛮，黄阁论思久任艰"两句，具体指的就是他在西南工区的"改土归流"活动。

"改土归流"，是指废除土司制度，建立州县制度，改土司世代袭职制度为清政府任命州县官员制度。所谓土司制度，是元代才正式有的，主要通行于中国湖南、四川、云南、贵州、广西等地的少数民族地区。元朝在这些地区设置了宣慰、宣抚、招讨、安抚、长官等土司，任命各少数民族酋长为土官，明朝沿袭元朝制度，清朝代替明朝统治全国以后，土司制度继续存在。

在土司管辖的这些地区，他们自行向当地征收赋税，税额很重，而上缴清朝中央政府的很少。如乌蒙的土官，"一年四小派，三年一大派，小派计钱，大派计两"。更甚的是，这些土司之间以及土司和附近州县之间，经常为争夺土地、人口和统治权而挑起仇杀和战争。这对清朝全国的安定和统一，造成了直接威胁。

雍正三年（1725年），鄂尔泰被提升为广西巡抚，在赴任途中，又接到圣旨，授云南巡抚，管云贵总督事。当时的云贵总督杨名时，以总督管巡抚事。第二年十月，又特授鄂尔泰云贵总督兼兵部尚书。雍正六年（1728年）再奉旨："着鄂尔泰总督云、贵、广西三省，一应军民事务，俱照总督之例管辖。"四十九岁的鄂尔泰，一时成了西南地区最有实权的人物。

鄂尔泰到云贵赴任后，提出了"改土归流"的主张，并在雍正皇帝支持下，围绕"改土归流"开展活动。雍正四年夏，鄂尔泰首先革

除了东川、乌蒙、镇雄三府的土目。当时乌蒙土府禄万钟及镇雄土府陇庆候都还年少，兵权分别由其叔父禄鼎坤、陇联星掌握，鄂尔泰将两个实权人物招降。于是，在乌蒙设府，镇雄设州。又设镇于乌蒙，控制三属，并把这些地方由四川改隶云南，设立流官，以统一事权。在这个过程中，鄂尔泰亲赴东川作规划及指挥对乌蒙的用兵。他因平定这两个土府之功，诏授骑都尉世职。

广西泗城地区自明初以来为岑氏所据有，清朝顺治年间归附，改为泗城军民府。雍正五年，土知府岑映宸既纵其众出掠，又发兵屯寨立营。加上在此之前清朝用兵长寨时，有一些不服的人向泗城逃窜。因此，鄂尔泰奏请对岑映宸的不法行为采取行动。雍正帝命令他与广西巡抚韩良辅及前巡抚李绂共同解决。岑映宸知道走投无路，缴印投降。事定后，鄂尔泰把他送到原籍浙江，所有泗城土知府一律改设流官，原地区分别由广东、贵州直接管辖。

贵州东南与广西、湖南交界处，有个古州（今榕江），周围千余里，居住有苗族、侗族和布依族人，人口十余万，相当于两三个州县之地。雍正初年，经鄂尔泰推荐，调张广泗为黎平知府，剿抚兼施，将这里平定，从此打开了这里到湖南、广西的通道，外地的盐、布、粮食源源不断地运来，当地人民深受其惠。张广泗因功升为巡抚。鄂尔泰与张广泗协商决定，在黎平府设古州镇总兵驻军，都匀府属八寨、丹江，镇远府属清江设协营，作为外围，后来，清江协也设总兵驻防，加强了对当地的控制。

从雍正四年到雍正十年，鄂尔泰在西南边疆共六年，在云南、贵州、广西、四川大力推行"改土归流"，取得了巨大成功，他本人也被封为伯爵。西南地区经过"改土归流"，进一步促进了全国的统一，废除了落后的土司制度，打破了原来的原始封闭状态，加强了西南各少数民族间及与内地的联系。鄂尔泰从提出"改土归流"到亲自领导实践，反映了他的远见卓识和政治才能。

雍正末年，贵州发生了大规模的苗民叛乱，鄂尔泰因此引咎辞职。乾隆继位之后，重新起用鄂尔泰，并采纳鄂尔泰的建议，任命他的老部下湖广总督张广泗为经略。乾隆元年（1736年），张广泗亲率大军至贵州凯里，分兵三路，每路各五千人，同时并发。清军连破上九股、卦丁等苗寨，余苗退入牛皮大箐。所谓牛皮大箐，乃指北丹江，南古州，西都匀、八寨，东清江、台拱地区，周围盘亘数百里的深山老林，危岩切云，老樾蔽天，地势险要，气候变化莫测。故叛苗潜伏其中，以为清军万不能至。张广泗橛诸军合围，分别守住箐口出路，逐渐缩小包围圈，于五月发起总攻，获逆苗首领包利等人，斩万余级，取得了决定性胜利。接着又乘兵威清理附逆熟苗，斩获一千三百余人，生擒二千四百余人。是年九月，贵州苗乱彻底平定，张广泗因功授云贵总督，进三等阿达哈哈番世职。

鄂尔泰因赞襄乾隆帝处理苗疆事务有功，封为三等襄勤伯爵。鄂尔泰死后，门生胡中藻与其侄鄂昌以诗文获罪，乾隆帝命将鄂尔泰撤出贤良祠。虽然如此，乾隆还是承认鄂尔泰"有古大臣风，诚亦不可及"，并赋诗称鄂尔泰"……内外勤宣久。初政命总理，顾问备左右。具瞻镇百僚，将美惠九有"。给予很高评价。

和珅虽然官至户部尚书，但终究年纪轻资历浅，不能与鄂尔泰相比。乾隆帝主持过多次大规模战争，认为尽管和珅这一次的对手是乌合之众的起义军，但毫无作战经验的和珅也很难获胜，于是又让大学士阿桂到前线督师，实质是为和珅保驾护航。但阿桂报告说，他眼下所在的河南黄河工地施工方殷，而且身体欠佳，一时不能马上启程。乾隆帝便下谕和珅兼程前进，督办一切，放手由他指挥军队。

再来看一下起义军方面的情况。这次起义表面上因教派之争而引发，实质上是撒拉族下层民众反对清朝朝廷对他们的压迫所致。

清政府为了加强对循化地区撒拉族和回族的统治，在撒拉族聚居点草滩坝工，设立循化营。据文献记载，循化营"适居十二工之中，据其腹心，以制其手足"。这里所说的"工"，系雍正时期撒拉族居住区划建制，每工包括若干个行政村落，有各自的伊斯兰教首领称为"掌教"。当时的撒拉族居住区共有"十二工"，在十二工之上，有称为"尕最"的总掌教作为最高宗教领袖。乾隆中叶，撒拉族地区的经济虽得到发展，人口繁衍，但对清朝纳粮当差负担十分沉重。而直接统治"十二工"的各级"掌教"与"尕最"，在清朝庇护下，控制着寺院的土地和财产，世代相袭，形成封建门宦制度与天课制度。在清朝政府与封建宗教门宦制度双重压榨下，撒拉族下层民众既要以无偿

劳动豢养各级"掌教"与"尕最"，又要承受清政府的征调负担，生活处境日趋恶化。

为了反抗封建门宦制度与天课制度，安定回民马明心在撒拉族聚居区另创新教，与原来马来迟所创的老教相对立。新教和老教对比，除在宗教仪式上摒弃老教的小声默念而提倡摇头念经跳舞外，更主要的是在政治上废止门宦制度与天课制度。新教不仅反对老教的总掌教和掌教盘剥教徒，而且还对贫苦教徒有所周济。新教因符合贫苦人民的愿望，信者日众，在不长时间内，甘肃省皋兰、狄道、河州、巩昌、安定、会宁、金县、渭源、秦州、固原、西宁、平凉、灵州、伏羌、凉州、肃卅、盐茶厅等数十州县内，新教徒数量大量增长并超过了老教。

新教的迅速传播，引起了拥有门宦特权的老教掌教的不满和恐慌。他们对新教多方迫害，甚至挑起新旧教之间的械斗。乾隆帝公然下令地方官员"帮扶旧教，灭除新教"，"以安旧教回众之心"。甘肃地方官员秉承乾隆帝旨意，将新教首领马明心驱逐出循化，马明心的忠实信徒贺麻六乎等人所建筑的三所新教礼拜寺也被封闭。在矛盾进一步激化的情况下，终于在循化撒拉族聚居地区爆发了大规模武装起义。

起义军领导人苏四十三是甘肃省河州回族人，祖父辈就在循化厅撒拉尔地方定居，他本人和贺麻六乎都是新教的忠实信徒。乾隆四十六年（1781年）正月，他率领撒拉族新教徒千余人攻入清水工的河东老教区，杀死老教头目，正式发动了起义。

陕甘总督勒尔谨闻知苏四十三发动起义后，立即将新教首领马明心及其女婿逮捕，监禁于兰州监狱，同时派出兰州知府杨士玑、河州协副将新柱率兵前往镇压。三月十八日，苏四十三派新教徒装作老教徒前去迎接副将新柱，新柱得意洋洋地对他们说："新教若不遵法，我当为汝老教做主，尽洗之。"当天夜晚，苏四十三率领一千多人偷袭在白庄宿营的清军，把河州协副将新柱、外委刘汉时全部杀死。次日清晨，起义军又猛扑起台堡，击毙兰州知府杨士玑、守备徐彦登、外委陈代得、土司韩成磷等。

起义军的胜利促进了起义队伍的壮大。三月二十一日，起义军乘胜攻占河州，兵锋直指清西北军事重镇兰州。陕甘总督勒尔谨十分恐慌，他亲自领兵扼守狄道州，并再三向乾隆帝告急，请求调兵救援。乾隆帝当即命令西安提督马彪带领绿营军队二千人，西安将军伍弥泰、宁夏将军莽古赉各率满洲八旗军一千人就近驰援。

和珅就是在这种情况下，被委以钦差大臣兼程赶往甘肃战场。当和珅率京城八旗兵开赴前线时，起义军正在苏四十三率领下加紧进逼兰州。起义军行军至洮河西岸，渡船全被清军烧毁，无法渡河。幸亏洪济桥、唐家川等六处新教徒及时赶来，为苏四十三捆扎木筏，使起义军渡过洮河进抵兰州城西关。苏四十三率义军在西关杀死清都司王宗龙及士兵三百余名，随后竖起云梯围攻兰州城。正当兰州城旦夕可下之时，清领侍卫内大臣海兰察带部分清军抢在和珅之前抵达兰州，使战场形势发生了逆转。

海兰察，索伦人，姓多拉尔氏，世居黑龙江，是乾隆一朝最能打仗的猛将。乾隆二十年（1755年），他以索伦马甲参加平准噶尔之役，单身一人穷追叛军头目辉特部台吉巴雅尔，在塔尔巴哈台山中将其射坠落马生擒，获"额尔克巴图鲁"称号，破格升任头等侍卫，绘像紫光阁。乾隆帝撰文赞扬他说："烈风扫枯，迅其奚难。亦赖众杰，摧敌攻坚。于塔巴台，射巴雅尔。是其伟绩，勇鲜伦比。"乾隆三十二年（1767年），清军出征缅甸，海兰察所部为全军前锋，途中遇缅甸军，他一人就射死三人，生擒七人，手下士兵杀敌二百人。后来清军主动撤兵，海兰察奉命留守云南。乾隆三十六年（1771年）开始的两金川战役，海兰察又被从云南调到四川，受命为参赞大臣。在长达五年的战争中，海兰察不避险阻，亲冒枪石，每攻必克，超逸出群，受到乾隆帝多次嘉奖。平定金川后，海兰察被封为一等超勇侯，乾隆帝在紫光阁亲自为他敬酒，并再次撰文称赞他道："射巴雅尔，超授侍卫。荐至都统，参画军计。坚碉险砦，无不克登。勇而有谋，封侯实应。"

海兰察凭借丰富的作战经验，未等和珅所率大部队到达，立刻向起义军发起进攻，迫使苏四十三义军撤退至城外八蜡庙、雷坛一带，掘壕固守。海兰察解除义军对兰州围困，本来是帮了和珅大忙，岂知反倒引起了他的嫉恨。

和珅自负其才，原想在阿桂到达之前将起义军剿灭，把功劳全归于自己。海兰察先他一步立了头功，等于抢了他的风头。所以和珅见

第六章 积极参与战事

到海兰察后，对其功劳视而不见，反而大加责备，说他事先并不调查起义军情形，就轻率进攻，企图侥幸获胜，完全打乱了他的用兵计划。随后和珅下令兵分四路：海兰察一路从山梁进剿；额森特一路于丫口处斜扑义军营地；提督仁和一路直扑八蜡庙大楼；他本人与西安将军伍弥泰由龙尾山梁策应。

其实和珅并不懂如何打仗，但他系朝廷所派钦差大臣，下令清军四路发起进攻，限期必须得胜，众将只有服从。起初海兰察一军进展顺利，攻入起义军据守山梁，和珅以为大功在望，忘记了他自己承担的策应任务，率军乘势发起猛攻，幻想一举获胜。但起义军事先在龙尾山梁掘壕几丈深，根本不怕此处来兵进攻，结果总兵图钦保失去掩护，在进攻中阵亡，和珅只好撤兵而回。海兰察等清军将领一看，和珅简直是瞎指挥，就不再服从他的军令了。和珅很着急，想争取在阿桂到来前结束战斗，也想了不少办法。但他提出一个计划就被将领们否定一个，而且将领们反对的理由，连和珅也不得不承认有道理，倒是更加暴露了他自己的无能。

阿桂比和珅晚四天抵达兰州，向和珅询问打败仗的原因。和珅惭愧地道："海兰察等将领皆傲慢不服从指挥，请您试一下就知道了。"阿桂说："如果真是如此，你是朝廷委派的钦差大臣，就应该对他们按军法从事。"

第二天，阿桂传令，让所有将领都到他的行营前集合。他先让和珅坐在营帐内观看，然后把诸将分别召入，交待每位将领具体任务，没有一个人表示不服从。坐在一边的和珅，看诸将如此听从阿桂调遣，更加气愤他们对自己的藐视。阿桂布置完毕，转过身来，面带杀气地问和珅道："我怎么没发现哪个人傲慢呢？现在真不知道天子赐我的尚方宝剑，应当杀谁的头呢？"阿桂言外之意是：既然将领服从指挥，打败仗的责任就应由和珅来负责，要杀头就应该杀和珅的头。和珅听了，英俊的小白脸吓得连一点血色都没了。

中国有句俗话，叫做"军中无戏言"。和珅之所以吓得面无人色，是因为阿桂这番话使他想起讷亲打败仗被杀的往事。

讷亲，姓钮祜禄氏，满洲镶黄旗人。他的曾祖父额亦都，是努尔哈赤建立大金国的五大臣之一，祖父遏必隆，顺治时列为四辅政大臣。

讷亲在雍正朝承袭祖先所留公爵爵位，授散秩大臣，有勤慎正直之称。

讷亲年轻有为，勤奋干练，不徇私情，乾隆帝继位后，有意把他作为鄂尔泰的接班人来培养。讷亲受到乾隆帝信用后，更加以清正廉洁自励。据说，讷亲任吏部尚书时，许多想升官发财的人都试图走讷亲的后门，向他大送其礼。对此，讷亲采取了一个彻底拒贿的办法，养了一条凶猛无比的大狗，缚在他的居第侧门边上。人很难做到六亲不认，而这条狗可是除主人外一律不认，来送礼的人统统被这猛狗赶跑不说，连一般行路的车马都被大狗吓得不敢从讷亲家门前过了。

讷亲经常受乾隆帝委托阅视军队营务，巡察河防，审理大案要案。如乾隆九年（1744年），他前往河南、江苏、山东等省视察绿营军队，顺道办理天津、河间二府赈灾事务，勘察浙江海塘和黄河水利。乾隆十年（1945年）三月，讷亲晋为协办大学士，两个月后再升任保和殿大学士。此后不久，领班军机大臣鄂尔泰病故，按资历张廷玉应接替鄂尔泰，但张廷玉是汉人，所以乾隆帝破格以讷亲为领班军机大臣，称他是"第一受恩之人"。

乾隆十三年（1748年），清军进攻大金川久无进展，乾隆帝起用讷亲为经略大臣，取代张广泗任清军统帅。乾隆帝还任命老将傅尔丹为内大臣，岳钟琪为四川提督，打算尽早取得战争胜利。

大金川位于四川大渡河七游，绵亘一沟，南北不及三百里，东西不足二百里，中有大金川河，自北而南流入大渡河。土司莎罗奔与其侄郎卡踞守的勒乌围和刮耳崖两寨，都在河东岸，地势险要，四周又有雪山为屏障，所经道路，皆悬崖峭壁，偏桥窄径。其中重要路口，又都筑起石碉守卫，客观条件对清军进攻非常不利。

讷亲本系书生，军事非其所长。他初至前线，采纳张广泗十路进兵策：发党坝、美诺、甲索、乃当、正地五路进攻勒乌围；以卡撒、腊岭、纳喇沟、纳贝山、马奈五路攻打刮耳崖。讷亲虽不知兵，却年轻气盛，限诸路清军三日内攻下刮耳崖。此时清军有三四万人，但保护粮运就需要上万人，十路进兵，更是力量分散。所以尽管付出了惨重的代价，总兵买国良、任举先后战死，仍然进展甚微。

这次大攻势失败后，讷亲变得畏敌如虎，一筹莫展。面对叛军的拼死抵抗，讷亲主张清军修筑石碉，与敌人共险。乾隆帝得报后断然

反对，认为"敌之筑碉以为自守，我兵宜决策前进，奋力攻取。且用以破碉之人而令筑碉，是亦成株守之计"。讷亲无计可施，上疏请求调兵增饷，说必须增加精兵三万，待两三年后方能剿灭叛军。乾隆帝原意让讷亲稍获小胜，即召其还京以顾全脸面。然而讷亲贪生怕死，遥坐营帐中指挥打仗。此事被揭发后，乾隆帝以讷亲身为大学士经略大臣，贪图安逸，并不亲临前线指挥，唯知迁延时日，回京自逸，将其革职发往北路军营效力。

乾隆十四年（1749年）正月，乾隆帝命令侍卫鄂实，携带讷亲祖父遏必隆的军刀，于班澜山清军营地前将讷亲杀死，令军前将领与士卒共见之。满朝文武得知讷亲被诛，皆大为震恐，对乾隆帝所说"天威深不可测"有了切身的体会。

和珅想到被乾隆帝誉为"第一受恩之人"的讷亲，竟落个军营前斩首示众的可悲结局，不由得浑身上下颤抖起来。

和珅眼下的处境与当年的讷亲有所不同，因为乾隆帝与他已结成儿女亲家关系。所以和珅打了败仗，乾隆不但没处分和珅，还亲自出来为和珅解围。乾隆帝说：海兰察、额森特等将领一向跟随阿桂打仗，阿桂指挥起他们来较和珅更为得心应手。如今阿桂已到达前线，为统一事权，便于指挥，由阿桂负责镇压这次起义，将和珅调回北京协助他处理朝政。

阿桂接替和珅指挥清军后，战局开始变得对起义军不利。苏四十三因清军聚集重兵，退往兰州城西南三十里处华林山。起义军在山上修筑防御工事，于沟壑之外安设卡栅数重，又将巨木纵横排立，密布如鹿角，使华林山成为东北临崖，西南设大卡的坚强堡垒。然而起义军终究缺乏作战经验，特别是他们孤守山头的战术，给阿桂以可乘之机。善于征战的阿桂采用严密围困的战术，迫使起义军陷于粮草枯竭，无路觅食的困境。至乾隆四十六年（1781年）六月十五日，阿桂趁隙指挥清军发动突然袭击，攻上华林山，苏四十三等义军骨干大多数壮烈牺牲。起义军余部二百多人被迫退保山上华林寺坚持斗争，至七月初，华林寺最终失陷，义军全部壮烈牺牲。

和珅回到北京后，将自己未能取胜的原因归罪于海兰察。他向乾隆帝告状，说海兰察在镇压苏四十三起义期间，并不努力带兵打仗，还收受他人馈赠的皮张等物。乾隆帝对海兰察极为信任，便不高兴地对和珅答道："海兰察能杀贼立功，别人送他皮张可以御寒，根本没必要责备他。你们这些人，不能在战场上杀贼，倒应当能谢绝人情才是。"

和珅听后，知道自己撼不动海兰察，反倒影响了乾隆帝对他的好感，遂处心积虑地采取补救措施。他向乾隆帝上疏建议：陕西毗连四省，形势险要，甘肃驻防军队又多调往新疆，应该增设当地驻军；又提出西安提督现在驻守固原，应将固原镇总兵迁驻河州，河州协副将改驻安定或会宁地方，以利镇压当地人民。和珅的这些建议，能够更有效地维护清朝在西北地区的统治，所以全被乾隆帝采纳，下令由在甘肃前线的阿桂贯彻执行。

半年之后，乾隆帝下令和珅兼署兵部尚书。这个任命证明，乾隆帝认为和珅有军事才能，但不适合到前线领兵打仗。乾隆四十九年（1785年），甘肃又发生田五领导的回民起义，仍由阿桂指挥清军镇压起义。

事后，乾隆帝发布上谕说："此次剿办回民，用兵三月。朕披览奏章，指示机宜，和珅首承谕旨，缮写寄发，巨细无遗，一体宣劳。"上谕中除强调和珅在朝中的协调作用外，还宣布再赐给和珅一个轻车都尉世职，照例议袭。其余的人就没有和珅幸运了，军机大臣梁国治、董诰、福长安，及军机章京中勤劳出力者，得到的嘉奖仅是交部议叙而已。

和珅以后再未被派到战场打仗，每逢朝中有大的战事，他就为乾隆帝撰写谕旨，参与军事上的各种协调。但这种安排并不妨碍和珅荣立军功，从台湾林爽文起义起，每次较大的战争，他都得到非常高的荣耀。

台湾是我国的著名宝岛，明末曾一度被荷兰侵略军占据。顺治十八年（1661年），民族英雄郑成功驱逐荷兰侵略军，在台湾建立了抗清根据地。康熙二十二年（1683年），清政府统一台湾后，设一府三县管辖。乾隆时期，台湾经济有了迅速发展。当时人称："台湾地方，地土广饶，糖谷之利甲天下。"大陆人多地少，福建、广东两省漳州、泉州、惠州、潮州四府人民，为生计所迫，纷纷渡海前往台湾种地榨

糖为生。地主阶级中不少官僚垂涎台湾的财富，千方百计谋求去台湾任职，借机大肆搜刮。乾隆帝说："福建台湾府孤悬海外，远隔重洋，地方辽阔，民情刁悍，无籍奸徒往往借端滋事，皆由地方官吏任意侵蚕，累民敛怨。而督抚遇有台湾道府厅县缺出，又以该处地土丰饶，不问属员能胜任与否，每用其私人，率请调补，使得侵渔肥橐。所调各员不以涉险为虞，转以调美缺为喜。到任后利其津益，贪墨无厌。而于地方案件，唯知将就完结，希图了事。以致奸民无所畏惮，始而作奸犯科，互相械斗，甚至倡立会名，纠众不法，遂尔酿成巨案。"

事实正如乾隆帝所说，地方官吏欺压百姓，聚敛民财，是台湾民众响应林爽文起义的根本原因。

林爽文，原籍福建漳州人。他因家庭生活贫困，于乾隆三十八年（1773年）随其父迁居台湾彰化县大里杙庄，以耕田赶车为业。十年后，林爽文在台湾参加了天地会。天地会是清初东南沿海地区民间反清组织。据清朝官府调查：天地会的早期首领，是和尚洪二房与朱姓者，均为广东人。清朝官员推测，可能是和尚洪二房假托康熙末年领导台湾起义的朱一贵名义建立起该组织的。

台湾总兵柴大纪是一个非常贪婪的将领。他派属下官兵乘船回内地，为他个人经商牟利，对地方治安事务不闻不问。天地会的活动虽然早被地方官发现，但林爽文将所立"天地会"名目改为"添弟"字样，就减除了地方官怀疑。

乾隆五十一年（1787年）冬，总兵柴大纪派知府孙景储、彰化县知县俞峻及副将赫生额、游击耿世文率三百名清兵去逮捕林爽文。清军驻营五里外之大墩，勒索村民擒林爽文来献，还焚烧了好几个小村庄恐吓村民。清军的暴行激起了村民们的义愤，林爽文乘机发动天地会众起义，趁夜攻击清军驻营地，取得初胜。接着，林爽文率领起义军攻下彰化、诸罗县城，庄大田在凤山起兵响应，起义军形成南北夹击之势。

闽浙总督常青得知台湾发生起义消息，急忙派福建水师提督黄仕简和陆路提督任承恩两人率兵赴台湾镇压起义军。次年（1788年）二月，清兵援军抵台占领诸罗县城后，在起义军的英勇抵抗下，几乎没有任何进展。四月，乾隆帝将作战不力的黄仕简和任承恩革职，授常青为将军，恒瑞、蓝元枚为参赞，增派八千兵力赴台。常青带兵到达台湾时，林爽文起义军发展到十多万人，他们作战勇敢，多次打败清军，常青只能固守在台湾府城内。

乾隆帝看出常青黔驴技穷，遂改换福康安代替常青为统帅。福康安当时任陕甘总督，路途遥远，接到任命后请求乾隆帝从全国调兵赴台湾。南方各省清军共四万余人被调去镇压起义，加上原来的台湾清军，总兵力达六万人。当年十一月，福康安率海兰察、鄂辉等骁将，及大批清军乘数百艘战船抵达台湾。在清军占有绝对优势的情况下，林爽文被迫率起义军退守大里代。福康安分兵四路向起义军发起进攻。起义军都是未经训练的民众，对手却是训练有素的精锐清兵。特别是参赞大臣海兰察，平准噶尔，攻缅甸，灭两金川均立有殊勋，所率巴图鲁勇士两千人，乾隆帝称其能"以一当千"。当海兰察率部进攻大里杙时，遭起义军伏击，然而清军遇伏后竟屹立不动，而且还枪箭齐发，迅速扭转局势，仅一天就攻下大里杙。林爽文退入高山族居住区，后来被清军俘虏，押往北京，英勇就义。庄大田所部起义军也因寡不敌众失败，时为乾隆五十三年（1789年）二月。

事情到此，似乎与和珅并没有发生多少关系，所以乾隆帝在上谕中首先表示："逆首林爽文经福康安等设法生擒，办理周全，实属可嘉。"林爽文是福康安率兵镇压的，论功行赏必然要放在前面。随后便说到和珅："大学士和珅，始终承旨书谕，于一切清、汉事件，巨细无遗，懋著勤劳，自应特加优赏。和珅本系一等男爵，著照从前大学士张廷玉之例，晋封为三等伯。大学士阿桂、王杰、尚书福长安、董浩，夙兴夜寐，一体宣劳，俱著交部议叙。"

乾隆帝赏给未上前线的和珅三等伯爵，也担心在战场上作战的将领不服，因此特地指出"著照从前大学士张廷玉之例"，来作为赐给和珅三等伯爵的根据。乾隆帝点明这一点，虽然是为了平息前线将领的不满，而对今人正确评价和珅的历史功过尤为重要。乾隆帝为他重用和珅提供了一个答案，在他的眼中，和珅的才干虽然不如前朝老臣鄂尔泰，但至少可以与张廷玉相提并论。

张廷玉何许人也？

张廷玉（1672—1755年），安徽桐城人，大学士张英之子，康熙

进士，康熙末年官至吏部侍郎。雍正帝继位后，张廷玉即升为礼部尚书；雍正元年（1723年）张廷玉奉命为诸皇子总师傅，加太子太保衔，兼翰林院掌院学士，转户部尚书；雍正三年（1725年），署大学士事；雍正四年（1726年），拜文渊阁大学士。雍正七年（1729年），清政府因对西北地区用兵，设立军机处，其制度皆为张廷玉一手制定。雍正朝"鄂张"并称，实际上鄂尔泰长期在外主持军事，雍正帝在朝中倚重的是张廷玉，因而说他是"大臣中第一宣力者"。有一次，张廷玉偶然患病，几天未上朝，雍正帝便问近侍："朕连日臂痛，汝等知之乎？"近侍惊问何故，雍正帝答曰："大学士张廷玉患病，非朕臂痛而何！"于是人人皆知张廷玉是皇帝心中的股肱之臣。张廷玉还负责纂修《清圣祖实录》，对雍正帝参与争夺帝位事巧加掩盖，雍正帝死后遗嘱以张廷玉配享太庙，成为清代汉族人中唯一得此殊荣之人。

乾隆帝即位后，张廷玉继续受到重用，且因襄助有功被晋封为三等伯爵。张廷玉年逾七旬后，屡次申请退休都未获准。乾隆帝多次赐诗张廷玉，表达挽留之意，直到同意他告老归乡，在赠诗中仍表示不忍离别之情：

> 早怀高义慕悬车，异数优留为弼予。
> 近觉笻鸠难步履，得教琴鹤返林间。
> 银毫无奈吟轻别，赤帝还看赋遂初。
> 拟问兰陵二疏传，可曾廿四考中书。
> 两朝纶阁谨无过，况复芸窗借琢磨。
> 此日兰舟归意定，一时翰苑帐思多。

诗中对张廷玉在雍乾两朝的作用，给予了充分肯定。然而张廷玉倚仗自己曾做过乾隆帝师傅，临行前以雍正帝"遗诏许配享太庙，乞上一言为券"。这本来是失礼之事，但乾隆帝碍于面子，勉强表示同意。按清朝礼仪，第二天张廷玉应当上朝对皇帝表示谢恩，可他并未亲身前来，只派儿子张若澄入朝。乾隆帝因此大动肝火，借题发挥百般羞辱张廷玉。他公开说："试思配享太庙，皆佐命元勋，张廷玉有何功绩勋业，而与之比肩乎？张廷玉所长，不过谨慎自将，传写谕旨，朕诗所谓两朝纶阁谨无过耳!"且下令解除了张廷玉的三等伯爵。张廷玉因受儿女亲家、四川学政朱荃科场案牵连,甚至一度被抄家。但他逝世后,乾隆帝仍准其配享太庙,称赞张廷玉一生谨慎"近于儒者"。

和珅与张廷玉相比较,两人在朝中所做的事务基本相同,在遇到战争时,都是赞襄皇上,为当朝皇帝撰写谕旨。既然张廷玉曾被封为三等伯爵,和珅也同样可以受封,何况和珅在镇压撒拉族起义时,亲自上战场指挥过军队,较从来没到过前线的张廷玉更有资格得到伯爵头衔。所以和珅还被列入此次平定台湾的二十个功臣之中,得到绘像紫光阁的殊荣。乾隆帝亲自撰文称赞和珅曰:

> 承训书谕,兼通满汉。旁午军书,惟明且断。撒拉尔亦曾督战,赐爵励忠,竟成国干。

大意是说:和珅在镇压起义过程中,秉承乾隆帝的训令,替他书写谕旨,且能使用满、汉两种文字。对于前方传来的大量战报,和珅得出的处理意见既明确又果断,为取得战争胜利奠定了条件。此外和珅还参与指挥镇压撒拉尔族起义,因此赐给伯爵以鼓励其忠于朝廷,使之尽快成为国家柱石。

乾隆五十七年(1792年),清朝取得反击廓尔喀(今尼泊尔)军队入侵西藏的胜利,和珅因参与是役,又受到"军功加三级"奖赏。

廓尔喀军入侵西藏,是因为垂涎六世班禅死后留下的财富引起的。乾隆四十五年(1780年),是乾隆帝的七十大寿。六世班禅提前二年就从西藏日喀则札什伦布寺出发,前往承德避暑山庄为乾隆帝祝寿。乾隆帝为迎接六世班禅,专门在避暑山庄狮子沟口为班禅建造供其居住的须弥福寿之庙。六世班禅在避暑山庄万树园觐见乾隆帝,为其诵经祝福后,赴北京,居住在西黄寺,因气候不适,染上天花病逝。六世班禅逗留在承德和北京期间,得到清政府大量赏赐与蒙古王公的馈赠,金银不下数十万两,而宝冠、璎璐、念珠、晶玉之钵、镂金之袈裟、珍珠宝石更是不可胜计。清政府于六世班禅逝世后,特派理藩院尚书博清额将他的骨灰与所遗全部财产护送至日喀则札什伦布寺。这些遗产全被六世班禅的哥哥仲巴据有,他的弟弟沙玛尔巴因是红教喇

嘛，分文未得。沙玛尔巴一气之下，出走廓尔喀，且大肆渲染六世班禅所居日喀则札什伦布寺如何富有，挑起廓尔喀人的侵略野心。

乾隆五十三年（1788年），廓尔喀以西藏地方政府征收商税过重为由，出兵侵入西藏，占领了聂拉木、济咙、宗喀地区。西藏噶隆官员未等清朝出兵，在钦差大臣巴忠授意下，私自与廓尔喀军议和，答应只要廓尔喀军退回，每年愿意给廓尔喀三百个银元宝作为地租，是为"以元宝换土地"。廓尔喀军本为金钱而来，既然能不费力就拿到白花花的银元宝，自然同意退兵。待清朝驻四川军队赶到西藏后，巴忠与统兵将领鄂辉勾结，谎称廓尔喀举国内附，乾隆帝信以为真。但巴忠的议和条件没有得到达赖喇嘛批准，噶隆官员丹津班珠尔无法向廓尔喀交纳"地租"，引起廓尔喀的再次入侵。

乾隆五十七年（1791年），廓尔喀军以索取地租为名，第二次侵入西藏，还以商谈如何交纳旧债的谎言，诱俘丹津班珠尔等西藏地方官员。由于清驻藏大臣保泰未等敌军深入，即将居住在后藏日喀则札什伦布寺的七世班禅移至前藏，导致了廓尔喀侵略军对札什伦布寺的抢劫。

班禅所在的札什伦布寺西南地方，左有曲多汪巩，右有彭错岭，沿途高山绝壁，向称天险，驻藏大臣若率兵据险设伏，本来万无一失。就札什伦布寺而言，也是负山面江，有险可守，大喇嘛仲巴（六世班禅之兄）所辖僧人数千，可以固守待援。班禅被移居前藏后，在廓尔喀侵略军到来前，大喇嘛仲巴将细软金银搬运至东喀尔藏匿，致使人心慌乱。又有喇嘛罗卜藏丹巴在吉祥天母像前占卜，妄称不可与贼接仗。这样，廓尔喀军在无人抵抗的情况下进入札什伦布寺，将六世班禅遗留下的法器宝物和大量金银劫掠一空。

札什伦布寺被掠的消息传到北京后，时已升任理藩院侍郎的巴忠畏罪自杀，于是其他有关官员把私允地租的责任全推在这个死鬼身上。清政府调两广总督福康安为将军，以海兰察为参赞，率索伦和金川兵七千人入藏，乾隆帝谕令福康安昼夜兼程，务必于四十天内进入西藏。为确保福康安获胜，清政府还下令四川官员，采买青稞七万石、牛羊两万，以及供应入藏清军一年用粮。

福康安率清军入藏后，经过实地勘察，制定出周密的作战方案。

清军首战擦木，杀死侵略军数百人；再战济咙，又杀敌近千人。随后，清军进入廓尔喀境内，攻克索勒拉山，渡过铁索桥，转战深入七百余里，六战皆捷，前后杀敌数千人。然而清军进至阳布城（今加德满都）附近时，中了敌军埋伏，都统台斐英阿战死。廓尔喀人自知不是清军对手，乘胜请求投降。福康安因当地八月就大雪封山，乃允其降。廓尔喀人尽献从前与巴忠所立地租合同，归还所掠夺的札什伦布寺金塔顶、金册印及其他金银财宝，释放丹津班珠尔等被俘西藏官员，交出沙玛尔巴尸体。此外，廓尔喀还向清朝进贡驯象、番马、乐工，表示永远服从清朝约束。

清朝取得反击战胜利后，免不了对参战将士加官晋秩，共有四十五个功臣享有绘像紫光阁的殊荣，和珅以"承书谕旨，办理秩如"，再次名列其中。

和珅对反击廓尔喀侵略西藏中的贡献，乾隆帝做如是评价说："国家用武，帷幄丝纶，事殊四朝。清文、汉文、蒙古、西番，颇通大义，勤劳书旨，允称能事。"

由此可知，每逢清政府用兵，和珅都积极参与战事，协助乾隆帝决策于"帷幄"之中。特别是反击廓尔喀对西藏的侵略，对前线将领指授方略，协调西藏地方后勤保障，于西番文即藏文"颇通大义"的和珅，更于其中发挥了较大作用。和珅可以不通过翻译，直接阅读由藏文书写的前线战况，随后又将乾隆帝的有关谕旨，立即用藏文书写发出，这必然为前线将领抢占先机，提供了时间上的保障。故和珅此次被绘像紫光阁，较上一次更为名实相符。

第七章

主持外交工作

　　随着十六世纪地理大发现的完成，整个世界越来越成为一个统一的整体，世界各国之间建立起了联系，一个国家的进展再也不可能脱离世界独立发展了，人类历史上第一次出现了真正意义上的世界史。

　　到了乾隆一朝，各国的使节纷纷进入京城，希望同中国建立良好的关系。和珅于乾隆四十五年（1780 年）出任理藩院尚书，总理清政府的外交事宜。他曾先后接待过朝鲜、英国、安南、逻罗、缅甸、琉球和南掌等国的使臣，尤其乾隆时英国同清政府之间的外交事务，几乎是交由和珅全权处理的。他凭借机智与语言天赋，出色地完成了外交事务。

　　早在乾隆四十三年（1728 年），当时还是吏部侍郎的和珅就在朝鲜使者的心中留下了鲜明的印象。据朝鲜使者记载：“皇帝乘马执鞭过臣等所望处，间不过五六步。顾谓侍臣曰：彼是朝鲜使臣乎？有一黄衣者对曰：‘然矣’，衣黄者闻是吏部侍郎和珅云。皇帝遽曰：‘通官前来’。则衣黄侍臣谓通官曰：‘使臣何为起对？’皇帝笑曰：‘朝鲜礼法。例如此矣。”此次后，和珅与朝鲜使者接触频繁，以至于我们在朝鲜使者的多种记述中经常可以看到和珅的名字，成为我们现在了解和珅的很重要的历史资料。

　　在历史上显然更具意义的是乾隆五十八年（1793 年）英国政府正式派出以乔治·马戛尔尼勋爵为正使，乔治·斯当东为副使的使团访华。

　　18 世纪末期，英国经过产业革命后，资本主义生产力高速发展，亟须扩大海外市场。英国向中国派出马戛尔尼使团的主要目的，就是为了打开中国市场。马戛尔尼是英国驻印度殖民地的高级官员，具有丰富的外交经验。此次马戛尔尼使团打着为乾隆帝补祝八十大寿的旗号，因此受到了清政府的欢迎。1792 年，马戛尔尼使团从英国朴次茅斯港起航，用去一年多的时间，抵达澳门。从英国使团人员的记载来看，清政府的接待工作主要是由和珅负责的。

马戛尔尼使团出发前，由英国东印度公司董事长出面，向清朝两广总督递交了正式信函，通知说为大清皇帝祝寿的礼仪性使团已经奉命启程来华。广东巡抚郭世勋将此消息上奏朝廷后，乾隆帝多次颁发谕旨，对英国使团的接待原则、礼仪款待都做了具体规定。如"接待远人之道，贵于丰俭适中，不卑不亢"；对于来华英人，"固不可意存玩忽，亦不可张大其事"。至于清朝从前要求外国使臣所行的"叩见之礼"，即向乾隆帝行三跪九叩大礼，并非绝对要求，如来使实在不同意，也可以顺其国俗。

乾隆帝年逾八旬，他的这些谕旨，显然是与和珅仔细磋商后，由和珅书写发布的，其中必然反映了和珅的部分外交主张。关于和珅主持这次重大外交活动的具体情况，英国使团副团长斯当东有较多记载，既可以补充清代文献之不足，又能够从中客观地了解和珅的外交方针。

马戛尔尼使团来到中国之后，在觐见乾隆帝礼仪问题上，引起了中英双方的激烈冲突。清朝方面官员在澳门见到英国使团时，就明确提出希望他们尊重中国礼节，同其他来中国的外国使团一样，向乾隆帝行跪拜礼，英国方面则始终坚持觐见时按英国礼节。使团成员从天津登陆进入北京后，特使马戛尔尼为此事立刻向和珅递交了一份备忘录，其中写道：

英王陛下抱着最崇高的敬意派遣使节觐见中国皇帝陛下。本特使应以无限热诚来表达英王陛下的这种崇高的敬意。为了避免失仪和向尊严伟大的皇帝陛下表达地球上最远和最大国家之一的崇高敬意，本特使准备执行贵国臣民和贵国属地君主谒见贵国皇帝陛下时所行的一切礼节。本使准备在下述条件下这样做：贵国皇帝钦派一位与本使地位身份相同的大员穿着朝服在英王陛下御像前行本使在贵国皇帝面前所行的同样礼节。

第七章　主持外交工作

马戛尔尼在备忘录中摆出的完全是一副强盗无赖的嘴脸！

清朝方面当时缺乏外交经验，不懂或不清楚一般国与国之间的外交礼仪，这些固然是事实。但是不妨站在马戛尔尼的立场上反问一下，假设中国派出代表团回访英国，在觐见英国国王时向英国政府提出：如果我们遵照英国礼节向英王行礼，要求英国方面在现场，派出地位相同的一人在乾隆帝像前行中国的跪拜礼。相信英国人肯定会认为，中国代表的头脑是否出了毛病！因为各国有各自的国情，国情不同，礼节自然不同，不能强求别人服从。

马戛尔尼不遵照中国通行的礼节向乾隆帝行礼，这已经是对乾隆帝极大的不敬。因为他既然是为乾隆帝祝寿而来，却根本不顾及寿星老人的情绪脸面。他还强硬地提出了一个先决条件，而且是明知清朝政府绝对不可能接受的条件，因为在为乾隆帝祝寿的庆典上，怎能悬挂英王的御像？当时不仅清朝做不到，英国也做不到。

最初，和坤对马戛尔尼的无理要求坚决予以拒绝。所以英国使团来到避暑山庄后，再次派使团的秘书代表马戛尔尼求见和坤。据英国人记载和坤会见使团秘书时的情形说：

和中堂首先照例询问使节团访华的意图，公使当即把英王陛下致中国皇帝信件的译件交他过目。他看过之后似乎相当满意。随后，公使又把特使写给他的关于觐见礼节的说帖交出，和中堂做出毫不知情的样子。在说帖里面，特使把理由说得非常清楚简单，但看样子和中堂还要提出反对，最后说容他考虑之后回答特使，于是讨论就此结束。

从以上记载中能够看出，和坤在处理礼仪问题上，表现得相当得体。他虽然没有做正面回答，但却使英国人明显认识道，他不同意马戛尔尼的无理要求。同时也没有彻底拒绝英国人，说此事需要"容他考虑之后回答特使"，体现了他处理问题的灵活性。

值得注意的是，和坤并没有明确说，必须请示乾隆帝再做答复，这本来是他拒绝英国人的最佳理由。由此可以证明在某种程度上，他本人就有相当大的决定权。当中国方面最后通知英国使团说，马戛尔尼已经被允许，以觐见英王的礼节来觐见中国皇帝时，马戛尔尼本人心中有如释重负之感。而同时他也意识到，在礼节问题上他虽然获得胜利，但他将因此而更加遭受那些仇视英国的中国和鞑靼（即满族）官员们的忌妒。实际上问题比他设想的更加严重，这无异于是变相宣告，英国使团企图打开中国市场的目的彻底破产。道理很简单，一个连出访国的礼节都不想尊重的代表团，还有什么其他问题值得商讨！

马戛尔尼鉴于双方间的礼节争端得到圆满解决，遂前往拜访和珅。拜访后马戛尔尼告诉使团成员说：和中堂接见他的时候，虽然保持了他的尊严身份，但态度十分坦白和蔼。双方照例首先进行了一番客套，然后和中堂问了许多关于欧洲，尤其是关于英国的情况。马戛尔尼在这次例行拜访中，重点谈了发展两国商业对中国的好处。但这对马戛尔尼来讲，是一个非常困难的话题。因为他自己心中非常清楚，中国目前并未感到以货易货从欧洲运进产品的必要。虽然中国从印度得到一些棉花和稻米，但中国几个省份自己也同样出产；虽然中国从英国输进生金银，但有时会因此而使国内日用品涨价；虽然英国军舰可以帮助中国剿灭海盗，但中国的内河航运非常安全，因此中国并不感到需要。中国一向自认为是天府之国，可以不需要对外贸易而自给自足。中国同任何外国的贸易，绝不承认是互利，而只认为是对外国的特别恩赐。

所以马戛尔尼在与和珅交谈中，尽可能采取非常委婉的提法。为了达到与清朝发展贸易的目的，马戛尔尼甚至不惜承认：这是清政府"对英国的恩赐"。和珅很客气地回答说，在使团留住中国期间，这个问题还可以从长计议。拜访结束后，马戛尔尼自己感到满意，回到他的住处，乾隆帝与和珅都分别派人给英国使团送去水果和蜜饯食物。

通过这次当面与和珅谈话，马戛尔尼对和珅的总体印象是："和中堂的态度和蔼可亲，对问题的认识尖锐深刻，不愧是一位成熟的政治家。他的飞跃上升，固然是由于皇帝的特别提拔，这种情况在许多帝国是相同的，但他同时也要得到当朝有势力的统治阶层的一致赞许才能长期保得住这个崇高的职位。"和珅或许并没有如马戛尔尼所说，得到清朝"有势力的统治阶层的一致赞许"，但和蔼可亲的态度，认识问题的深刻，使和珅得到"成熟的政治家"评价。特别是这个结论出自在谈判中失败的英国人之口，应是相当客观可信的。

马戛尔尼在觐见乾隆帝时，事先做了一番精心打扮。他身穿绣花天鹅绒官服，缀以巴茨骑士钻石宝星及徽章。由于他具有牛津大学法学名誉博士资格，又在官服之上加罩一袭深红的博士绸袍。在清朝礼部尚书引导下，马戛尔尼双手恭捧装在镶着珠宝盒子里面的英王书信于头顶，至乾隆帝宝座之旁拾级而上，单腿下跪简单致词后，呈英王书信于乾隆帝手中。乾隆帝接过英王书信，并不开启，随手放在旁边，很仁慈地对马戛尔尼说："贵国君主派遣使臣携带书信和宝贵礼物前来致敬和友好访问，我非常高兴，我愿意向贵国君主表示同样的心情，愿两国臣民同样和好。"

乾隆帝同马戛尔尼稍微交谈数语，随后取出一块玉石，作为回赠英王的第一件礼物。按照中国规矩，外国使节除呈献本国国王的礼物外，本人也应贡献一份礼物。马戛尔尼和副使斯当东各自呈献了他们的礼物，乾隆帝收下后也回赠了礼物，整个觐见气氛是友好愉快的。

马戛尔尼觐见乾隆帝的第二天，被安排游览御花园。乾隆帝见到一大早就恭候在门前的马戛尔尼说："我现在要往布达拉庙拜佛（此处指拜会六世班禅，作者注），因为你们同我们不是一个宗教，我就不叫你陪我去啦，你现在可以在御花园游玩一番，我命令几个大臣陪你一同去。"

马戛尔尼最初以为，乾隆帝会命令一位闲散不负实际责任的大员陪同前往，这在礼貌上已经足够了。令他万万没有想到的是，和珅本人正在一个亭子里等候陪他去游园。因为据马戛尔尼了解，这位中堂大人统率百僚管理庶政，许多中国人私下称之为二皇帝。和珅受命从繁忙的政务中抽出时间，亲自陪他游御花园，反映了清朝对英国使团的重视。

在长达几个小时的游园过程中，马戛尔尼多次想寻找机会，向和珅提出英国使团的通商要求。英国文献说："和中堂自始至终殷勤地尽到招待责任，体现出一位有经验的廷臣的礼貌和上等教养。"然而，马戛尔尼却一直没找到谈论通商的机会，因为和珅有意安排了两广总督福康安陪同游览。在马戛尔尼眼里，陪同客人游览的所有主人都很客气，唯独福康安始终表示出傲慢不逊的态度，甚至丝毫不掩饰他对英国人的憎恨情绪。于是马戛尔尼猜测："他曾任两广总督，在广东领教过英国人的勇敢冒险精神，体会到英国人的富强甚至可以同中国较量，这可能是使他恼怒的原因。"

实际上福康安憎恨英国人，是因为他刚刚从西藏归来。前面讲过，福康安曾受命统兵入藏，主持反击廓尔喀对西藏的侵略。他在前线作战过程中，于英国人对西藏的侵略野心有所察觉，故对马戛尔尼采取了敌视态度。

为了讨好福康安，马戛尔尼极力赞扬他的武功，但并没有发生任何效果。马戛尔尼又主动邀请福康安参观使节团卫队操演，而福康安的反应仍十分冷淡，说外国士兵操演他已经看过多少次了，言外之意是英国士兵也不会有什么出奇之处。

正当马戛尔尼感到索然无味的时候，和珅却抓紧时机告诉他，据清政府有关官员报告，英国舰队的"狮子号"和"印度斯坦号"军舰已经到达舟山，暗示英国使团可以乘他们的军舰回国了。马戛尔尼佯装不明白和珅的暗示，说马金托什船长现在既然已经见到乾隆帝，留滞此间无所事事，可以让船长先行上船。未等和珅讲话，福康安立即严厉反驳道：中国万万不能允许外国个人随便往来内地。马戛尔尼见无法再谈下去，只好请求和珅约时间再做商谈。

和珅虽然可以找借口拒绝进一步谈判，他本身有许多政务需要处理，但是他没有这样做，因为他用不着直接拒绝。由于在乾隆帝祝寿活动中过度劳累，他旧病复发了。陪同马戛尔尼游园之后，和珅回到家中，身体立刻垮了下来。和珅派人到英国使团住处，请使团的医生过去，为他诊断一下病症，英国使团的吉兰大夫立即随来人前往。

吉兰大夫到达和珅寓所的时候，几位清宫的御医正在那里会诊。根据吉兰大夫的事后记述，和珅的病情如下：

和中堂自称四肢关节及肚腹下部感到剧痛，右腹下有一块肿胀。这些都是旧病，但过去从来没有一起并发过。关节痛多在春秋两季犯，肚腹肿痛常犯但很快就恢复。肿胀突然就犯，突然就好。但一般是身体过分疲劳之后发作得最厉害。

上述情况都是吉兰大夫问，和珅回答的。据吉兰大夫了解：中国

第七章　主持外交工作

大夫诊断和珅身体内有一股恶风到处移动，走到哪里，哪里就痛；诊治方法是在患处打通出路，把风驱逐出去；具体办法是针灸。和珅经常进行这种疗法，但病情始终不减。至于和珅的肚腹下部肿痛，御医们诊断同关节是一种病，治疗方法还是针灸。和珅怕在肚腹扎针伤及内脏，因而请英国医生前来会诊。

吉兰大夫到达后，和珅让家人向他献茶、献水果和糖果，然后请他诊断病情。和珅把手伸出放在一个枕头上，始是左手，继而右手。吉兰大夫入乡随俗，也故意在和珅左右手脉上按来按去搞了很久。但他同时告诉在座的人说："欧洲人诊断病症用不着按这么长时间的脉，因为身体各处的脉搏都是通过血液流通表达心脏的跳动，因此到处都是一致的，用不着按了一处再按一处。"

和珅及御医们听到吉兰大夫这些话，认为简直是奇谈，吉兰大夫叫和珅用自己的右手食指按左手脉搏，同时用左手食指按右足踝部脉搏。和珅非常惊异地发现两处脉搏同时跳动、完全一致，他这才信服吉兰大夫所讲的关于脉搏跳动的常识。

根据吉兰大夫的诊断，和珅的第一个症状是风湿病，系因长期受鞑靼山区的寒冷天气而得的；第二个症状，在诊查了患处之后，判断是小肠疝气。假如按照御医们的方法用金针扎小肠疝气，后果是严重的。和珅请吉兰大夫把病源及诊治方法书面写下来。他送了吉兰大夫一匹丝绸，还说吉兰大夫的说法很清楚合理，但和中国通行的概念大不相同，新鲜奇怪，好似从另外一个星球上来的。

和珅的病痛尽管很快就解除了，但这成为他推迟与马戛尔尼会面的最好理由。在避暑山庄期间，马戛尔尼除了继续参加乾隆帝的其他祝寿活动外，直到离开，再也没有见到和珅。

从避暑山庄返回北京馆舍，马戛尔尼继续受到清朝的盛情款待。他通过在北京的外国传教士了解到，中国方面无论怎么样希望客人早走，都不会主动催促客人离开，或者在客人停留期间叫客人负担费用，这样做被认为是有损主人尊严的。既然如此，马戛尔尼决定等过了明年二月元旦（指春节）之后再离开。在此期间，他将尽力同中国方面谈判，谋求解决两国之间的一切重大事宜，尤其是通商问题。

马戛尔尼回到北京不久，接到中国方面通知说，乾隆帝即将返回北京，按照礼节他应当出城几里外郊迎。马戛尔尼自从进入中国后经常患风湿痛，当时正痛得厉害，走远路实在困难。但清朝官员并没有对他加以照顾，而是建议他把全部路途分两段走，头一天晚上先搬到圆明园附近他早先住过的别墅，第二天再去郊迎就走不很远了。马戛尔尼只好提前一天，携数名随员搬到西郊别墅住下，次日天不亮就起身，走了两小时路到达指定地点。他在事先准备的一座大厅内稍事休息，即来到郊迎等候的御道旁边。不久，乾隆帝来到马戛尔尼等候地点，看见他后让轿子停下，派一个官员慰问他说，早晨天气阴凉，对风湿病痛不利，希望他马上回去休息。和珅的轿子紧跟在乾隆帝之后，对马戛尔尼没有任何表示。

在北京居留期间，马戛尔尼结识了清朝的若干高级官员。他们告诉马戛尔尼，清朝专门举行了会议，讨论英王致乾隆帝的信件，以及确立今后如何应对英国人的方针；说和中堂召集了进军西藏的福康安将军，还有曾受过处分的前任粤海关监督，听取他们的意见。马戛尔尼根据这个情报，给和珅写了一封信，信中向和珅表明，英国使团将在明年2月参加完中国元旦庆祝典礼之后启程返国。

和珅没有回信答复，但是派人送来一个通知，约马戛尔尼到圆明园谈话。

见到马戛尔尼后，和珅先交给他一些信件，是从停留在舟山附近的英国军舰上寄来的。马戛尔尼阅读信件后，告诉和珅"狮子号"军舰即将离开。和珅趁机说道："你那狮子号船可以不必离开，等在舟山，你们大家一同回国。皇帝听说你部下的人到中国后死了几个，你自己身体也不好。他想是北京天气太冷，与你们洋人体质不合。将来交了霜降，天气要突然冷得紧。替你们设想，还是在河水上冻之前及早回去的好。陆路启程既不舒服又不方便。我们天朝的宴会礼节，元旦和万寿差不多。贵使既然在热河参加了万寿典礼，也就不必再等着参加庆祝元旦了。"

具有丰富外交经验的马戛尔尼当然知道，这是和珅以照顾英国人健康为由，客气地请他们打道回国，最好是尽快上路。他表示英国人习惯严寒天气，而且事先准备了御寒冬衣，说使团今后在北京的费用可以由英国方面承担，不必由清政府供应。因为他还有一些两国关系中的重大问题需要讨论，现在无法马上离开。随后，马戛尔尼用非常婉转的语气，概括地点出几个问题。

和珅始终保持一种置若罔闻的态度，故意东拉西扯，而对马戛尔尼提出的问题则一字不答。和珅这样不着边际地谈了一会后，将话题又回到英国使团早日回国上来，会见到此结束。

第二天清晨，马戛尔尼得到通知，和珅在皇宫大殿等候与他立即见面。马戛尔尼花了好长时间才来到皇宫，又经过无数的大殿，终于见到和珅。和珅先告诉他，乾隆帝给英王复信已经写好，而后将马戛尔尼以前赠送给和珅及其他大学士的礼物一一退回。马戛尔尼了解东方人的习惯，认为这是不祥之兆，但他还是向和珅谈及东印度公司在中国的贸易问题。和珅没有表示任何态度，仅仅说请他写一个书面意见，他将立刻加以考虑。接下来和珅请马戛尔尼游览紫禁城，马戛尔尼因身体不适予以谢绝。

当天下午，乾隆帝致英王的复信正式送到使团馆舍。除了书信之外，还送来乾隆帝送给英王的礼物十数抬，全是中国出产的精品。马戛尔尼及全体随员，以及使节团的仆人厮役，在北京的或不在北京的，每人各一份，体现了中国人的慷慨大方，以及清朝"厚待远人"的外交准则。

中国方面并没有给马戛尔尼规定归国日期，因此他决定在中国能多留一天就多留一天。但不久他接到来自东印度公司的一封信，称英国与法国近日可能断交，请求马戛尔尼乘坐的军舰保护英国商船回国。鉴于这种情况，马戛尔尼只好回国了。

马戛尔尼向和珅提出的要求，可以归结为七点：

1. 英国派使臣长期驻北京。

2. 清朝增开通商口岸。

3. 允许英国商人在北京设立商行。

4. 割让沿海岛屿供英国商人存放货物。

5. 清朝在广州拨地给英国商人居住。

6. 减轻英国商人税收。

7. 允许在中国传授天主教。

和珅对马戛尔尼代表英国政府提出的这些要求，均未当面予以拒绝，而是通过几天后乾隆皇帝给英国国王的复信，对英国的各项请求做了明确的答复。

关于使臣驻京问题，英国方面在英王信中，恳请派一位英国使臣长期居住北京，以便照管英国对华贸易事务。乾隆帝在复信中指出：

此则与天朝体制不合，断不可行。向来西洋各国，有愿来天朝当差之人，原准其来京。但既来之后，即遵用天朝服色，安置堂内，永远不准复回本国。此系天朝定制，想尔国王亦所知悉。今尔国王欲求派一尔国之人住居京城，既不能若来京当差之西洋人在京居住，不归本国，又不可听其往来常通信息，实为无益之事。

关于增加通商港口问题，英国方面希望清朝除了广州一地外，允许英国货船将来或到浙江宁波、舟山及天津、广东地方停船贸易。乾隆帝在信中说：

向来西洋各国前赴天朝地方贸易，俱在岙门设有洋行，收发各货，由来已久。尔国亦一律遵行多年，并无异语。其浙江宁波、直隶天津等海口，均未设有洋行。尔国船只到彼，亦无从销卖货物。况彼处并无通事，不能谙晓尔国语言，诸多未便。除广东奥门（今澳门）地方仍准照旧贸易外，所有尔使臣恳请向浙江宁波、珠山（即舟山）及直隶天津地方泊船贸易之处，皆不可行。

关于北京设立商行问题，英国方面要求准许该国商人，仿照俄国商人在北京城内设立商行，收贮货物发卖。乾隆帝以"更断不可行"五个字予以彻底否定。

关于割让沿海岛屿问题，英国方面提出，欲求靠近舟山地方小海岛一处，英国商人到此，即在该处停船休息，以便收存货物。对这种赤裸裸的领土野心，乾隆帝义正辞严地指出：

尔国欲在珠山海岛地方居住，原为发卖货物而起。今珠山地方既无洋行又无通事，尔国船只已不在彼停泊，尔国要此海岛地方亦属无

用。天朝尺土俱归版籍，疆址森然。即岛屿沙洲，亦必划界分疆，各有专属。

关于广州拨地居住问题，英国方面要求拨给广东省城附近小地方一处，划归英国商人居住，或者允许在澳门居住的英商出入自便。这种要求，等于实际上摆脱清朝政府的正常管理。对此，乾隆帝毫不留情地告诫英国政府：

向来西洋各国夷商居住奥门贸易，画定住址地界，不得逾越尺土。其赴洋行发货夷商，亦不得擅入省城。原以杜民夷之争论，立中外之大防。今欲于省城地方另拨一处，给尔国夷商居住，已非西洋夷商在奥门定例。况西洋各国在广东贸易多年，获利丰厚，来者日众，岂能一一拨给地方分住耶！

关于税收问题，英国方面提出英国商人自广东下澳门，由中国内河运输货物，或者不上税，或者少上税。乾隆帝则认为：

夷商贸易往来，纳税皆有定期，西洋各国均属相同。此事既不能因尔国船只较多，征收稍有溢额，亦不便将尔国上税之例，独为减少。惟应照例公平征收，与别国一体办理。

关于传教问题，康熙年间，天主教曾一度被允许在内地传习。据统计，中国天主教徒曾达到二十五万人之多。由于部分天主教徒站在雍正帝的对立派一方，参与康熙末年的皇位之争，雍正帝继位后即予以严禁。除北京外，全国各地的天主教堂均被拆毁，外来传教士被遣送回国。乾隆帝同其父一样，对天主教的文化侵略和渗透，保持了高度警惕，他在复信中明确正告英国：

至于尔国所奉之天主教，原系西洋各国向奉之教。天朝自开辟以来，圣帝明王垂教创法，四方亿兆率由有素，不敢惑于异说。即在京当差之西洋人等居住在堂，亦不准与中国人民交结，妄行传教。华夷之辨甚严。今尔国使臣之意，欲任听夷人传教，尤属不可。

由上可知，乾隆帝在给英国国王的复信中，从维护清朝主权出发，对英国方面的要求，据理逐条进行驳斥。而据英国人的记载，乾隆帝的这些谕旨，大部分反映了和珅的看法。从清朝当时对英国使团的接待工作来看，这些谕旨显然出自和珅的手笔。和珅在复信中用"断不可行"，"皆不可行"，"亦属无用"，"皆有定例"，"岂能拨给"，"尤属不可"等准确明白的字句，对英国的要求给予彻底的拒绝。

通观这次和珅接待英使的活动，他忠实地执行了乾隆的外交方针，即热情又不失原则，使马戛尔尼一行受到了最礼貌的接待，最严密的监视和最文明的驱逐。不卑不亢，有理有节，出色完成了这次外交任务，为维护大清国的尊严和利益作出了贡献。

第七章　主持外交工作

第八章

和珅和他的对手们

和珅虽然是皇帝的宠儿，把持国家大权，但一手遮不住天，他的权势再大，也有无可奈何的时候，因此，和珅的对敌哲学便是：该出手时就出手，该磕头时便磕头。

对刘墉：一有机会就搞小动作

和珅在官场上走的是这样一条路：紧紧地靠住乾隆，使自己成为乾隆精神、事业上不能离开的一个人，抓权壮势。在此过程中，他尽量地少树敌结大网。可是他毕竟是怀有投机、报复的心理步入官场，付出的代价自然要求回报，而且他走的是"靠官吃官"的发财路子，干些违法乱纪的勾当，上媚皇帝，下压群臣。虽然和珅不轻易树敌，而且也尽量地避免树敌，但无形中，他的所作所为就已经激怒了一些人，在朝廷中就有许多人自觉不自觉地与他对立，成为了他的敌人。

在这些人当中，多是那些要为国尽忠的正直之士，他们共同的特点是公正廉洁，但除了这个共同点以外，则是一个人有一个人的特点。和珅在与这些人的斗争和抗衡中，采用的手段或刚或柔或软或硬或明或暗或持续长久或须臾完成……总之，他对不同的人都采取了拉打挤靠抢逼围的办法，能打则打，能拉则拉。

在这些斗争中，和珅有的得逞了，有的却一直也没有成功。虽然没有成功，但他却始终没有放弃这种争斗，是他不能放，也不想放。他不能放因为他知道自己是邪恶的，得来的一切都是见不得阳光的。他要靠打击别人来捞取金钱、权势，扩大自己的势力范围。他也知道朝中还有一部分人对自己不屑一顾，对自己干的坏事恨之入骨，一有机会他的那些对手就会联起手来攻击他。他的地位，他的权势，他所拥有的一切都会慢慢地离他远去。他不想放弃是因为他不相信凭着他和珅的实力与心机加狠毒手段会斗不过他的对手而栽在他们手里，这就注定了他一直要不断地斗争，斗争，再斗争。只有斗争了，或者用他自己的话说奋斗了，他才会巩固现今拥有的一切，而不会失去，否则他将一无所有。

正义与邪恶的斗争是残酷而又现实的，官场上的较量虽然不同于杀场上的血雨腥风，但心之险恶手段之阴狠，使每个人都如履薄冰。和珅是跳出瓶子的千年魔鬼，喊着顺我者昌逆我者亡的口号，舞动无中生有的大棒，动不动就拿逆君叛国的帽子乱飞乱扣，对挡住他权路与财路的人格杀勿论，一时间大有邪恶压倒正义之势。和珅的对手不得不竖起大拇指对和珅说一声"高明"。和珅的确是"高明"，是一般人所不及的，但他在拥有这"高明"的赞叹的同时，他毕竟也付出了，而且这种付出是从他很小的时候开始的。小时候特殊的遭遇让他学会了要想得到自己想要的，就必须不择手段，所以走上仕途的和珅才会如此地狠毒和霸道。

但即使和珅再怎样有本事，对一个人却始终是无可奈何，那个人便是刘墉。

刘墉，字崇如，山东诸城人，大学士刘统勋的儿子，乾隆十六年进士。曾做过编侍讲，安徽学政，山西太原知府，江宁知府，陕西按察史，内阁大学士，户部侍郎，吏部侍郎，左都御史，工部尚书，体仁阁大学士等。

刘墉在诗、词、画方面都颇有造诣，而且人也十分的诙谐幽默。刘墉为官清廉，深得百姓爱戴。刘墉不仅很有文才，而他还同和珅一样，很有政治头脑，极得乾隆皇帝的赞赏。但可惜的是，两人一正一邪，成为势不两立的冤家对头。如果不是这样的话，他们肯定会是一对最好的搭档。

在王刚和李保田主演的《宰相刘罗锅》里，也许人们都已领教了那些两人过招的精彩片段，让人又气又恨又笑的同时，又带来了深深的思考。虽然剧中所演的有些夸张，但事实上，的确是在两人的斗争中有着一些啼笑皆非的事情，而对此，和珅也是无可奈何，一筹莫展，

明明是想给刘墉下个绊子，搞点小动作，但最后却把自己给套进去了。

刘墉奉乾隆皇帝的命令，查处全国贪污腐败的官司，辗转了许多省市，最后回到北京，一路上惩治了许多官吏，有的被杀了头，有的被撤了官。

虽然是这样，但和坤心里却极为高兴和得意，因为刘墉这次所查办的官员，虽说死的死，撤的撤，那都是些个无名小卒，只不过是做了替罪羊，而他自己的那几个心腹，一个也没有出事。那些小卒子没就没了，也不影响大局，以后还可以再培养，只要主力不曾动摇就行。

为了能对付刘墉，和坤就得研究刘墉。他发现刘墉这个人也有弱点，就是仗着自己多智什么赌都敢打，有时候看上去有点不分轻重。为了打倒刘墉，和坤要从这方面下手。

刘墉把所查的结果启奏皇上以后，在家休息了三天。三天以后又去上早朝了。

刘墉来得特别早，不到五更天就到了。接着大家陆陆续续地都来了。

可过了五更天，还不见皇上召见，大家便随便聊起来。有的人便拍刘墉的马屁说："刘大人查案，这一路辛苦了，惩治贪官污吏，为民除害，深得民心，百姓都喊您'刘青天'呢。您的功劳和声望比已故的刘中堂刘大人还要高呢。"

这很明显是在拍马屁，说刘墉比他父亲强，但这话刘墉听了不受用。

和坤突然意识到整治刘墉的机会到来了，于是凑上前来皮笑肉不笑地说："抓几个小官小吏算什么本事？谁下去，都能抓几个来，只不过是摆摆样子罢了。若有大官犯了错，他就不一定敢抓。"

刘墉说："哪位大官犯了法，你说出来，看我敢不敢参他一本？"

和坤道："有大官犯法，我要是知道了，还轮到你来参他，如果能找到他犯法的证据那才算是本事。"

刘墉道："哪怕是最大的官，我也能查出他犯法的证据，参他一本。"

这句话的矛头直指和坤，因为在当今朝廷之中，和坤的官位是最大的。虽然阿桂官也大，但长年在外，根本就管不了事。这话是说给和珅听的，谁心里都明白，和珅更明白，脸上不由得有些变化。

和珅见刘墉果然上了自己设有陷阱的路，赶忙把套送过去，他说道："刘大人，这当今有一个最大的官，我若是说出他的名字，你敢参他，我就给你磕三个响头。但你若是不敢，就得给我磕三个响头。"

刘墉心里想：和珅一向目中无人，也太嚣张了，我必须戏弄戏弄他，让他收敛一些，于是就说道："和珅，这话可是你说的，咱们不得反悔。你说出他的名字，看我敢不敢参他，如果我不敢，跪在地上就给你磕三个响头。"刘墉和和珅真的较上劲儿了，在座的心里谁都明白，虽说是一个打赌，但实质上则是两个人谁也不服谁。和珅见火烧起来了，不由得暗自高兴，现在刘墉已经进入自己设的圈套了，只要自己再用一把力，就能把这个该死的克星推到地狱里边去。

和珅说道："刘大人，咱们可说好了，我说出他的名字，无论是多大的官，你都敢参他奏他一本？"

刘墉说："是的。"

和珅遂请两位王爷做证，如果刘墉不敢参奏，则要向他磕三个响头。两位王爷本就是十分爱凑个热闹的，见两人的赌打得这样，都十分乐意。

然后刘墉和和珅又击了三掌，算是这个赌打定了。刘墉忙让和珅说出所奏人的名字。

和珅顿了顿说道："放眼天下，这官做得最大的莫过于当今皇上。皇上，你敢参吗？"

和珅话音刚落，满屋子一下子都静了下来，所有的人都呆住了，两位王爷也说不出话来。刘墉的心更是猛地往下一沉，心里说道：这个和珅，可真够狠的，他给我下了一个套，参奏当今圣上，这弄不好可就是死罪。和珅啊和珅，可真狡猾啊！但又一想，现在都到这个份上了，这个套怎么也得钻进去，钻不过去也得钻。于是把心一横，便说道："王子犯法，与庶民同罪，就是当今圣上，我也敢参他。可咱们说好，参了皇上，你可得给我磕三个响头。"

和珅点头答应，两人又击了三掌，把在座的所有人都震住了。两位王爷呆的把嘴张开，半天都忘了合上。这时候，太监已宣告王公大臣们上殿了。

　　最能体现一个人才能的，并不在他读了多少书，懂多少知识，而体现在他的随机应变上。待刘墉进入金銮殿，已是显得十分的胸有成竹，待两边文武百官站好以后，刘墉便走出来向皇上请罪。皇上问他何罪之有。刘墉道是欺君之罪。乾隆让他把事情的原委说清楚，刘墉便说道："臣奉旨查案，到江南杭州的时候，看见一个戏班子的戏，随即就让它给迷住了，那声音婉转动听，体态轻盈优美，臣从来没有见过哪个剧种可与之相比，于是就把这个戏班子带到了京城，安置在家里。臣虽明是请假，实则是在家看了三天戏。"

　　乾隆听了，就差没站起来询问刘墉了。康熙、雍正、乾隆的母后都极爱看戏，乾隆自小在他们身边长大，受其熏陶、感染也极爱看戏，尤其是现在已八十多岁，上了年纪就更迷恋，听刘墉这么一说，心里便有些发痒，说道："这虽然是欺君之罪，不过朕准你将功赎罪。""臣刘墉想请皇上去敝府看戏，将功赎过。"乾隆准奏，便想退朝去看戏。

　　却又听刘墉说道："臣有一本要上奏，臣不敢奏。"

　　乾隆道："为什么不敢？"

　　刘墉道："臣要奏的乃是皇室中人。"

　　乾隆问："你有证据吗？"

　　刘墉答："有。"

　　"是何罪过？"

　　"是一流放罪。"

　　乾隆道："朕来问你，此人是何人？"

　　刘墉道："臣不敢说。只有皇上恕臣无罪，臣才敢说。"

　　乾隆说："如果你有证据在手，无论是谁，犯了法，就都要定罪。你尽管说，朕恕你无罪。"

　　刘墉给皇上磕了三个头才说道："臣所奏之人正是当今圣上您。"

　　乾隆听后，为之一震："大胆刘墉，你竟敢参朕，朕犯有何罪？"

　　刘墉答道："偷坟掘墓，流放罪。"

　　乾隆都从龙座上站起来了，刚要发火，转念一想，必是刘墉……于是反而露出了笑脸，说道："你说朕偷坟掘墓，你有证据吗？"

　　"有。前几年，乾清宫失火，烧了房屋，重建时无处取木，您便从明陵搬来了木头，这难道不是偷坟掘墓吗？只不过，皇上您没有亲自动手，是臣做的。"

乾隆说："你所说的流放是对朕的惩罚吗？还要不要带刑具？"

刘墉道："皇上不用带，皇上脖子上挂的念珠就是刑具，而流放的地点就是臣家。"

乾隆听后便说："有本早奏，无本退朝。"皇上那是等着去刘墉家看戏呢。

乾隆知道刘墉费了这么多周折请他去看戏其中必有原因，后来就找来了刘墉，问为什么，刘墉便说是和和珅打赌，以磕三个响头为赌注，激他参奏皇上。乾隆帝没说什么，但还是找来和珅数落了他一顿，责怪他玩得太过火，把玩笑都开到皇上身上来了。

和珅本想一招致刘墉于死地，没想到让智者刘墉三下五除二地化险为夷，心里不由得非常懊恼，只有再找机会了。

和珅最后发现，刘墉虽然博学多智，但毕竟性情耿直，得理不饶人，有时连皇帝也不放过，时时惹皇帝不高兴，所以乾隆尽管信任他，但从来就不想提拔他。为了压制住刘墉，在皇帝面前，和珅时时注意让皇帝把他们二人相比较，让皇帝觉得出还是和珅更可靠。

和珅同刘墉一邪一正，但事实上和珅一直在压着刘墉，这也许是两个人的血统不同吧！

乾隆想提拔刘墉做吏部侍郎，这下子可触到了和珅的敏感神经。吏部主管着天下官员，苏凌阿做着吏部侍郎，连吏部尚书也惧他几分。他在各处都安插了自己的人手，吏部就完全掌握在他的手里。刘墉这个人一向公正，如果他插进来，事情肯定会生出许多枝节，而自己也可能会受到牵制。于是，他便对皇上说："历朝历代，面貌丑陋者，就不得列为朝臣。像刘墉这样的人如果加官晋爵，不但有辱国容，让外人看了，还以为我大清无人，各个都像他这样的呢。"

原来刘墉个子矮，脸又黑又麻，背后还有一个"驼峰"，人称"刘罗锅子"，让人看了确实有点不舒服。听完和珅的话，刘墉却说道："皇上，和中堂此言差矣，自古以来，就有眼斜貌丑者为官，且为官清廉，流芳千古。"

乾隆说："你说的是哪一位，我怎么不知道？"

刘墉说道："陶渊明，他就是一个斜眼。他诗云'采菊东篱下，悠

然见南山'，如果他不是一个斜眼，怎么能在东篱采菊，却又看到了南山呢？"

满朝文武百官和皇上听后没有一个不哈哈大笑的，甚至就连那和坤也笑得捧腹。

笑过以后，和坤又说道："皇上，刘墉这纯粹是戏谑之言，这是对皇上您的不敬。"

但皇上却不这样认为，他认为刘墉这样说，虽然有些强词夺理，但却才思敏捷，十分的诙谐，着实是一个人才。

但和坤哪能放过，他得尽力阻止刘墉进入吏部，如果那样的话，他的麻烦和损失将是无法计量的。

于是，他便又为难起刘墉来，让他学一学曹植七步成诗，以他背上的"驼峰"为题，在七步内作出一首诗来，如果能吟出来，那么，就会痛痛快快地让他到吏部去上任，如果吟不出来，则要治他对皇上不敬的罪过。皇上也很想考查一下刘墉的才能，便答应了。

但这岂能难得了刘墉，刘墉向来是对这些有一些研究的，于是随口便说道：

> 背驼负乾坤，胸高满经纶。
> 一眼辨忠奸，单腿跳龙门。
> 丹心扶社稷，涂脑谢皇恩。
> 以貌取才者，岂是贤德人？

乾隆皇帝听后大喜，立命刘墉为吏部侍郎。

和坤听到以后，像是霜打的茄子——蔫了。他的心里头这个气啊！这一下看来，他真的要有麻烦了。

刘墉升任吏部侍郎以后，的确给和坤找了许多的麻烦，但却都没有危害到和坤的最本质的利益，毕竟那里各处都安放了他和坤的人，刘墉能惩办一个，两个，可也不能都惩办了吧！所以也没能把和坤怎么样。

后来，要考察官员，和坤便想尽了办法把刘墉调到了户部。他本想这是整一整刘墉，自己掌管吏部，把刘墉放到并没有实权的户部，可谁知，到了户部，刘墉竟把和珅给耍了，让他栽了跟头，这才叫"聪明反被聪明误"，一报还一报吧！

有一天，刘墉到库中去支银子，看见有几个人从库中出来，慌慌张张、鬼鬼祟祟的，像做贼一样。刘墉看了也没说什么，随后走到库里，看银子明显地松动。刘墉假装不知道，拿着银子就走了。回来以后，便暗暗派两个侍卫盯着那几个守库的护卫。侍卫看到那几个护卫把库里的银子揣在怀里带到家中。侍卫们见了，就把他们给捉住了。刘墉把几个人关押起来，大刑伺候。几个人扛不住，便一一认罪，录了口供以后，又签字画押。因为府库里的银子与市面上的银子成色和分量都不一样，在那几个护卫的家里很快就搜到了这些银子。

刘墉把这些银子和口供交给皇上，皇上看后勃然大怒，急诏和珅。

乾隆问和珅："你身为管库大臣，平时对手下管教严格吗？他们的品行怎样？"

和珅答道："臣平时对他们要求极为严格，这些人都是满族的后代，人品也都很端正。"

"真的吗？"

"臣岂敢欺瞒皇上。"

乾隆把刘墉的奏折递给和珅，和珅看后大惊，说道："怎么会有这样的事情呢？臣素与刘墉不和，这肯定是他含恨在心，想栽赃陷害于我，请微臣亲自审查，一切便可知晓。"

乾隆道："你还查什么？现在已人赃俱获，这本是你平日疏忽所造成的，而今还这样袒护属下，成何体统？"

和珅见乾隆真的生气了，忙跪倒在地说道："臣辜负了皇上的厚望，失于明察，从今以后一定严加管束，决不会再发生这样的事情，请皇上治罪。"

乾隆道："你平日忙于其他事物，忽略了这些我也不怪你，可是你一味地偏袒他们，太不像话，你看这几个护卫该怎样处置？"

和珅说："发配黑龙江。"

乾隆道："此事交大臣们好好议一议。"

最后，经过商议决定，护军头领问斩，其余的充军伊犁，而和珅身为管库大臣，疏于管理，降二级使用。

和珅本想压一压别人，却没想到自己反被治罪。刘墉的存在，的确给和珅带来了许多麻烦。和珅一生中都想挤垮刘墉，无奈刘墉身正影直，而且洁身自爱，又机敏多智，让和珅毫无办法。尽管是这样，和珅还是一有机会就对刘墉搞点小动作。

正因为刘墉的存在，到最后嘉庆才能将和珅一举拿下，结束了和珅罪恶的一生。

对纪晓岚：你有铁齿铜牙，我有不破金身

俗话说：物以类聚，人以群分。君子与小人不能为伍，志不同道不合者亦不能同道。两个类型完全不同的人不可能走到一起。

纪晓岚与和珅就是两个类型完全不同的人。纪晓岚为国为民，公正廉明，而和珅却自私自利，结党营私，排除异己。他们在一起，没有真心的情感交流，有的只是唇枪舌剑，互相攻击。

纪晓岚，名昀，字晓岚，生于雍正二年，自幼喜爱读书，才华横溢，人称"大清第一才子"，也深得乾隆皇帝垂爱。三十一岁时进军机，掌管礼部，做过毓庆宫书房的师傅，写过《阅微草堂笔记》，亦编纂《四库全书》，主持学宫科考不计其数。

纪晓岚的文笔无人能及，文章堪称一绝，连号称文治武功第一的乾隆皇帝都对其称赞有加，而且他思维敏捷，出口成章，幽默诙谐，歪理与正说被他说得统一得体，他还善于雄辩，人都说他有一副铁齿铜牙。

和珅自以为自己的口才不错，但他的口才只能对付乾隆，远远不如纪晓岚，也有点惧他、嫉妒他这伶牙俐齿。因此在和珅心里，就总想把纪晓岚压下去。乾隆身边没有了死倔刁钻的铁齿铜牙，凭着自己的三寸不烂之舌和恭维迎奉，把乾隆搞得五迷三道岂不既省时又省力？有纪晓岚在一边瞎掺和总是要坏他的好事。

其实一开始，和珅并没有压或者说整纪晓岚的意思，而是想拉拢他，利用他，让他与自己为伍。因为和珅知道，论才智才干，他不如纪晓岚，但是他却比纪晓岚有"心"，文才第一和鬼才第一，若能站在一起，并肩战斗，那么他的"远大目标"就可能更容易实现，更早地

实现。为此，和珅试验过，也努力过，可是纪晓岚与他不是同路之人，不愿意与他同流合污，对和珅的拉拢讨好不屑一顾。因此，和珅对纪晓岚是看着生气瞅着闹心。

和珅知道，自己虽苦读勤学，但是跟纪晓岚相比，还是略逊一筹。因此，和珅不免有些嫉妒和憎恨，同时也生了报复的心理。对拉不过来的就得打，打不服他就打死他。他不与自己为敌，但也碍手碍脚。

因为和珅特别善于献媚讨好，再加上他的机灵聪慧，也深得皇上喜欢。和珅善于做官，纪晓岚善于做文章。于是，在编纂《四库全书》时，和珅谋取了个正总裁的职位，纪晓岚是其中编撰者之一，两人是上下级的关系。纪晓岚学问再大也得听和珅的。《四库全书》编得再好也是和珅的功劳，哪怕和珅一个字也不写，成绩也是和珅的。

和珅成了纪晓岚的上司，于是他就想尽一切办法领导这位大清第一才子了。

因为和珅是正总裁，他一有时间就翻阅他们编撰完的书稿，看是否有错别字和编撰不当的地方。他觉得一个人的力量还不够，就组织亲信帮他查找。每发现一处，和珅就特别高兴，好不容易抓住了整治别人的把柄，便兴冲冲地呈给乾隆皇帝看。一方面显示了自己的才干，另一方面还可以借机打击不愿与他合作或他所嫉恨的编纂者。

和珅在纪晓岚编的书稿中找出多次错误之处，纪晓岚也因此多次受到皇上的斥责、降级和赔款等处置。

编纂《四库全书》是异常辛苦的工作，特别是夏天，许多人顾不上身份高低，常常赤身裸胸地工作，看上去十分不得体。

和珅发现这也是整治纪晓岚的机会，弄得好叫纪大才子背着对君不敬的罪名去见阎王爷。

盛夏的一天，和珅见皇上无事，就提议微服探视察看国史馆。纪晓岚等人正在编纂国史。

纪晓岚最怕暑热，闷在屋子里工作他真的有些受不了，于是就脱掉上衣，光着膀子工作。他无意间看见皇上和和珅微服进入馆门，这可怎么办？穿衣服已来不及，光着上身见皇上岂不是有失大雅。他灵机一动，钻入了挂有布幔的案下。

哪知纪晓岚的这一举动没能逃脱和珅的眼睛，和珅也故作不知，

径直来到这张桌子前，让皇上坐这儿。

其余的人刚要给皇上请安，和珅忙摆手示意不必，并吩咐他们不许出声，照常工作。

馆内鸦雀无声，乾隆热得只顾让和珅摇扇，也不说话。

这可憋坏了纪晓岚，他伏在案底下，大汗淋漓，没有听见一点声音，以为皇上走了，就问：老头子离去了吗？说完便伸出头来，可谁知刚好看见皇上就在他的眼前。藏是藏不住了，纪晓岚只好硬着头皮爬出来，穿好衣服，跪下来求饶。

皇上很是生气，堂堂的一国之君怎么突然之间成了老头子？便让纪晓岚说个明白，否则赐死。满馆的人都为纪大才子捏了一把汗，担心他难逃此罪。和珅更是幸灾乐祸，心想，你有天大的本事，这次恐怕是难躲此劫了。

哪知纪晓岚却面不改色，从容不迫，出口说道：万寿无疆之为"老"，顶天立地之为"头"，父天母地之为"儿"。

皇上听了这样的解释，心里很高兴，可和珅正愁鸡蛋里挑不出骨头，怎能轻易放过？于是就在一旁煽风点火，告诉皇上纪晓岚把"老头子"说成了"老头儿"。

纪晓岚答不上，以至于被治罪，和珅看着才高兴呢。可是这个问题怎么能难倒堂堂的第一才子？

纪晓岚继续说道：京城中的老百姓对皇帝陛下都称"老头子"，皇帝称万岁，岂不是"老"？皇帝居臣民之上，岂不是"头"？皇帝贵为天子，岂不是"子"？

纪晓岚说得头头是道，乾隆听得笑逐颜开，死罪自然是免了。

和珅未能如愿以偿，心里当然不高兴，就寻找下一个机会。

纪晓岚知道这是和珅在跟自己过不去，在报复，嘴上不说，也想找机会回敬他几句。整不倒他，让他丢人现眼也是痛快人心之事。

乾隆四十七年，《四库全书》编完，和珅修建的庭院也已竣工。和珅知道乾隆喜爱观光游览，就请皇帝在其妻冯氏生日这一天御驾游园，既讨得了皇帝的欢喜，也可为妻子的生日增光添彩，岂不是两全其美的事情？

皇上被邀，自然很高兴，就带了纪晓岚一同前去。

纪晓岚，他的优长在一个"才"字之上，所以像编纂《四库全书》这样的大事离了他可不成。因此，在编纂《四库全书》期间，纪晓岚十分忙碌，没有一点闲暇时间。

这下书编完了，皇帝就带他一同去和府，消遣解乏。

这一天，和珅请了几位至亲好友，有岳祖父英廉及弟弟和琳，还有苏凌阿、福康安。和珅等几位给乾隆行完大礼后，就领皇上入宅开始参观。

皇上一行人跨过大门，进入二门，转过照壁来到前殿，又进入殿内，只见"忠君殿"三个用黄金镶嵌的大字写在墙壁上的青色大匾上。之后皇上又转向后殿：嘉乐堂。嘉乐堂两边衔接着五间开的东西厢房。从这里离开，众人来到"天香庭院"，正房叫"锡晋斋"，两边也建有厢房。

皇上刚想进"锡晋斋"，和珅就借"斋园刚刚建好，不太结实"为由，把皇帝引开。

其实不然，和珅是怕皇上看出马脚，怪罪于他，因为锡晋斋是和珅偷仿皇宫中宁寿宫建造，建筑超出了规格。从"天香庭院"出来，又进前面的"葆光室"。葆光室有五个开间，两边有耳房，后面从右到左，还有一座四百多间长的二层楼阁，名叫"寿椿楼"。

过了"寿椿楼"便进后花园，这里有假山，有池水，还有园林，设计非常精巧，景色也特别宜人，真是好山好水好心情。大家也走了半天，就提议在这里歇息。

乾隆倒在柔软的躺椅里，和珅一边给他捶打揉捏，一边向纪晓岚说道，纪大人今天大驾光临，和某人深感荣幸，现在趁休息之时为此花园书一匾额，一是调解一下现在的气氛，另一方面也为其增辉添彩，怎么样？

这一建议深得乾隆赞同。

纪晓岚也毫不推辞，欣然提笔，写下"竹苞"两个字。此字刚劲有力，尽显雍容华贵，众人赞不绝口。和珅看了，以为二字取自"竹苞松茂"四字，倒觉含义不错，内心高兴不已。

可就在此时，乾隆皇帝却哈哈大笑，众人不解，和珅也不知笑在何处，只听乾隆皇帝说，谁看出这字的意蕴？众人不语。你们把这

两个字拆开来看，不就知道了吗？

皇上这样一点拨，众人才明其意，原来是"个个草包"。大家禁不住面面相觑，和珅当即面红耳赤。他知道纪晓岚又在羞辱他，可又不好发作，但已怀恨在心。

再看那纪晓岚，正吧嗒吧嗒地抽着大烟袋，神情自得，好像什么事也没发生似的。

到了中午，和珅叫人在天香庭院摆宴，山珍海味，样样俱全。可是纪晓岚无福享受，要来一盘猪肉，一壶茶。那炖烂的肉腿虽有二三斤，可眨眼之间就被纪晓岚吃了个精光。

纪晓岚有四大嗜好，一是好书，他自幼博览群书，才华横溢；二是好烟，烟不离手（他那个大烟袋锅都是找人特制的，能装烟叶四两）；三是好肉，不吃五谷，每天必吃肉；四是好色，一日不御女，则肌肤欲裂，筋骨欲断，两眼红赤，脸红如火烧。

膳罢，英廉陪孙女拜见皇上。皇上来了兴致，便命纪晓岚作一联贺寿。

纪晓岚吃得酒足饭饱，也非常高兴，心想，又有机会捉弄一下和珅了，怎能错过？于是点头笑了笑，张口吟道：这个婆娘不是人。

这纪晓岚乃是堂堂的第一才子，怎么会说出这样低级骂人的话，而且还是在贺寿助兴之时？众人不免都大吃一惊，可他却不慌不忙，面带微笑，又道：九天仙女下凡尘。

这一百八十度的大转弯终于使众人长长地松了一口气，可谁知纪晓岚又来了一句，众人的心又提到了嗓子眼儿。他吟道：生个儿子去做贼。

众人的心绷得紧紧的，不知纪晓岚在搞什么名堂。乾隆也不免一怔，怎能说出如此大逆不道的话，丰绅殷德可是自己的额驸啊！乾隆有些生气了。

然而纪晓岚却若无其事的样子，不管别人怎么想，又笑着吟道：偷得蟠桃送母亲。

下文一出，乾隆阴郁的表情舒展开了，露出了满意的笑容，不停地夸纪晓岚作得好。

而对于和珅呢，纪晓岚这一句紧一句松，似骂非骂，似夸非夸，生气吧，皇上都说诗作得好，自己又能说什么，真是哑巴吃黄连，有苦说不出。

和珅知道，单凭嘴上功夫，他是斗不过铁齿铜牙纪晓岚的，怎么办？真的不行来假的，明的不行来暗的。在纪晓岚身上无缝下蛆，但谁都有个三亲六故，从纪晓岚亲属身上找弱点突破，然后把纪晓岚拉下水。我和珅要想整哪个人，没有谁能逃脱得了的。于是和珅就特别"关心"纪晓岚，"关心"他的亲戚和朋友。

献县侯陵屯村李戴因骒驹误入纪晓岚老家田地，吃坏一些禾苗，两家因此发生纠纷，打起了官司，李戴由此冤死在狱中。

这可让和珅抓到了小辫子。和珅认为，纪晓岚身为多年的中枢辅臣，纵容家人冤死无辜，实属不该。更有甚者，他还写信给河间县嘱托关照，亦非秉公执法。

和珅所言不无存在，但事实并非如此。李戴专横无理，欺压百姓，纪家人本想借其理亏"好好教训教训他"，把骒驹扣留，并要求其赔礼道歉。李戴不服，且在公堂上大声咆哮，辱骂县令，因而被打入大牢，含恨自杀。

纪晓岚本想写信劝告让家人归还骒驹，可是信还没到，事情已经发生了。

于是，他又给家人写信，嘱咐不要将事情弄大，私下了结，并写信给河间知府汪某，请他在中间进行调解，并没有徇私之意。

李戴之死并非纪晓岚初衷，所以和珅担心此事不能治其罪，就一连搬出一串事情，欲加其罪。

卢见曾是纪晓岚侍妾郭氏所出二女儿的翁舅。他曾亏空公帑，因为卢见曾刚上任时，前两任官吏皆有亏空，卢某到任也不思填补。纪晓岚在私下多次规劝其把差使理清白，但是，卢见曾不听，不但不填补亏空，还在两淮、芜湖、德州盐运使任上渔侵库银，这一点纪晓岚并不知情。纪晓岚没沾卢见曾一分钱便宜，觉得没做亏心事，不怕鬼叫门。

可是和珅却不依不饶，卢见曾一头闹亏空，一头广置家产，他已派人查过，纯属事实。至于纪晓岚是否庇护亲戚，尚还不知，可朝廷还未下达查抄旨意，卢家就已把家产转移转卖，若不是纪晓岚通风报

信，这又要做何解释？

这两件事还不说，还诬陷纪晓岚另置田产。

乾隆是最恨贪官的，他哪有不动怒之理？于是，乾隆下旨，让刘墉派人到纪府查抄。

刘墉带着一帮人马来到纪府，查看家产，查点账房房舍，所有御赐物件全部用明黄封条封了起来，账上的存银都放在一处留待备查。而且把纪家几处皇上赏赐的宅子的看守人都换上了刑部的人暂时看管，只给纪家留下阅微草堂一处财物，让他们过活。

一时间，纪府被封而且还有刑部人员看管把守。

纪晓岚的处分还没有下来，内院竟然还着起火来，几个家丁见主人大势已去，担心自己的存银没了，就趁机要钱，厮打，辱骂，不但言语不敬主人，也不念平日里主仆之情。

上压下闹，没有几日，纪晓岚就被折腾得憔悴不堪，往日的诙谐多智再也没有了，一天天愁眉苦脸，只等着皇上下旨定罪。

然而，经过查实，纪晓岚并没有贪贿，和坤担心自己的努力白费，就又在乾隆面前煽风点火，添油加醋，说他自恃才高，卖弄学识，甚或出试题也暗含讥讽。

其实，这纯属欲加其罪，何患无辞。试题是皇上、纪晓岚一起出的，内容是：

恭则不侮

祝鲸的治宗庙

天子一位

子服尧之服

万乘之国

年已七十矣

出此试题这年，正是皇上圣寿六十五岁，不大不小是个整年，所以出"恭祝天子万年"，并无他意。和坤说"恭则不侮"是说皇上喜好媚臣，"年已七十矣"暗含讥刺，"天子一位"出的莫名其妙，也许是意会不同，甚或是鸡蛋里挑骨头。

和珅之所以搬弄是非，制造多种事端，是因为他明白，纪晓岚可不是好惹的。乾隆不但知之甚深，而且也是恩眷有加。同时，纪晓岚同傅恒有着几十年的交情，傅恒是孝贤皇后的哥哥，而且也是皇上的重臣、宠臣。如今虽惹怒了皇帝，可治纪晓岚的罪，还得看乾隆的心思，他是奈何不了的。

这些事与纪晓岚有关也好，无关也罢，关系大也好，关系小也罢，乾隆多多少少还是生气的。乾隆帝认为，纪晓岚与他不同心，玩小聪明耍小心眼，不是纯臣。皇上心知肚明，卢见曾转移财产，肯定是纪晓岚泄了密。有时候，纪晓岚玩点小心眼，皇上不但不生气，还非常高兴，但皇上是天子，不愿意让人把他当成傻瓜，若如此，皇上岂能容他？

虽然如此，但皇上还是通情达理、重感情、重人才之人，纪晓岚跟随他几十年，彼此朝夕相处，皇上知道他不擅权，也不植党营私，而且才高八斗，文笔无人能及。虽然言语偶有失检轻狂自傲，但是谋国不谋私，举大不务细，所以皇上很赏识他。现在虽然有了一点过错，也不足以杀之。因此，皇上给他个"军流"的惩处，发往乌鲁木齐军前效力，续功赎罪。

和珅本想治纪晓岚于死地，可因为皇上垂青，他未能如愿以偿，但纪晓岚被流放新疆，他还是很高兴。

纪晓岚来到新疆乌鲁木齐，兆惠、海兰察和济度三个将军知道他是被人陷害，所以特别照顾他，还以师相称。海兰察和兆惠取得黑水河大捷，纪晓岚就地处理善后事宜，以便立功赎罪。同时，他经常给将军们讲解《四书》，还有《圣武记》，在军中威望很高。

乾隆很欢喜，于是就宣旨赦纪晓岚回京任职。

对董浩：打闷棍使绊子泼脏水

不服从自己的人，对和珅来说就是自己的敌人，与自己势不两立的人，和珅就会千方百计地与之作斗争，栽赃陷害泼脏水，这是他最常用的伎俩。

这不是什么光明正大的事情，如果作为一个堂堂君子，应该使不出来，但和珅不是君子，那些君子的品德和性情，对于他来说，有与

没有都无所谓，并不重要。

君子与小人斗，往往君子败，就是这样一个道理，君子讲原则，而小人不讲原则。和珅就是小人，而与他对立的那些人多是君子，和珅与他们斗，就不讲原则，什么手段都使只要能赢他们就行。

和珅本着这样的原则，与他的那些敌人，那些正人君子之间展开了激烈的较量。和珅这一原则，在实施过程中，有的奏效，有的则根本就没起到一点作用，但和珅却没有感到灰心，斗争仍在进行着。

在军机处，大学士阿桂长年被遣在外，并无实权，实际在军机处的位置已被架空，剩下的便只有王杰和董浩两个可以与和珅抗衡。因此，和珅便十分的痛恨这两个人，总是找机会报复他们。对待这两位，和珅采取了不同的办法，对王杰多是采取戏谑，而对董浩则多是采取陷害。

董浩，字蔗林，浙江福阳人。他的父亲董邦达曾做过尚书。董浩在乾隆二十八年（1763 年）中进士，并以其家传的书画绝技和"奉职恪勤"，深得乾隆皇帝的赞赏。曾任庶吉士，内阁大学士，吏部、户部、刑部和工部侍郎，户部尚书，军机大臣，东阁大学士和《四库全书》副总裁，上书房总师傅，太子太师等职，并被加封为太子太保和太子太师。

董浩在军机处，先后共有四十年，对朝内事务极为熟悉。如果有人向他询问，他没有不知道的。在和珅独揽大权的时候，董浩更是小心翼翼地与和珅在暗中周旋。

和珅在戏谑王杰的时候，由于董浩在后面使了乱，用大烟枪把他的腿给烧了，从此和珅便总想着要报复董浩。

嘉庆元年（1792 年），嘉庆皇帝曾赋诗给他的老师朱珪，并打算请朱珪来到京城，参加内阁。这件事被吴省兰发现，便偷偷地先密报了和珅，和珅又跑到太上皇乾隆的旁边偷偷地说："嘉庆皇帝想示恩于他的师傅朱珪。"乾隆听后，十分生气，就命人把董浩叫来，气冲冲地对他说："你在刑部几十年，对刑法必然十分的清楚，像嘉庆皇帝这样的事，按大清律法是违背了哪一条，属于哪一款？"

董浩听后，心里猛地一惊，想道，这肯定是和珅想要陷害嘉庆皇上，千钧一发之际，幸亏太上皇叫的是我，如果叫了一个和珅的人，那么嘉庆皇帝是必死无疑了。

于是董浩跪倒在地上说：“太上皇请息怒，人发怒是由于心情激动，人太过于激动了就会把话说过头了，等到太上皇的怒火平息了，心平气和的时候，臣再向太上皇解释。若太上皇此刻心情这样激动，难以控制，臣不敢讲。”

太上皇静静地沉默了好一会儿，渐渐地平静下来了，对董浩说：“朕现在已经平静了，心如止水，你说吧！”董浩道：“朱珪给皇上做了五年的老师，他们彼此之间就有师生的关系，从感情上也必然会有老师与学生之间的感情。这样看来，在皇上的诗稿中就绝对没有什么不恰当的言语，皇上的身份特殊，而朱珪又是臣子，彼此间是君臣的关系。太上皇如果放下这层君臣关系，把皇上看作是一个普通人，得知能够与教授了他五年，朝夕相处了五年的老师见面了，抑制不住自己的喜悦之情，而作一首诗向自己的老师表示祝贺，这在情理之中也是很正常的事情。太上皇认为皇上有示恩于朱珪之意，那是因为太上皇认为皇上与朱珪之间只有君臣之间的关系，而没有师生之间的关系，君臣之间义是义，师生之义也是义，这两者是不能偏废的。皇上与太上皇之间既有君臣关系又有父子关系，皇上孝敬太上皇，体贴入微关心备至，这是人子之大伦也，如果只以君臣的关系来对待皇上和太上皇，那么太上皇则一定会怀疑皇上如此尽心尽力，诚心诚意，体贴服侍太上皇，是有所图，可事实上却并不是这么回事啊！”

乾隆帝听了董浩的话，也没有什么可反驳的，便说道：“你是朝中的元老重臣，希望你以后好好地辅佐皇帝，经常教导他，让他知仁、知义、知伦。”

所有在朝官员都为嘉庆皇帝和朱珪捏着一把汗，也为董浩担着一颗心，没想到董浩竟这样左比右比地把事情大事化小，小事化了，给解决了。董浩也给嘉庆解了困境，同时也巧妙地保护了自己，如果有个万一的话，还不知道和珅要怎样对付他呢。

对才者王杰：打不垮你恶心你

和珅掌权之后，一心想掌握整个军机处。可是军机处里有几个人却与他格格不入，比如军机首席阿桂、福康安、刘墉、纪晓岚、王杰、

董浩等人。

对福康安，和珅对其又打又拉，福康安也看清了这位新的政治权贵是乾隆身边的红人、宠臣，与其做对不仅没有好果子吃，反而会引乾隆爷生气。在官场上、战场上折腾了十几年，使福康安把现实看透了。和珅虽然不能上马杀敌驰骋疆场，但他却能在皇上身边搬弄是非，对这种人不能不防。福康安不是怕和珅，而是抱着多一事不如少一事的处世态度，与和珅井水不犯河水。

权臣阿桂，乃军机首辅。文治武功，在大清首屈一指，并且为人正直。他出身显贵，战绩、政绩均很卓著，办事认真，颇得人心。有这样的一个人站在和珅面前，和珅是不甘心的。他时时不忘打击迫害阿桂，一有机会就搞小动作。阿桂对于和珅的陷害、排挤并没有放在心上。他对和珅的骄横非常痛恨，对他十分鄙视。阿桂虽然贵为军机首席，对和珅这位与皇帝有着说不清道不明的关系的势利小人也没有任何办法。阿桂心里明白，只要乾隆帝健在，谁也奈何不了和珅。

军机处是大清帝国的权力核心，和珅进入军机处以后，只因为乾隆对他恩宠有加，他就想独自把持军机处以令天下。可是军机处还有王杰、董浩、刘墉、纪晓岚等正直之士。这些人对和珅不卑不亢，办事有自己的原则。对和珅来说，那是绝对的碍手碍脚。和珅把这些人视为眼中钉肉中刺，欲置其死地而后快。

别人对和珅也抱有惹不起躲得起的心态，这些人并不是害怕和珅，才学、资历也不在和珅之下，关键就是和珅是皇帝身边大红大紫的人物，皇上对和珅向来都是言听计从。这些人也弹劾过和珅，最终还是抓不住鱼弄了一手腥。曹锡宝的事件历历在目，谁都知道曹锡宝是冤枉的，可是在这个一人之天下又能做什么呢？和珅与乾隆穿一条裤子，朝夕相处形影不离，并且还是儿女亲家，关系特殊啊！

军机处遇到一些事情都事先开个小会，一般都是和珅主持。对于一些无关痛痒的问题别人都是睁一只眼闭一只眼，和珅说怎么办就怎么办。唯独有一个叫王杰的人，可不管什么和珅不和珅的，在一些事情上，同僚们能忍则忍能让则让，王杰则不然，他非要按原则办事，一点通融的余地也没有。

王杰性情耿直，说话办事从来不放弃原则，遇到皇帝老子也一样。

和珅经常做一些见不得人的勾当，往往被王杰一语揭穿，击中要害，弄得和珅常常很尴尬，时常没面子下不来台，因此也就对王杰恨之入骨。

除了乾隆，和珅不会把任何人放在眼里，更别说小小的王杰了。那么，王杰是何许人氏，又有什么背景呢？王杰，字伟人，陕西韩城人。拔贡出身。年少时家境贫寒，可是孝心可嘉，靠赚钱赡养老母，曾先后在两江总督尹继善、江苏巡抚陈宏谋处当过幕僚。由于王杰学识过人，乾隆二十六年（1761年）中进士，因为其机警干练，有过人才华，为人也正直，被人推荐给乾隆。

经过考核，王杰的学识、人品深博乾隆赏识和欢心，曾亲自赋诗以记其事。

得到乾隆的赏识，王杰的仕途同样一帆风顺。一生中曾任内阁学士、刑部侍郎、左都御史、兵部尚书、军机大臣、上书房总师傅、东阁大学士，并加封为太子太保。

王杰只知大清律法，只知自己为官原则，对红得发紫的和珅根本不屑一顾。和珅喜欢把所有人都征服于自己的脚下，背后有乾隆撑腰，更是拉开顺我者昌逆我者亡的架势，对王杰这些"不识时务者"是非要铲除不可的。

于是乎和珅便在乾隆面前大说王杰的坏话。乾隆虽然年迈，但也没昏聩到极点。作为一名出色的统治者，他知道如何管理手下这些臣子，对身边的臣子不说完全了解，但也八九不离十。和珅虽然精明干练，年富力强，但大清帝国靠他一个人还不行。武离不开阿桂、福康安，文离不开刘墉、纪晓岚、王杰、董浩。

乾隆也知道王杰等人与和珅不和，他也不希望臣子们团结成铁板一块，因为那样不利于他的统治。臣子们相互抵触，相互制约，这才是他想看到的。

乾隆也知道王杰的为人，别说对和珅，就是对皇上，王杰也是得理不饶人。但王杰这个人绝对没有私心，争，也是为国家争，为天下社稷争。乾隆也知道，和珅与王杰形同水火，但他还是愿意王杰在军机处。

乾隆非常喜欢王杰的英俊长相，又有学问，对他的忠直也持理解

的态度，也深知他为人正派，不会干出祸国殃民的事情，所以和坤的一贯伎俩在王杰身上失去了效力。

王杰办事中规中矩，而且小心谨慎，原则性也特别强，要想找出他工作中有任何纰漏是不可能的。和坤又急着挤走王杰，可是他又是技穷的黔驴，无计可施。

卑鄙之人总有卑鄙的手段，和坤见冷箭、暗枪在王杰身上统统失去效力，那么就厚颜寡耻地采取小人手段：挤不走你恶心你，用软刀子一下一下凌迟你，叫你待不下去。

每当王杰在军机处值班时，他除了应对皇上的呼唤以外，总喜欢一个人在军机房里默默地坐着。有一天，和坤到军机处，看见王杰一个人在那里静静地坐着，心里便想到：你处处要与我作对，今天，我就要戏弄戏弄你。

王杰个头不高，长得很瘦削，但却唇红齿白，面如桃花，且双手极为细腻白皙修长。和坤便悄悄地走过去，轻轻地拿起王杰的手来回抚摸着说："啧……啧……啧……啧……呀……这手真白啊……这手真细啊……这手真嫩啊……"一边说还一边摇头晃脑的。

王杰就那样任他摆布，既没说什么，也没有反抗。

和坤见王杰这样，心里极为得意，暗想到：我这样对你，看你能把我怎样？

王杰看他抚摸够了，也得意够了，便向和坤问道："这手真的好吗？"

和坤摇头晃脑地说道："好，真的好，真的好啊……"

王杰轻视地说："我这手再好，再白，再细，再嫩也比不上你的手，因为我这手再好也不会向别人要钱，再好也认不了干女儿。"

和坤听后，顿时像针刺了一样，也像被别人当头打了一闷棍，脸色突然也变了，随即又讪笑着说："王大人这手真是细白无比啊！"然后愤愤地走了。

首次和坤虽然失败了，偷鸡不成反蚀一把米，但是他还是觉得对付这个正直的人就得用这种卑鄙下流的手段，逐渐地让他感到军机处肮脏、恶心、恐惧。要想达到这个效果，一次两次是不行的，对王杰得打持久战，消耗战，总有一天他会受不了的。

和珅被王杰反唇相讥，侮辱了一番，心里就像被人狠狠地掐了一把，总觉得不是个滋味，总觉得不快活。和珅本来是不吸烟的，但第二天却拿来了一个大烟枪，又走进了王杰的值班室，往王杰面前一坐，猛吸几口，然后又走到王杰的身边，按住王杰的肩膀，把一口烟全部都吐到了他的脸上。

王杰十分的生气，怒道："和珅，你不得这样无礼。"

和珅不但不生气，反而还笑嘻嘻地说："王大人，你这小个头生起气来，火气还真不小，粉面含怒，凤眼注恨，咦，真是哭比笑还要好看几十倍呢……"

正说着，和珅便感到大腿有些发痛，低头一看，原来是烟枪烧破衣服了，竟灼痛了大腿。惊呼之余，便用手扑打，待抬头一看，却看见军机大臣董浩正站在自己的身后，心想肯定是他捣的乱，便怒道："你怎么在背地里戏弄人？"

董浩说道："我明明是看见你在戏弄别人，怎么又说是我在戏弄你呢？"

和珅说："你没有戏弄我，那为什么烟枪会烧到我自己的腿上？"

董浩道："烟枪明明是拿在你自己的手里，怎么烧的，你应该问问你自己才是，怎么会问到我的头上呢？我怎么会知道它为什么烧了你的大腿。"

和珅穿衣服是十分讲究的，也极为爱惜衣服，看见衣服烧了一个大洞，十分心疼，心里就十分恨董浩，但又无法发作，只得闷闷地走了。

王杰说道："和珅真是卑鄙无耻，总是想办法要把我赶出军机处，真是太可恶、太可恨了。"

董浩说："现在阿桂相爷不在，如果我们俩又走了，朝中便没有人能够反驳他了，那正称了他的心意，我们俩一定要顶住，不能走，虽然不能把他怎么样，但多少总还可以牵制他一些。"

王杰异常气愤，说道："像和珅这种卑劣可耻到极点的小人，真是让人无法想象。"

和珅本想戏弄王杰一下，出一口恶气，但却没想到被董浩给搅和了，心里恨那董浩，想找机会也收拾收拾他。

　　和坤认为这样做虽然能让王杰感到生气，但还不至于使其主动离开军机处。要想让王杰离开军机处，就得变本加厉，自己是水王杰是茶，泡他；自己是饼铛，王杰是饼，烙他。叫他一见和坤头就大就恶心，最后不得不离开军机处。

　　和坤想把福长安的小舅子谌露安排到粮道上去做事。在当时，阿桂被乾隆皇帝支出去长年在外，而军机处中，能够与和坤抗衡的就只有王杰和董浩两个人。恰逢这时候董浩也不在京中，当和坤提出这件事情的时候，王杰就死活也不同意，最后，竟闹到了皇上那里，结果和坤被乾隆训了一顿。

　　福长安的小舅子谌露，年纪轻，为人十分的狡猾，又没有什么本事，甚至连满语都说不好。王杰把这些都启奏皇上，皇上十分生气。

　　事后，和坤就对福长安说："也不知道皇上为了什么，对王杰那么好，他说什么都那么听。"

　　福长安道："难道是因为王杰在如处子，纤细如女儿？"

　　和坤笑道："要是真如你所说，我倒有一个办法可以治一治王杰。"

　　于是，就趴在福长安的耳朵边嘀咕了几句。福长安听后，二人哈哈大笑，一前一后地就走到了王杰的值班室。他们知道王杰每天都很晚才回去的，这时候，肯定还在值班室里。

　　福长安与和坤两人推开值班室的门，就觉得有一股热气迎面扑来，屋里炉子里的火烧得正旺，王杰把外衣脱了，正静静地坐在那里。见他们进来，忙问道："这么晚了，两位大人有什么事情？"

　　和坤说道："见你每天都这么晚了还伏案工作，十分的辛苦，特地来给你解解闷啊！"说着说着便一步步地蹭到了王杰的身边。

　　王杰看和坤那眼光色迷迷的，就知道肯定没有好事，就想往旁边退。这时福长安便走了过来，他哪里还能退得了。

　　和坤道："弟兄们开个小小的玩笑，也让你快活快活。"说完，就把王杰搂到了怀里，对着他的嘴唇就吮了几口。

　　王杰两只手拍打着和坤，挣扎着，和坤便把王杰的两只手紧紧地抓住说："我上次就说你的手白嫩、细腻，是一双好手，可是你不识好人心，你不知道我有多疼你，今天，我就让你好好地体会一下我疼你的心思。"

王杰听后，差一点没气昏过去。可那和珅哪里管他，强行把他的扣子解了，带子也解了，撩起衣襟，王杰的裤子便一下子脱落下来了。

此时，和珅更是欲火升腾，这是他盼望已久的事情，他不知道自己梦见过多少次和王杰快活，但总是没有快活成，总是在将要得逞的时候被人发现，被人打乱。今天这可不是梦，今天他终于要如愿以偿了……想着想着，和珅便要动作，突然屁股上碰着了一块火，和珅顿时大叫一声"哎哟"，那股兴奋劲儿便再也没有了。

福长安听到和珅的叫声，也忙从外面跑了进来，把和珅扶起来。王杰便趁着这个机会整理好衣服，出去了。和珅忙对福长安说："快帮我穿上衣服，快走……"福长安迅速地帮和珅穿好衣服，快步地走到自己的值班室里去。

王杰带着人来找时，连个影子也没有了。

王杰心里异常愤怒，但又没有办法告和珅，这种事情又怎么能往外说呢，这么荒谬至极。王杰只好告了假，气得躺在家里。

和珅像臭烘烘的狗皮膏药一样粘上了王杰，使王杰躲不胜躲防不胜防，对于和珅的卑鄙手段，让王杰实在有苦难言。在军机处，王杰感到压抑、郁闷，而和珅总是阴魂不散地与他纠缠。王杰已经意识到，如果这样下去，他迟早会崩溃的，他见到和珅就感到恶心，总想找机会杀了他。和珅自从这件事以后，更恨王杰，遇到什么事情总是排挤他。到后来，王杰实在是无法忍受了，便以有足疾为借口，退出了军机处，免去了上书房和礼部的事务。乾隆虽然一再挽留，但王杰去意已决，乾隆也只好作罢。

和珅用软刀子把王杰逼出了军机处，拔掉了自己的眼中钉，着实高兴了一阵，可是他怎么也没有想到，也正是这个王杰，嘉庆四年重新出山，审判了和珅，给和珅这篇臭名昭著的文章画上了终止符。

对义者钱沣：忍让在前，毒手在后

奸人立身处世以自我为中心，凡事都是为了满足自己的私欲，所以目光短浅，心胸狭窄，为人阴险狡诈，心地狠毒，对有损自己利益的人，必然会千方百计地置之于死地，而他人利益和国计民生的大事

则可置之脑后。和坤就是这样的人，属于奸人之列。

像和坤这样只求媚上邀宠，为饱一己私利，而置国民于水深火热之中于不顾，必然会遭到忠臣们的极力反对，同时也会受到一些同他一样只求媚上邀宠的奸人的威胁。因此，和坤为了一直得宠为了他自己一直揽权、揽财，他就必须得拉拢那些势力佞臣们为自己摇旗呐喊，大肆吹捧，使自己在皇上心中的地位不断巩固，不断提高。同时，他还要不断地打击和排挤那些正直之士，时时与他们做着斗争。

御史钱沣十分不齿和坤媚上压下的做人原则，也十分痛恨他不顾国运只顾官运的为官原则，所以对和坤的所作所为极不赞同。而和坤也因为钱沣的公正刚直，不屈服于自己，不愿做自己的私党而十分疾恨，总想找机会陷害打击他一下。于是两人之间就展开了一场激烈的较量。

钱沣出身贫困家庭，从小就养成不媚时俗不畏权贵的性格。他于乾隆三十六年（1771年）考中进士，步入仕途，曾任江南道监察御史、太常寺少卿、通政司副使、户部主事和湖广道监察御史等职。

钱沣为官清正廉洁，不媚上，不畏权，不贪钱，视名利如粪土，一心为国为民，是历史上为数不多的清官。

在钱沣任御史时，正是和坤得势猖獗之时。和坤的势力从朝堂发展到天下各个角落，无孔不入，无所不在。和坤也自以为是"一人之下万人之上"的"二皇帝"，一手遮天，无人敢与其抗衡。朝中许多人士在这种环境下，不得不避畏和坤。

钱沣根本不顾这一套，他相信邪不压正，他要与和坤斗到底。

乾隆四十七年（1782年）四月，钱沣上疏弹劾山东巡抚刘国泰、布政使于易简等人贪赃枉法、索贿舞弊等罪行。乾隆帝命尚书和坤和御使刘墉同钱沣一起赴鲁查办此事。

国泰的总后台是和坤，钱沣这是知道的。和坤贪赃枉法，徇私舞弊，这是人所共知的事情，但由于他是当今皇上面前的第一红人，又没有找到确凿的证据，因此谁也不敢指证他。国泰是和坤忠实的爪牙，如果一旦案发，那么弹劾和坤也是一个绝好的机会。

山东巡抚国泰是和坤安排在山东的搂钱耙子。国泰对和坤也特别忠诚，从他上任到现在，已经在山东地面上为和坤捞了七十万两银子。

国泰有和坤这个后台，在山东是为所欲为为所不为，简直就是山东地方的土皇帝，把山东搞得乌烟瘴气民怨沸腾。

钱沣弹劾国泰，和珅已令人通报，可惜山东太烂了，时间仓促，连粉饰都来不及。

来到山东，看事情发展的趋势，和珅便感到有些不好，对自己是极为不利的。他非常清楚，一旦国泰案发，自己会受怎样的牵连，因此，即使不为国泰，单为自己，也应尽力把这件事情压下，让他们查不出什么。

和珅想到了钱沣，这是一个极关键的人物。事情是由钱沣挑起的，如果最后能让他收场，查不出什么是最好的。因此他想起了"糖衣炮弹"，一般人都无法抗拒这一招。他不相信钱沣能有那么大的抗拒力和忍耐力。虽然和珅恨钱沣恨得牙都痒痒，扒其皮抽其筋喝其血似乎也不解他心中之恨，但为自己，为了自己的前途、官运、财运和色运，他可以把一切都暂时压下藏在心里，表面上装作若无其事的样子。

和珅虽然不可一世，但在正义与真理面前，他还是不敢公然挑衅的。虽然他的权高位显，但是此时对钱沣等人也只有忍一忍的份了。

和珅派人去请钱沣，钱沣来了以后，刚一进屋，和珅就拉着他的手说："你我虽同朝为官，感情又很好，但只因朝中事务极为繁忙，难得能够在一起聚一聚，今天却是一个非常好的难得的机会，所以我备了一桌酒菜，咱们俩好好来叙一叙。"说着，拉着钱沣就到了桌前。

桌子周围早已坐了几个女子，见他们过来了，便都纷纷站起来，在桌子对面跳起舞来。

这时候，一个绝色女子如一缕烟一样缥缥缈缈地就来到了钱沣面前，行了礼就坐在一边，为钱沣倒酒，夹菜。这女子满身的香气，禁不住让人神摇心旌。钱沣却无视她的存在，连看也不看一眼，也不说话，只是随和珅喝酒。

和珅面带微笑地说道："这个女子，乃是山东巡抚刘国泰专门送给钱大人的，不知你喜不喜欢？"

钱沣漫不经心地回答说："我一向视女人为一件衣服，穿一回就旧了。"

一听这话，和珅心里咯噔一下，真担心事与愿违，于是赶紧说："那新衣服岂不是好的？"

却不料钱沣又道："新衣服，我倒又嫌她太惹眼了。"

和珅听后，脸上闪过一丝尴尬的表情，但随即又消失了，忙道："喝酒，喝酒。"

过了一会儿，和珅又让人从屋里面抬出一个箱子来，打开箱子，从里面拿出一件裘衣来，说道："这件裘衣是用长白山獭狐所制，这种狐极为珍贵，生活在三千米以上的高峰。每三年一育，一胎只育一子。这种狐毛十分的奇怪，十分的珍贵，不仅厚密暖和，而且十分的柔软。拿这种毛扎人的眼睛，也没有一丁点儿的感觉，所以，国泰让我特地转交给你。"

哪知钱沣听后说道："下官一向贫寒拮据惯了，用不了这种珍奇异宝。相爷如果没有什么事情，那下官就先告辞了。"说完一抱拳竟真的走了。

和珅傻傻地，恨恨地坐在那里，他似乎在怀疑，世上难道还真有像钱沣这样对什么都不为所动的人吗？

这就是和珅的为人原则，该磕头时就磕头，不论对方是什么样的官职，什么样的身份，敌人还是朋友，只要他认为对自己有用，该磕就磕。

但是这一次他失败了。他的头磕的不是地方，钱沣不领他的情，他所做的一切都不像预料中的那样，一点作用也没有起，看来他只得见机行事了。

国泰始终也没能摆脱钱沣和刘墉的盘查，一切罪行都已暴露无遗，和珅也无力回天，他只能选择牺牲国泰，保全自己这一步棋子。

国泰是和珅一个重要的财源，将其正法和珅自然舍不得。可是，如果国泰狗急跳墙，向钱沣说出向自己行贿七十万两白银，而这些银子全在自己家的地窖里，事情败露，恐怕谁也救不了自己。于是，和珅一反常态，对国秦下了毒手，让钱沣等人无法从国泰身上抓住和珅任何把柄。

钱沣本想借此机会扳倒和珅，但由于事先和珅就已做好了两手准备，写了两份奏折交给苏凌阿。结果，国泰案发，苏凌阿就把奏折交给了皇上，和珅抢先了一步，钱沣由于没有证据，也就只好罢休了。

和珅本就与钱沣不和，经过这一件事情以后，对钱沣更是恨之入骨，总想找一个机会置钱沣于死地。

国泰一案虽然没有伤及和珅本人，但毕竟打死了一条为和珅叼送银两的忠实走狗。和珅是不甘心就这样败在小小钱沣手下的。

湖南巡抚浦霖，也是和珅的党羽，他听命于和珅的所有安排，是个十分忠实的奴仆。和珅多次想找机会陷害钱沣，但几次都没有得手，所以一直都怀恨在心。恰好湖南有一生员父亲病逝，但他却把这件事情瞒了下来，又参加了考试。这可是一个绝好的机会，湖南巡抚浦霖是自己的学生，肯定是让他怎样做就会怎样做，而钱沣又是湖广道监察御史。这一回可一定要让他背上这个黑锅，永远地扛着。

于是和珅就支使浦霖弹劾钱沣，说他对生员匿丧冒考之事置若罔闻。

那浦霖的巡抚一职本是和珅给的，深知有一点让和珅不高兴，他就有可能一无所有，而和珅的一句话，也很有可能让他连升三级，自己的命运都掌握在和珅的手里，和珅的话他能不听吗？所以乖乖地按着和珅说的做了。

可惜钱沣还闷在坛子里，什么也不知道，等到知道自己被弹劾的时候，由于有浦霖作证，他是百口莫辩，只得稀里糊涂地背了黑锅。不背怎么办？想不背也得背啊！结果受到了革职留任的处分。

钱沣明知这是和珅对他的打击报复，但他却没有屈服于和珅的淫威，相反的更加深了他的正义感，使他决心为国效忠，伸张正义，做个名副其实的好官。

由于和珅的专横跋扈，拉拢佞臣，打击忠臣，军机处就分成了以阿桂和和珅为首的一正一反的两大派，在任何事情上都会产生分歧，以致不能正常办公。看到这些，钱沣就在乾隆五十九年（1794 年）底向乾隆帝上了《请复军机旧规疏》。

钱沣不顾个人安危，挺身而出，把矛头直接指向了和珅。从表面上看这份奏折只是对军机大臣值庐地点提出了意见和建议，希望仍旧按以前的制度，所有的军机大臣都到军机处办公地点共同办公。但实际上则是钱沣针对和珅对军机处所做的改变，提出了自己的看法，涉及到了朝廷政权问题。但因为事情极为重大，钱沣并没有明言揭发和珅所犯的罪行，只是探探风而已。

第八章 和珅和他的对手们

由于这份奏折不仅指出了军机处存在的问题，同时还顾全了乾隆皇帝的情绪，由此被皇上赏识，于是就命钱沣稽查军机处。

这样，和珅对钱沣就更加恨之入骨，处处刁难压制钱沣，一会儿拿钱、美女贿赂，一会儿又用权力威胁，不时地找机会报复。但钱沣并没有就这样屈服于和珅，他仍旧是勇敢地搜集和珅的犯罪资料，等待着时机成熟。倒是和珅见钱沣软硬不吃，只得一忍再忍。

但不幸的是，就在这时，钱沣却病倒了。

钱沣病倒了，和珅比谁都高兴，自从钱沣给皇上写了那份奏折，他和珅的日子就没好过了，天天提心吊胆地防着钱沣来查自己，做事小心翼翼，瞻前顾后，生怕一不小心就有把柄落到钱沣手里，怕自己栽了。虽然也费尽心机想法子压他，但总也没能把他怎样，反倒让他做起事来比以前更来劲儿。

"邪不压正"，和珅是深深知道这个道理的，自己是邪，钱沣是正，纵然自己使出浑身解数也压不倒钱沣。和珅非常清楚自己这些年都做了什么事情，仗着皇帝的宠爱，目无王法，大肆贪污受贿，制造冤假错案，徇私舞弊，而且还娶了皇上遣出宫的宫女为妾……这些，无论是哪一条，只要是被人抓住证据，那就都是杀头的死罪。而人家钱沣呢，清清白白，堂堂正正，自己根本就找不出他犯有什么罪。因此，自己只能小心行事，小心维护，决不能让钱沣抓到一点证据。好在现在钱沣病倒了，无论怎样说，可以松一口气了，歇一歇了，但是……和珅又想到，如果几天以后，钱沣病好了，那么他不是还要查自己，自己不是还要提心吊胆？

突然一个罪恶的念头在和珅脑海里闪过：干掉钱沣，反正他病得也不是很轻，别人也怀疑不到他身上。况且，钱沣没了，他就少了一个敌人，他就可以腾出更多的精力来对付其他的敌人。对，就这样做。

和珅下定了决心，喊来了家人刘全。

刘全来了以后，和珅就对他说："钱沣病了，这对咱们来说可是一个千载难逢的好机会，千万不能错过。你叫几个太医来，最好是给钱沣看过病的，商酌一个药方子，我也给他送些药去。"

刘全听后，不禁十分疑惑地说道："相爷，如果皇上赐药，钱沣肯定能吃，可您平日里和他就是冤家死对头，您送药，他能吃吗？"

和珅笑着说："明天，我还要把这件事告诉阿桂，军机处也要给钱沣送药，大家都送，他一定会吃的。"

刘全看着和珅发愣，不知道他葫芦里卖的是什么药。

突然和珅又说了一句："明天上午你把送药的太监给我叫来，最好的办法，还是要在御赐的药里做文章，你知道吗？"

刘全听后愣了半天，才猛地打了一个激灵说道："知道。"声音大得连他自己都吓了一跳。

第二天，刘全真的把那个送药的太监给和珅找来了。

和珅打发刘全走了，便把那个太监领到一间屋子里，塞给了他一个硬硬的布包，那里面装满了银子，然后又叮嘱他几句，那太监便点头哈腰地说："相爷您放心，我办事，肯定不会办错的，如果有什么闪失，您要我小命。"

和珅摆摆手，那人便退出去了。

没过几天，钱沣就死了，死时是乾隆六十年（1795 年）九月十八日，终年五十五岁。

钱沣与和珅势不两力，他已经收集了不少的资料，下决心想扳倒和珅。但遗憾的是，他还没来得及上奏皇上，就走了。

钱沣的死，着实让和珅松了一口气，也出了一口恶气，让他有一种如释重负的感觉，他以后就可以不用提防着钱沣了，他又为自己升官发财的道路上铲除了一个障碍。

这也是和珅的一个做人的原则：该出手时就出手，出手要狠、稳、准，还要一招致命。钱沣已成为他往上爬的道路上一块比较大的绊脚石，如果他不及时踢开的话，很可能就会被绊倒，并且永远也爬不起来。但就和珅个人来讲，他是不允许自己被绊倒的，这样，他就只能选择去踢开石头，怎么踢，他是不择手段的，无论多么残忍多么狠毒，他都不会介意。过程怎样无所谓，最重要的是结果，一定要把石头踢走。于是，他不惜使用最狠毒的一招，置钱沣于死地，让他去得不明不白。

第九章

疯狂敛财

在中国封建社会里，每当一个封建王朝创立之始，往往把注意力集中在着手恢复社会经济与稳定社会秩序上，因此生产得到恢复和发展，社会财富也在不断增加。但是当这个新王朝一走向中、晚期，接踵而来的便是营私舞弊、贪污行贿之风大作，贪官污吏应运而生。他们凭借着手中掌握的权力，巧取豪夺，鲸吞社会财富，过着灯红酒绿、纸醉金迷的腐朽生活。

清朝统治者一开始就规定各级官员的薪俸较低，例如，一个知县（七品）每年的俸禄只有白银四十五两，就是总督、巡抚等封疆大吏年俸也不过一百五十五两至一百八十两左右。因此许多官员每年一般除去必要的生活开支外，就所剩无几了。甚至有的人刚走上仕途的最初几年，还要自己出钱补贴。而且地方官员的许多办公费用与聘请幕僚的开支，都要由自己承担，朝廷很少给予补贴，这就进一步助长了上级官员对属下的苛取与勒索，以及州县官吏对百姓的私征和加派，以致贪污索贿之事层出不穷。

乾隆统治时期，特别是在乾隆中晚期，吏治败坏，官吏们贪腐成风，大案、要案层出不穷，日甚一日，一桩接着一桩，例如，湖北、福建、浙江、甘肃、山东等省的督抚陈辉祖、杨景素、常舒、特成额、富勒浑、雅德、勒尔谨、王亶望、国泰、于易简等的贪污案先后暴露，乾隆帝也曾下狠心杀了几个，对吏治进行了"整肃"，但是并没有把这个贪污网的总根子刨出来，看来他也不想把这个总根子彻底铲除。因为这个总根子不是别人，正是他所依靠的股肱之臣——和珅。长期以来，乾隆帝只是把眼睛对准了地方官吏，而对整天伴随在他身边的和珅则不闻不问，或存心包庇，听任其隐瞒。

以和珅为中心的贪污网的形成，不是偶然的。首先乾隆帝给了和珅掌管国家财政与用人的大权。其次，因为乾隆帝本人挥霍无度，讲究排场，穷奢极欲，需要大量钱财。而这笔钱他又不愿意从国库或内务府银库开支，于是便向和珅要，让他想办法。和珅也就投其所好，源源不断地供给他大量钱财供其挥霍，而这些钱财又都是和珅想办法筹集来的。因此，乾隆帝对和珅善于理财非常满意，宠信倍加。其实和珅也绝不会掏自己的腰包，并且他还要借此机会大捞一把，他频频向地方督抚们层层摊派、索要，当然，那些趋炎附势的贪官们也无不乐于向其多做贡献。他们知道有和珅作后台，也是他们发家致富的极好机会，于是贪赃枉法的贼胆更大了。他们不顾百姓的死活，一个比一个贪得无厌，拼命地向百姓搜刮财富。除了中饱私囊外，他们还要细心揣摩，迎合皇上的喜好与需要，必须及时献上各种珍奇异物和稀世之宝，而且同时还要把大量金钱呈献给皇上的代理人和珅，于是和珅家的金银库存也就与日俱增。地方大吏贪赃枉法、欺民害政的办法很多，著名学者洪亮吉就曾指出：他们"出巡则有站规、门包，常时则有节礼、生日礼，按年则有帮费。升迁调补之私相馈谢者，尚未在此数也。以上诸项，无不取之于州县，州县则无不取之于民。钱粮漕米，前数年尚不过加倍，近者加倍不止。督、抚、藩（即布政使）、臬（即按察使）以及所属之道、府，无不明知故纵，否则门包、站规、节礼、生日礼、帮费无所出也。州县明言于人曰：'我之所以加倍、加数倍者，实属衙门用度，日甚一日，年甚一年。'究之州县，亦恃督、抚、藩、臬之威势以取于民，上司得其半，州县之人己者亦半。初行尚有畏忌，至一年、二年，则成为旧例，牢不可破矣"。从这里就可以看出官吏贪污的主要原因之一，就是官员们要层层贡献，最后获利最多者乃乾隆帝与和珅也。因此他们是贪官污吏与社会腐败的总根子，是贪污网的核心。

乾隆中期以后，贪污大案层出不穷。尽管乾隆帝也严惩了几个不法贪官，但那只是暂时起点作用，犹如隔靴搔痒，不能解决根本问题。反而使贪官们的贪污手段更加隐蔽，贪污的数额越来越大，牵扯的人数越来越多，并且贪污案件越来越与中央的掌权者和珅有直接联系。清朝从入关前后开始，许多勋贵、大臣都是先抄别人家，治人贪污罪，

从而发家致富，然后又被别人所治、所抄，这几乎成了一条规律。这种现象成为清朝最高统治集团上层社会政争胜败与权力交替的明显特征。

为了探讨乾隆中期以后官吏贪赃枉法的一般特征，我们不妨在不计其数的贪污案中，选几例具有代表性的大案，略加叙述。从乾隆三十七年（1772年）起至嘉庆初年，揭发出来的贪污案，主要有广西巡抚钱度，四川总督阿尔泰，两广与云贵总督李侍尧，陕甘总督勒尔谨，原甘肃布政使，浙江巡抚王亶望、陈辉祖、福崧、琅玕，浙江布政使鄂勒舜（即鄂敏），山东巡抚国泰、布政使于易简，江西巡抚郝硕、布政使郑源，直隶总督杨景素，江南河道总督周学健，两广总督与闽浙总督富勒浑，福建巡抚伍拉纳与福建巡抚浦霖，云贵总督鄂辉、恒文、富纲，陕西巡抚秦承恩，原湖广总督、陕西巡抚、河南巡抚毕沅等。其中有些贪污案已在有关章节叙述了，这里不再重复，其余也只简述几例。

（1）陈辉祖案：陈辉祖，湖南初阳人，两广总督陈大受之子。以荫生授户部员外郎，后迁郎中。不久又擢为河南陈州知府、闽浙总督，兼任浙江巡抚。他曾经参加审理王亶望案，并参加了籍没王亶望家产等事。在查抄王亶望家产时，他借工作之便，进行"抽换挪掩"，私自侵吞了王家的金银宝物、器皿、书画，被浙江布政使盛柱告发，终于查出了他贪污的真实情况。再加上其弟陈严祖曾在甘肃当过知县，是亶望贪污案中的一个成员，最后两兄弟均被处死。

（2）郑源案：郑源祖籍直隶丰润县，曾任户部主事，后擢升为湖南布政使，他平日生活奢华，自己私养"戏班子"，官署内仅家属就有近三百人，全靠他生活。郑源除了侵吞库存八万两白银外，为了满足无度的挥霍，他千方百计地向各州县官吏逼索，于是州县官吏又敲骨吸髓，残酷地向百姓搜刮，弄得湖南百姓妻离子散，家破人亡，怨声载道。在这种情况下，郑源贪赃枉法的真相才被揭露出来。案发后郑被判处死刑，立即斩首。

（3）郝硕案：郝硕为汉军镶黄旗人，两江总督郝玉麟之子。早年曾在军机处行走，后累迁郎中、山东登莱青道台、江西巡抚等职。就在他任江西巡抚不久，即公开向州县官吏勒索钱财。例如，他曾以要进京觐见皇帝，没有"行李"与"旅费"为名，向属下官员索要。乾隆四十九年（1784年），两江总督萨载发现此事后，上奏弹劾，郝硕被逮至京问罪。乾隆帝对此曾说："郝硕罪同国泰，国泰小有才，地方事尚知料理。郝硕尝朝行在，问以地方事，不知所对。不意复贪婪若是！且郝硕托辞求贿，正国泰事败时，乃明知故蹈，无复忌惮。"最后乾隆帝判处他仿国泰之例，赐自尽。

（4）钱度案：钱度字希裴，江南武进（今江苏常州市武进县）人。乾隆元年（1736年）进士。曾任户部主事、广西道监察御史、安徽徽州知府、云南布政使、广东巡抚、广西巡抚等职。乾隆三十七年（1772年）开始监管云南铜厂事宜。在此期间他利用克扣铜本平余，并勒索属吏等方法，贪污中饱，然后把得到的钱财购买金玉等器物，或把银两偷偷地运回原籍。有一次，他竟令仆人从云南携白银三万余两，运回到家乡武进，并写信告诉其子钱酆修建夹壁墙，存放金银贵重物品。被人弹劾后，乾隆帝命令两江总督高晋抄了钱度家，仅窖藏白银就达两万七千余两，后又查出寄存别处黄金两万两。最后被判处死刑，缓期执行。

（5）伍拉纳、浦霖案：伍拉纳，觉罗（即清宗室）出身，满洲正黄旗人。初任户部笔帖式，乾隆四十年（1775年）擢升为户部主事，后累迁张家口同知、知府、河南巡抚、福建布政使、闽浙总督等职。浦霖，浙江省嘉善县人，乾隆三十一年（1766年）进士，曾任湖南巡抚等官后迁官福建巡抚。他们二人狼狈为奸，趁着镇压天地会等秘密结社起事以及福建漳州、泉州一带水灾的机会，大肆贪黩，婪索下属州县官吏，造成各州县库银亏空，百姓生活困苦。被人弹劾，经新任闽浙总督长麟与福建巡抚魁伦等严讯，发现伍拉纳接受盐商贿赂十五万两白银；浦霖受贿两万两白银。同时还揭发出伍拉纳的部下，福建按察使钱受椿等人，借地方械斗，收取贿赂，滥杀无辜，只有缴钱才肯销案等罪行。最后伍拉纳被抄家，抄出白银四十余万两，如意一百余柄，胡椒八百余斛。查抄浦霖家得到窖藏黄金七百两，白银二十八万两，田产、房屋折价六万余两。最后伍拉纳、浦霖均被处死。与此案有牵连的地方官伊撒布、钱受椿，以及福建省各州县银库中凡亏空帑银一万两以上者，全部处以死刑。

第九章 疯狂敛财

（6）富勒浑案：富勒浑，姓章佳氏，满洲人。举人出身。曾任内阁中书、户部郎中、山东按察使、浙江布政使、浙江巡抚、湖广总督、四川总督、河南巡抚、闽浙总督和两广总督等职。他长期受到乾隆帝重用，滋长了骄娇二气，生活奢靡、腐化。为了满足自己的私欲，营私舞弊，贪污中饱，受贿索贿，侵吞了大量钱财。就连他的两个管家殷士俊、李世荣也仗着他的淫威到处招摇，任意勒索州县地方官吏，从而发家致富。例如，乾隆五十年（1785 年），富勒浑由闽浙总督迁任两广总督，他的管家殷士俊跟随同往，路过泉州，泉州知府郑一桂曾馈赠给殷士俊金叶五十两；同年，富勒浑的另一个管家李世荣在从福建去广东的途中，也曾向沿途的州县官吏索取几十两乃至数百两不等的金钱，结果共攫取白银一千八百余两。值得注意的是这两起"馈送"、婪索的事件都发生在富勒浑离任之时，而他原来管辖的福建省的地方官员对其家仆尚且心甘情愿地贡献，可想而知，在富勒浑在任之时，贪赃枉法的事一定不少。

富勒浑在乾隆五十年（1785 年）调任两广总督后，兼管海关事务。当时粤海关监督穆腾额到京师觐见乾隆皇帝。富勒浑趁机向和珅通挪银两，点派广东各口岸书吏摊缴白银两万余两。后来当他得知殷士俊索受郑一桂金叶五十两一事败露后，才匆忙交出吞占的银两。实属"先吞后吐"。接着又发现他在任闽浙总督时，仅浙江省的仓库钱粮就亏空了一百三十四万两。同时，福建省的仓库也多半亏空。尽管如此，富勒浑的贪污案也实属一般，本来用不着大动干戈。可是和珅为了使他老老实实地归顺自己，便故意在乾隆帝面前把这起贪污案说得十分严重，以激皇上动怒，严办富勒浑。同时，和珅还给此案的主办人阿桂与福建巡抚雅德扣上包庇富勒浑的罪名。因为阿桂和富勒浑有亲戚关系，雅德原为富勒浑的下属，他们二人都曾赞赏过富勒浑，说他平日"操守谨饬"，"为官清廉"。和珅认为他这一举动可以一箭双雕，既打了富勒浑，又打了阿桂。当乾隆帝真要治富勒浑重罪时，和珅又向乾隆帝建议：不如先把富勒浑调回京师，慢慢审查，以不致骤然掀起大狱，使人心不稳……其实就是想把大事化小，待乾隆帝怒气消去时，再回护富勒浑。和珅原意是既叫富勒浑受到惩处，但又不要处以重刑，通过一打一拉，从而使富勒浑感恩戴德，俯首帖耳地成为自己的党羽。

本来阿桂处理此案是秉公办事，并无包庇之意，乾隆五十一年（1786 年），经他审理后判富勒浑为斩决，下刑部狱。次年，经和珅活动后释放回家。乾隆五十三年（1788 年），又查出他在闽浙总督任内对台湾总兵柴大纪贪劣罪行失察，重新入刑部狱，论绞。但没有多久又被释放。次年，乾隆帝又以他在任内"废弛玩误"，将他发配到新疆伊犁。乾隆五十五年（1790 年），又释放回京。嘉庆元年（1796 年），又被充军热河，不久释放回家。富勒浑经过这几抓几放元气大伤，只好由人摆布了，这次回家后没多久，便一命呜呼了。

通过以上数例贪污大案的处理，不难看出乾隆中期以后，社会上贪污行贿之风已经相当普遍，差不多成了公开或半公开的事情。而且许多贪污案件或直接，或间接多与和珅有牵连，从这个意义上说，和珅就是其总根子。这正如清朝学者章学诚所指出的，和珅当政时期，"上下相蒙，惟事娄赃渎货，始如蚕食，渐至鲸吞。……一时不能偿办，率由番库代支，州县徐刮民财归款"。这就是说，每当他们贪污的银两不够数，就先由库存代支，然后再由各州县官员慢慢搜刮百姓钱财，一点一点补上。而乾隆帝就是和珅的后台，他的许多做法，实际上是自觉不自觉地支持了和珅的贪纵。

此外，和珅还掌握着各省地方官员向皇上进贡特产与其他礼物收退与否的大权。嘉庆帝就曾指出："只因和珅揽权纳贿，凡遇外省督抚等呈进物件，准递与否必先向和珅关白，伊即擅自准驳明示有权。而督抚等所进贡物，在皇考不过赏收一二件，其余尽入和珅私宅。"这就是说，大量珍珠宝玉、古玩字画都被和珅独吞了，因此他家才有朝珠、挂珠二百余串；甚至有颗大宝珠竟超过了皇帝御用之物。这主要是因为和珅经常利用进宫的机会，把他看上眼的物件，顺手牵羊拿回家中，天长日久，和珅家的珍珠宝物甚至比起皇家收藏还要好，还要多。例如，曾任两广总督的孙士毅从越南归来，带回一个稀世珍宝，即用一颗大如雀卵的宝石雕琢成的鼻烟壶。他准备献给乾隆帝。一日，他正在皇宫门外等候上朝，正好与和珅相遇。和珅见孙手持一物，便问道："公所持何物？"孙答道："此乃一鼻烟壶耳。"和珅顺手拿过来一看，不觉一阵惊奇，赞不绝口道："以此相惠可乎？"孙士毅一时感到很为

难，吞吞吐吐地说："昨天我已经向皇上奏报，一会就要进献给圣上了，怎么办好呢？"这时和坤冷笑说："跟你开个玩笑而已，你何必这么小气呀！"过了几天后，两人又在等待上朝的时候相遇，和坤对孙士毅说："昨天本人也得到一个鼻烟壶，不知与公进贡的鼻烟壶哪个好？"说着便拿给孙士毅看。当孙拿到面前一看，知道这就是他进贡的那个鼻烟壶，他还以为这是乾隆帝赏给和坤的呢。可是一打听并无此事，才知道这是和坤利用随便进宫之便，顺便偷走的。乾隆帝对此，常常是睁一只眼，闭一只眼，并不深究。

此外，和坤聪明能干，办事精明，还表现在他敛财有术，生财有道方面。和坤敛财的方法和途径主要有以下几种：

1. 索要贿赂

行贿受贿历来是古代官场中畅通无阻的通行证。像和坤这样的宠臣，手眼通天，向他行贿的人多得不可胜数，而和坤也毫不手软，经常直接向大大小小的官员索要贿赂。

和坤总是陪伴在乾隆身旁，御驾所经之处，即是他向各地官员勒索钱财的大好时机。乾隆四十五年，皇上第五次南巡，沿途经过直隶、山东、浙江等省。一路上，和坤横加勒索，把竹杠敲得梆梆响。御驾行经扬州，乾隆见扬州街景繁华，民生富足，心中大喜，重重赏赐了扬州当地的官员，并赐宴众盐商，因为扬州行宫是盐商们捐银建造的。宴罢和坤将两淮盐政征瑞叫到面前，向他提起了一桩旧案，是乾隆三十三年时的事情。原来自乾隆十一年至三十二年，两淮预先提取盐行四百九十余万两，共得合银一千余万两，然而，历界的盐政将这笔资财均未奏请充公。后来，于乾隆三十三年案发，两淮盐政及各地与此牵连的官吏都受到了严惩，可是接任的盐政，仍然寻找种种借口上缴极少，直到乾隆四十四年的十几年间，总共偿还国库只有六百余万两，仍欠内务府五百多万两。当年和坤就是见两淮盐政是个获利颇丰的职位，才以前任盐政征缴不力为由，将前任两淮盐政弹劾罢官，安排上了向他行贿的征瑞。此次，和坤陪同乾隆南巡，亲临扬州，见此地如此繁华，盐商众多，生活奢靡，不禁开始觉得平日征瑞给自己的进献有些寒酸了，心中颇为不满，于是便借机向他提起旧事，再敲他一笔竹杠。和珅说完旧事，不阴不阳地说道："你也应该想清楚，你所欠的一千多万两银子，还了多少？是谁帮你减免的？你到底从中收了多少银子，你清楚我也清楚，皇上若问起这件事来，定会勃然大怒，我可不一定能保你了。"征瑞如何不懂，他的两淮盐政职位本来就是靠着和珅才得来的，倘若和珅变脸，自己的发财梦也就破灭了，那源源不断的银两只能眼睁睁看着流入别人的腰包。

征瑞只能唯唯诺诺地不住点头："小的每年向上交纳十万两，其他的节日也断断不曾少过，希望大人能体谅下官的难处，小人这就回去筹措银两，请大人尽管放心。"

和珅见征瑞明白了自己的用意，而且表现的如此老实，就放缓了口气说道："其实，你也不必过于紧张，你若实在还不上内务府的银两，皇上还能逼你跳江不成。皇上此次南巡，你接应周全，使得龙颜大悦，比前几次都要高兴，对你不也是大加赞赏吗？这不是，还赏赐你顶戴花翎。"征瑞这才稍稍平静下来，叫来了心腹盐商，筹措银两，又给和珅送去了十万雪花银。然而即便如此，征瑞的两淮盐政的肥缺不久还是被和珅"赐"给了扬州盐商汪如龙，原因是汪如龙给他送去的是白银二十万两。征瑞被无端免官，心中不平，等到他得知内情之后，却也无话可说了，只好悻悻地离去，后悔不迭。

在和珅眼里接受属下的贿赂是理所当然的事情，替人办事天经地义地要拿报酬，只是和珅在收取贿赂的同时，还勒索敲诈，即使是朝廷大员的东西只要他看中了，也会毫不客气地当面索要。

和珅贪得无厌，在朝中飞扬跋扈，四处勒索，成为他万贯家资的一个重要来源。

2. 卖"人情"

人情也是财富。朝堂是封建时代社会最大的利益和信息的发布中心，身处其间，如果使用手中的权力，垄断和传递朝廷的各类信息，足可使人一夜暴富。

在朝为官，重要的是能消息灵通，尤其是职位较低不能接近权力

第九章　疯狂敛财

核心的官员，能否从大官口中得到瞬息万变的内部信息，决定着他们的前途和命运。为了这些信息，总有人不惜花费巨额财富打通关节，所以历史上才多见官员巴结、勾结宦官之类的人物，为的就是能从皇帝身边的人口中得到朝廷上一点一滴的风吹草动，好见机行事。和坤的地位无疑也是追逐者的首选目标，和坤凭朝廷的"内部消息"就可以大发其财，每次"人情"的代价，积累起来就可使他成为"百万富翁"。

乾隆在五次南巡之后，虽经众大臣以皇上南巡劳民伤财，各省督抚趁随皇上出巡，勒索属员，百姓疲惫不堪等理由劝阻，他还是一意孤行地开始了第六次南巡的准备。就在这时，远在扬州的两淮盐政汪如龙收到了和坤的快马秘信，和坤随信寄去了"香妃"的画像，告诉汪如龙可以按图形中的样子为皇上找寻美女，如若办成这件事，定会有好处。原来，乾隆后宫中原有一名贵妃，深得乾隆喜爱，被封为容妃，因她不仅天生丽质，美貌绝伦，而且天生体内有异香，所以人称"香妃"。当年回疆的和卓一部向清廷称臣纳贡，向乾隆进献美女，容妃就是回疆进献来的美女。后来回疆突变，大小和卓部起兵叛乱，乾隆派出大军镇压，虽然这些事情起初都瞒着容妃，后来还是被她知道了，当下迁怒乾隆，怪罪起皇上来。乾隆也因她是叛邦之女，不好厚施恩宠，心中尽管不舍，可还是不得不日渐疏远，在中南海的瀛台之南建造了一座楼，名为宝月楼，并亲笔撰写了《宝月楼记》。记中写道："楼之义无穷，独名之曰宝月者，池与月适当其前，抑有肖乎广寒之庭也。"将宝月楼比做月宫，那楼中的容妃，岂不就是幽居广寒宫的嫦娥了吗，不舍之情，人人可见。和坤正是感觉到了这一点，才命汪如龙寻遍江南，一定要找出一个形容酷似容妃的女子，以解皇上的忧烦。

这条消息对汪如龙来说，不啻天降福星，他一直欲寻找点什么来博取皇上欢心，却一直未得其门而入，正苦于无计可施，和坤秘信的到来无异于给他打开了通往财富和权力之路的大门。乾隆南巡驾临扬州，果然对汪如龙找到的这个女子非常珍爱，从她那里，年迈的乾隆回想起已飘零远逝的青春，感到很久未有的温暖和幸福。汪如龙因进献有功被乾隆大加赞赏，官职立刻提升。而和坤自己也从中得到了不少好处。汪如龙因这条消息送给和珅二十万两白银，乾隆对和珅也陡然平添了知己之感，更加信任和珅了。

3. 近水楼台先得月

和珅为军机大臣，又身兼京城崇文门税务监督，担任兵部尚书，外加管理户部三库的肥缺，他谋得户部管理大臣（位在尚书之上）的职位，又兼翰林院掌院学士直接包办科举考试，这些职位给他开通了滚滚财源。

税务官员历来是最易于招财进宝的肥缺，和珅对崇文门税关的控制十分严格。崇文门税关街门设在今崇文门上三条至四条胡同之间，早在明朝时，北京城内的内城九道城门都设有关卡向来往进出的百姓、官员收取苛税。至清朝，才去掉了其他各门的收税关卡，统一在崇文门征税。税关设正副监督各一人，一般由内务府包衣出身的官员担任，因为乾隆也深知这一职位是一个名副其实的肥缺，就把它赐给了和珅。在清人陈康祺的笔记《郎潜纪闻》中，这样说崇文门税关"天下榷税之关，以京城崇文门胥吏为最侈且暴"，"虽言官属劾，谕旨屡戒而积习如故也"。所有往来的商旅、官员甚至连进京应试的士子一律都要收税。"凡外吏入都，官职愈尊，则需索愈重，大臣展觐，亦从无与较者，吴江陆中丞以山东布政使陛见，官吏所索过奢，公实不能与，乃置衣被于外，携一仆前行曰：'我有身耳，何税为?'既入，从故人借衾褥，事竣还之而去。"可见崇文门税关取索之严，外地进京的官员，职位越高收取的税金也越高。出身吴江的山东布政使陆中丞由山东任上进京朝见皇帝，到崇文门税关时却拿不出关吏索取的高额的税金，无奈之下，只好把自己的衣服被褥都放在城外，只带一名侍从，两手空空地进城。他对守门的吏卒说："我只是孤身一人，并没有什么东西，凭什么要收我的税。"这样才得以进城面君，进城之后，不得不向别人借被褥用。连布政使这样的官员都被关吏弄得如此窘迫，一般的百姓商人的境遇也就可想而知了。按税务规定，凡小商贩携带的箕筐、扫帚、鞋袜、米面、布匹、菜蔬、瓜果、食物等物可以免税进城，可是实际上，一样还是难以逃脱。另外，崇文门税关除了有每年高达十

七万两的税务收入以外，还承担着其他一些任务，如代替宫廷变卖被抄没的王公大臣等人的家奴和财产，仅这一项事务中的得益，就远远超过了每年的税务定额。这样一个名副其实的肥缺，和珅讨了来，亲自把持多年，他的获利可想而知。就连他的管家刘全，因为代替和珅实际掌握崇文门的税收等实际事务，也得益匪浅，几年下来，刘全家中盖起了远远超出管家身份的豪宅，出入的车马，以及吃拿用度也变得豪奢无度。御史曹锡宝看在眼中，向乾隆弹劾了他，乾隆竟说刘全掌握税务，有点积蓄也是人之常情。后来，和珅因受人参奏被夺去了税务总监一职，乾隆立即又把这一职位赏赐给和珅的儿子丰绅殷德。可见乾隆也十分看重这一职位，不愿从和珅手中把这一财路断掉。

除了崇文门之外，和珅还掌管着内务府的粮库、绸缎库和颜料库，以及内务府、圆明园茶膳房、选办处、上马四院、太医院、御药房等与财政有关的部门，这就意味着他掌管着国家的经济命脉。同时，他还负责各种内宫所用物品的制造，宫殿园林的建造和维修。实际上，和珅虽然不曾担任工部的职务，却把工部的职权也收到自己手中，这样一来，他就把整个国家的财政大权都由自己控制掌握。

在文化事业上，和珅出任翰林院掌院学士，又严密地控制了科举考试，即使他本人不做考官，他的学生亲信也必会把持这一重要的职位。所以，考试舞弊的现象，天下共知。封建时代，科举被视为所有读书人的最终目标，读书人一生的价值全都系在"金榜题名"之上，正所谓"受得十年寒窗苦，一举扬名天下知"。于是，科场舞弊层出不穷。考生舞弊有很多种方式，挟带小条、雇佣枪手提刀代笔等等，这些只与考生本人有关，如果被发现，就会当即取消考试资格，赶出考场，严加治罪；另外，如果考官明知考生作弊却密而不报，则考官也逃脱不了干系。科举考试至宋朝以来就实行了誊录、糊名等手段来防止作弊，考官看到的只是由下人誊录后的副本，既看不到考生的名字也看不出笔迹，所以，一般的办法是考生贿赂好考官，双方约定在考卷的第几段第几行第几个字用某一个固定的字，这被称为"关节"。

和珅一般亲自把持由皇上主持的殿试，殿试时，皇上会出题考举子，然后由皇上阅卷，这种时候，和珅的作用就十分明显了。殿试考生众多，乾隆往往一时难以抉择，必然会征求和珅的意见，和珅就按照考生向他行贿银两多少，花言巧语编排一番，对此，乾隆多半会言听计从，行贿数额巨大的考生轻而易举就可以入仕为官了，而刚正不阿的人也会因此名落孙山。据史书记载，沈泽年的祖父本来在丁未（乾隆五十二年，1787 年）科举春闱中，已经进入了殿试，并且名列前十名之中。和珅有意拉拢他依附自己，让人叫他到家中叙谈一下，不料沈坚拒不从，不理会和珅，使得和珅最终恼羞成怒，一气之下，抑置归班，取消了沈的殿试资格。和珅还利用在殿试中为皇上阅读试卷的机会，任意窜改试卷。以上种种造成了乾隆晚期举朝官吏"几出和门"的局面，这一项收入，也为和珅聚积了无数的白银。

4. 假借皇帝敛巨财

大凡贪官，最喜欢承揽工程的建设，一是因为承包工程名正言顺，是为国家和皇上办事，办得好了，颜面上也有光彩，最重要的则是，承包工程获利最多，有时一个工程可以得到的利益一辈子都享用不尽。然而，并不是所有的官员都能揽到工程，只有那些有权势有地位的人才能办到。所以，能否承办朝廷的工程，也成为官员在朝中地位、实力的标志。和珅自然也不例外，他从皇帝南巡，扩建避暑山庄和扩建圆明园等一系列工程中获取了大量的钱财，其中最为风光的当属由和珅总负责的乾隆八十岁的万寿庆典工程。

乾隆五十五年，年迈的乾隆皇帝已经八十岁了。自古以来，数不清的帝王之中，活到八十岁的只有梁武帝、宋高宗和元世祖三位，所以，乾隆八月十三日生日那天，举办隆重的庆典，庆典工程由和珅和工部尚书金简总负责。和珅又施展出了他理财的本领，向乾隆奏到，因皇上圣明，八十万寿节庆典所需银两不需要内务府动用一分一毫。乾隆大喜，就全部交给和珅去操作了。至于和珅从中获利多少，乾隆不管不顾，任由他去了。除了商人们捐献银两以外，王公大臣、八旗以及各部的官员均按俸银的多少扣除一定的比例，外省的官员则在各省的养廉银里扣除十分之二五，这样算下来，和珅聚敛到手中的银两已经是一个天文数字，举办庆典绰绰有余。所有进献的银两，经过和珅这一道关口，就收敛去了近半，用在庆典工程上的大约只有二分之一。

乾隆的八旬庆典分在三处进行，七月初七至七月二十二日在承德避暑山庄，七月二十四日启銮回京，七月三十日抵达圆明园，八月十二日自圆明园还宫，八月十三日在太和殿举行庆典大礼，八月二十一日庆典结束，总计一月有余，足见庆典的声势浩大了。

乾隆七月初七抵达避暑山庄，并未就此安闲祝寿，每日批阅公文，处理国事；另外，接见安南、蒙古、回部、朝鲜、南掌、缅甸等各国派来为乾隆祝寿的使节，避暑山庄的一应建筑全都修葺一新，尤其是山庄的正殿、澹伯敬诚殿，乾隆在这里设宴款待各旧使节，澹伯敬诚殿全由楠水建成，因此也称"楠木殿"，设施陈列，一如皇宫，极尽精雕细琢之能事。乾隆于七月二十三日结束了避暑山庄的祝寿活动，启驾回京，乘坐的是皇帝所乘肩舆中规格最高的礼舆，充分显示出庆典的重大，舆高六尺三寸，纵深三尺九寸，面宽三尺，左右的直辕各有一丈七尺长，由十六人共抬，礼舆的上部为八角的两层穹盖。各处都已命人建起了各种各样的景点，绵延不断，既有人工搭起的亭台楼阁，也有仿照西洋建造的园林建筑，遇水则设龙舟，逢山必置宝塔，有的特意建造的野趣横生、小桥流水，有的则极尽繁华，精雕细琢，金碧辉煌，一处处的景观之间，错落点缀着大大小小的戏台，上面经日不断地表演各种喜庆剧目，各地主剧种齐集京城，西四牌楼前，建起了一座人工制成的罗厚峰，一百名须发皆白的老人伫立上面，一派福寿景象。

八月十三日，乾隆寿诞这天，皇上要在太和殿接受百官和外国使臣的朝贺，文武百官全都换上节庆的衣服，静静聚集在太和殿外，等着皇帝的到来。官员所着的衣服是万寿节特有的。按照清朝的制度，如果遇到皇上或皇后的万寿庆典，文武百官都要在寿辰的前三天和后四天身着上面绣有团龙纹样的花衣。各国使节则被安排在太和殿以外的西檐之下。乾隆皇帝身着龙袍衮服，头戴珠冠，在前引后扈之下，升座太和殿，接下来就是繁琐而隆重的礼仪、宴会，各国的使节都带来了本国的喜庆节目，表演本国的歌舞。宴会宣告结束后，文武百官再次跪拜谢恩行一跪三叩之礼，皇帝在中和韶乐的奏鸣中起驾回宫。

如此盛大的庆祝活动，实为历史上罕见，对于清政府来说也是一笔不菲的花费。和珅把整个庆典安排得隆重热烈，繁华铺张，让好大喜功的乾隆心满意足，和珅自己也从中赚取了数不尽的钱财。

5. 巧立名目敛财

贪污受贿都是没有保障的财富来源，招揽工程虽然基本上万无一失，却又是不一定什么时候才会大兴土木。和珅就在军机处内设立了密记处，实行议罪银制度，这就保证了他可以稳定地聚敛财富。

议罪银制度大约开始于乾隆四十五年（1780 年）左右，此时把持朝政的正是和珅，议罪银制度就是由他首倡并推行的。设立议罪银的目的是为了增加皇帝个人的收入，它不同于清朝自入关以后对官员施行的罚俸制，罚俸制是对有过失的官员的一种行政处罚，分别有罚俸一月、两月、六月、九月等不同的数额，最多的可达四年，罚俸的决定权在吏部，款项由户部承追，罚得的银两也交给户部。而议罪银是秘密进行的，它主要是皇上寻找机会让大臣们自行认罪交纳银两的制度，由特设在军机处内的密记处来负责，所得的银两交由皇帝支配，这项收入一直是由和珅掌握。据和珅在一份奏折中说："臣和珅、臣福长安遵旨查办各处关税应交银两，并自行议罪银两各折，自乾隆五十一年十二月十三日查明奏后，陆续存记之案，统计二十七件，现已解到二件，已交尚未完全者十三件，未解到者有七件，交往浙江海塘工程备用者五件，分析缮写清单恭呈御览。所有稽久未经交纳者，除臣等别行查催外，为此谨奏。"由此可见，议罪银一直是由和珅代为催交，直接向皇帝负责，而和珅在其中私自留存了多少以为己用，就无人可知了。

到了乾隆朝的后期，因为乾隆性喜大场面，花费颇多，又不能全部动用国库，议罪银就成了他依赖的资金来源。官员罚银代罪的事情层出不穷，后来，以致于有很多官员即使没有犯什么过失，也先行自愿交纳一定的银两，以等日后犯了过失之时，两相抵消。据史书记载，在乾隆朝后期十三年的时间中，重大的议罪银案有六十八件，一年平均就有五件，其中总督巡抚一类的封疆大吏认罪纳银的共有三十七件，也就是说，整个清王朝的地方大员中，平均不到三个人就有一个自行

交纳议罪银。而交纳议罪银的关键人物即是和珅，他的好恶和决定，直接关系到官员能否纳银抵罪，以及罚银的多少，所以几乎朝中的所有官员都向和珅献媚示好，谁能保证自己为官生涯中不犯点过失，如果与和珅交恶，那后果自是不堪设想。有的人在交纳议罪银的同时，会向和珅个人送去一定的银两，希望他能欣然收下自己交纳的议罪银，还有一些人即使被罚银罚得倾家荡产，还是对和珅充满感激。例如，内务府总管西宁，在管理内务府财产时，因一时疏忽大意，出现了漏洞，按律当斩。和珅向他示意，可以交纳议罪银抵罪。西宁为了筹备银两，变卖了所有家产，弄得家道零落，但事后他还是写信给和珅，向他表示衷心的感谢，信中说："天高地厚，深恩于生生世世矣，伏乞中堂代奏。宁不胜悚激切之至，谨呈。"这样的感谢很有可能是发自内心的，因为虽然交纳一些银两，但却保住了身家性命。当然，和珅也一定从这样的感谢之中得到了不少好处。

议罪银在名义上是官员自知自己犯有过失，自行纳银抵罪，按《清高宗实录》上说，议罪银是"以督抚等禄人丰腴，而所获之咎，尚非法所难宥，是以酌量议罪，用示薄惩。"事实上，主动权完全掌握在乾隆手中，只要他想让你交纳银两，随便安插一个什么罪名，是轻而易举的事情，即使是如上所说："法所难宥"的大罪，只要交纳的银两足够多，也可相互抵消。各地官员往往按官职、薪俸的差别交纳，有的一次交的银子竟然达到了三十八万两，而其他的则多为几万两，如前面提及的内务府总管西宁因为"办理不善，商人拖欠甚多"，交自行议罪银八万两，伊龄阿因为写奏折弹劾窦光鼐，后经查所奏不实，交纳自行议罪银三万两，如此等等，不一而足。统计一下，每年议罪银大约共得银三十万两，这笔收入中的绝大部分都由乾隆一人挥霍，而和珅从中所得，应该也不会少于这个数目。

议罪银制度的设立，更加剧了乾隆朝后期官员的腐化，使得朝堂之上，乌烟瘴气、人人自危，而那些行为不轨的官员则因为可以纳银抵罪，更加肆无忌惮，视律法为无物。所以，尹壮图才会写奏章参奏议罪银制度的种种弊端，请求皇上停止实行。对尹壮图陈列出的各种现象，乾隆也不得不承认。他在上谕中写到："尹壮图虑有此等情弊，奏请将罚银之例，永远停止，固属不为无见……督抚中或有昧良负恩之人，以措办官项为辞，需索属员，派令伙助，而属员亦借此敛派，以为逢迎之地。此等情弊，不能保其必无。"然而，因为这一制度保证了乾隆的荒淫无度，尹壮图的建议终于还是没有被采纳，此制度一直延续到嘉庆朝。

6. 借外出巡视的机会捞钱

和珅因深得乾隆的信任，每次地方上出现什么问题，乾隆总会派和珅前往加以调查处理，和珅也乐得做这类事情。他一到地方，就是钦差大臣的身份，当地官员，无论官职大小，都要巴结讨好于他，他可以趾高气扬，从从容容地捞钱。

乾隆三十九年，陕甘总督勒尔谨向乾隆奏报："陕甘两省，年年不雨，大旱异于他方，又加上土地瘠薄，百姓贫困窘迫，若年年依靠国家，累及国库，臣等内疚，不如在陕甘实施捐监，令民交纳豆麦，以此换得国子监生，得到应试之官。"也就是说，为了当地百姓能够活命，又不需从国库中调拨银两，只好命那些想取得监生资格的读书人交纳粮食，以此来换取监生身份，实际上就是把监生的身份明码标价向外拍卖了。乾隆明知这一办法不是长久之计，可是情形紧急，也就只好如此，遂命浙江布政使王亶望远赴陕甘主持此事，并下了一道诏书说："准令本色报捐，该管上司，核实稽查，勿使滋弊，如仍有滥收折色，致缺仓储及滥索科派等弊，一经发觉，惟勒尔谨是问。"此后，连续三年，陕甘奏报，连年旱灾，共有十五万人因捐粮而成为监生，从账面上看，所捐的粮食已经超过了六百多万石。实际上旱灾是假，各级官员全都以旱灾的名义将捐粮侵吞，中饱私囊，就连乾隆特派去主持此事的御史王亶望也贪污甚多。他在给乾隆的奏报中还遮掩事实，虚假汇报："连年监粮太多，致使仓库充盈，装纳不下，拟另建新库二十座，特奏请皇上拨银。"乾隆拨给他十六万两银子，用于建造新库。没有粮食，建什么新库，这十六万两银子当即被各个贪官污吏瓜分干净了。

天长日久，乾隆也心生疑虑，决定命和珅为钦差大臣，前往陕甘勘查捐监实情。和珅自然高兴地领命前往。陕甘总督勒尔谨得到皇上

第九章 疯狂敛财

派和坤来陕甘调查此事的消息，有些慌乱，忙召集王亶望等人商议，最后得出结论，像和坤这样的最好应付，只要给他足够的银两和美女，还怕他不说好话吗。

来到陕甘，下车伊始，勒尔谨率几百名官吏豪绅迎接，场面隆重，气氛热烈，给足了和坤面子。和坤当时是得宠以来第一次出巡地方，迎来送往中感到了自己的地位和威风。可是这些只能满足和坤的一时虚荣，他最想要的还是银子。和坤一见当地官员的表情，就对陕甘捐监的事猜到了十之八九，决心要狠敲他们一笔。在为他接风洗尘的宴席上，和坤看似无心的随口说道："依下官看来，陕甘两省很是富足吗，为何勒尔谨大人会连年上报说民不聊生呢?"勒尔谨立刻明白了和坤不是那种刚正的钦差，心中暗喜，当下就按照事先安排好的计划行事。他先为和坤送去了一名千挑万选出来的西域美女，和坤初尝西域女子的滋味，惬意非常，一连几天都缠绵于卧房之中，哪里还顾得上盘查粮库。等到几日之后，他在当地官员的陪同下，只随便翻了翻几本账本，到一个仓库中，抓了一把小米，就作罢了。说甘肃已经查明，没有什么问题，只是不知下面州县如何。勒尔谨劝他不妨在甘肃多休息几日，再下地方不迟，和坤当然慨然应允。当天晚上，在一顿令和坤大开眼界的奢华酒宴之后，勒尔谨命人给和坤送去了两只硕大的木箱，和坤打开一看，不禁目瞪口呆，里面堆满了西域出产的奇珍异宝，很多是他平生第一次得见，和坤已经有些乐不思蜀了。第二天见到勒尔谨等人的时候，不禁笑逐颜开，绝口不提下各州县检查之事并随之写好了奏折，向乾隆保证，陕甘官员忠心为国，勤政廉洁，捐监之事造福百姓，各地粮仓俱是充盈满溢，皇上尽可放心。然后，就带着勒尔谨送与的两箱珠宝和美丽绝伦的西域女子回京复命去了。回到京城，上殿面君，乾隆嘉奖他不辞辛劳，远赴陕甘为国家操劳，忠心可鉴，自然又是官职高升。和坤此行，真可以说是满载而归了。

这一次出巡让和坤尝尽了甜头，以后，每当各地出了重大纰漏，不待乾隆指派和坤也会主动请缨。他远赴云南调查李侍尧的案件，出巡西部为乾隆建造行宫，每一次都让他志得意满，决不会空手而归。多次的出巡，也让各地方官都领教了他的权倾朝野、贪婪无度，更多的人开始依附于他，成为他的忠实爪牙。

7. 该捞则捞，该缴则缴

清朝同周边各国的联系颇紧密，互相之间使节往来频繁，各国送给乾隆皇帝的贡品也不可胜数。所有的贡品，都要先经过和珅之手，才能送到乾隆面前。和珅对这些外国送来进贡朝廷的珍宝总是留一手，这样一来，许多藩属上贡皇帝的奇珍异宝，都成了和珅的镇宅之宝。

乾隆七十大寿之际，六世班禅要为乾隆祝寿，乾隆非常高兴，连忙命和珅修书回复，并让他监督在热河建造须弥福寿之庙，预备接待班禅。班禅到达热河之后，向乾隆进献了丰厚的寿礼，计有：南佐哈达、罗扎、鎏金、带宝床、宗喀珊瑚串珠、藏香、藏呢、普鲁、水品、甘果等物。和珅经手之后，这些礼物几乎逐项减半。乾隆被蒙在鼓里无从知晓，还赞赏和珅接待有方，张弛有度。

和珅对待商人的进贡也是分门别类，各有安排。那些无关紧要的珍宝、古玩，不妨进献皇上，让皇上觉得他忠心一片，不顾私利，而那些真正珍奇的东西，则不妨私自留下，反正皇上也无从知晓。

和珅结交的商人中有一个大珠宝商石远梅，他为人精明，为了能讨好皇上，讨好官府，决不吝惜钱财，经常捐银子献珍宝。他的进献让和珅同他建立了长久的联系，从他那里为皇宫采买珠宝，石远梅等于找到了天下最好的买主，生意兴隆，财源广进。石远梅每次进献的财宝，都是经由和珅的手才进入大内的，和珅从他的进献中扣下了一颗稀世的大珍珠，剩下的多少都进献给皇上。乾隆见了非常高兴，既赏赐了石远梅，又夸和珅办事精干，殊不知，和珅府中的那颗珍珠远远超过了皇宫中的任何一颗，那才是真正的珍宝。

和珅掌权二十余年，这二十多年中，经他手的进贡物品不可胜数，他究竟从中扣留了多少，可以从嘉庆帝查抄和珅家产的清单中窥见一斑。在《清仁宗实录》卷三十七中记载：和珅"家内所藏珍宝，珍珠手串竟有二百余串，较之大内多至数倍。并有大珠较御用冠顶尤大，其大罪十五，又宝石顶，并非伊应戴之物，所藏真宝石顶有数十余个，而整块大宝石不计其数，且有内府所无者，其大罪十六。"可见和珅家藏的珍宝竟然比皇室所藏更加丰富珍奇。

8. 颇具投资眼光，甘当后台老板

和珅之所以能积累起数额巨大的家产，除了贪污受贿之外，与他善于理财也有相当大的关系。为了敛财，和珅除了经营房地产、高利贷外，还经营粮店、酒店、古玩店、瓷器店、灰瓦店、柜箱铺、弓箭铺、鞍毡铺、小煤窑，他购置了八十辆大马车，搞起了长途贩运，虽身居高官，竟不顾名誉与商人为伍，这一点嘉庆帝也骂他是无耻小人。

这些经营中，为和珅带来最多财富的，就是兼并土地，收取远远高出一般地租的租金。和珅拥有大量的土地，据传说，他有八千顷，也就是八十万亩的土地；而据有实可考的清政府的档案记载，和珅能够收取地租的土地一共有一千二百六十六顷，这个数字与传闻中的相差比较悬殊，究竟哪个更为真实，现已无据可查了。他的土地大都分布在直隶、热河以及京津地区。在北京南部以保定为中心，包括清苑、蠡县、易县、完县、青县、雄县、容城、定兴和安肃等；北京东部以天津为中心，包括宝坻、任丘、静海、文安、蓟州、清河、大成、霸州等；北京地区主要包括大兴、宛平、通州、昌平、顺义和平谷等。另外，甚至在东北奉天的锦州地区，也有他的土地。足以见他拥有的土地之多之广。他的土地中，一部分来自乾隆皇帝的赏赐。中国是传统的农业国家，土地向来被看成是立国、立身之本，自古就有皇帝为大臣分封土地的传统，土地分给大臣，大臣可以收取这块土地上的地租，这被称作采邑。和珅是乾隆最宠幸的近臣，对他的赏赐不断，加官进爵的同时，也不忘给他大片大片的土地，让他的生活过得更加富足。

另外的绝大部分土地，是和珅自己出钱购得的。土地买卖在中国传统社会中向来是一件大事，大部分的土地主都不会轻易出让耕种的土地。但是，到了乾隆后期，社会上发生了白莲教起义等一系列不安定的事件，众多的农民不堪地主的繁重租税的压榨，纷纷起来反抗，抗捐抗租。这样一来，很多人都不愿再保有土地而急于出手，把它们换成更为保险、安全、便于携带的金银，地价随之大跌。和珅有天生的商业才华，他瞅准时机，压低地价，用极少的钱买入大量的土地，安排自己的亲信管理，收取极高的地租。买地过程中，他确实是做到了只认钱财不认人，不管是他的亲戚还是朋友的土地，他都毫不留情地把价钱压到最低，最大限度地购进。他曾从舅舅明保手中，以不足原价十分之三的价格买到了他的土地，连他夫人冯氏的祖父英廉的土地也没有放过。而且，他采买土地并不采用普通的买卖方式，而是用所谓"典买"的方式，也就是说，土地主像去典当行当东西一样，将土地典当给和珅，而不是一次性购得，典当的价格自然要远远低于市价了，原来的土地主可以在筹足银两支付高额的利息之后，再将土地赎回。在这期间，土地上的一切收益就全归和珅所有，如果原来的土地主根本没有能力赎回自己的土地，这些土地就成了和珅的永久财产。

和珅就是用这样的方式，在很短的时间里购得了清苑县王君贤、蠡县金锋、宝坻玉福、任丘玉余的土地与吉庆在北京西直门外的塔庵、耿杓在清苑县、广善在宛平县、隆普在易州的土地。另外，和珅还趁别人有求于他之机，向别人直接勒索土地。和珅被嘉庆帝治罪后，内务府的档案中记录了他的一件罪行：乾隆五十七年（1792年），贝子永泽的家人霍三德到永泽在奉天的田产收取地租。霍三德仗势欺人，向田庄的庄头许五德私自索要高额的地租，并且还当面向许五德要五百两银子作为自己的开销。这些非分的要求被许五德严词拒绝了，两人就为此事闹到了步军统领衙门。许五德怕霍三德因为贝子永泽的关系打赢官司，就找到了和珅的亲戚恒德，要他去请和珅照应。并且许诺事成之后送给和珅一万两白银或六十顷土地。和珅的威势谁能不怕，不久，霍三德就被判有罪发到黑龙江为奴了。和珅派人向许五德传话说，他不要土地，而要那一万两银子，许五德付不出银两，被逼无奈，只好将他自己承种的属于贝子永泽的三十五顷地送给和珅。和珅大概是怕日后会有麻烦，坚持要他写下文书，言明这块土地是卖给和珅的侄子丰绅伊绵方才作罢。

和珅将他的土地租给佃农耕种，派出家人疯狂地收租、逼债，他的地租比普通地主要足足高出一倍有余，使得租种他土地的佃农无以为生，忍无可忍之下只好起来反抗，拒不交租。比如，和珅对顺天府通州盛家屯庄王坦的盘剥。王坦原本是当地的富裕人家，清朝入关时候，他的祖父带着十四顷土地加入了内务府的名下，并且担任庄头，

每年上缴地租七十二两，后来在乾隆三十一年的时候，王坦连同土地一起被朝廷赏赐给了贝勒府，这时的地租是一百零九两五分，家境还算殷实，一家人过着平静安详的日子。然而，在乾隆五十四年的时候，和坤的家丁带着人来到田庄，宣布说这里的土地以及他们居住的房子全部被和坤的儿子丰绅殷德以二千八百两的价钱买下了，从此田庄要向和坤交租，并且立刻更换了庄头，把王坦只改作了一般的佃户，分给他三顷二十余亩的土地耕种。整个田庄收取的地租一下涨到了四百多两，比原来多了一倍还多。王坦因为家中人口众多，三顷土地实在不足以维持生计，只好一直拖延纳租，为此，还被和坤惩处，一直到和坤倒台，按照清政府档案中的记载，他们一家才有"喜得复无租，十年冤苦始能申述"。

虽然地租的收入比不上和坤贪污收入的银钱多，但是这不但是每年固定不变的收入，而且庄园中的出产，诸如鸡、鸭、鱼、肉，以及各种干鲜果品，全都源源不断地送抵和府，相信只要是读过《红楼梦》的人都能想见其盛况。 、

放高利贷从事典当业，也是和坤敛财的手段。和坤放债的范围很广，不论是官员、商人、普通百姓，还是他的至亲好友，他都毫不手软，而且必须要借债人能拿出土地或是房屋做抵押，他才会同意。和坤权势强大，做起这种生意来可以说是万无一失，即使借债人还不上欠款，和坤也乐得把他们的房屋、土地收归己有。和坤觉得这种行当敛财方便快捷，不需动什么脑筋，就会有大笔的钱财涌入，所以乐此不疲，就连他的家丁向他借钱，他也要追加高额的利息，决不放过，这种高额的利息常常使得家丁即使在和坤家世世为奴也偿还不起。和坤的舅舅明保曾向他借一万五千两银子，白纸黑字写明借据，每月利息一分，明保在和坤的逼迫下，不敢少一分地还给和坤。

此外，和坤还经营典当业。当时的典当业极为发达，就连皇帝也身为几个当铺的后台，和坤这样的高官，从事此道也就不足为奇了。据统计，乾隆初期，光是北京地区的当铺就有几百家之多，和坤有当铺七十五座，不但遍布京城的繁华街市大道通衢，而且在今河北的保定、通州等地也鳞次栉比地分布着。就连和坤的家人刘全、呼什图等人也经营着几十座当铺，有名可查的有永庆当、恒兴当、合兴当、恒

聚当、庆余当等等。除了上面说的这些利润丰厚的收入，和珅敛财也有"海纳百川、不弃涓流"的气度，并不因为一些行业利润少而放弃不做，他还同时开设了柜箱铺、弓箭铺、粮店、酒店、古玩店、杠房、旅店等多种经营项目。在敛财这一点上，和珅的确是到了痴迷的地步，也为此用尽了心机，几乎当时所有能想到的途径全被他涉足了。

9. 开源节流，克扣家奴显吝啬

人们追求金钱，是因为渴慕金钱所能带来的种种享受。西方人有谚语说："金钱只属于那些能够享用它们的人。"如果财富不用来换取生活中种种实际的舒适与奢侈，那它们只不过是一堆无意义的数字，和珅可谓深谙此道的一个人。

和珅的名字在史书中总是和挥霍无度连在一起的，他们一家锦衣玉食，山珍海味都吃腻了，便真的以珍珠佐餐，据说珍珠可以增强人的记忆力，健身明神，益寿延年。所以，常常有人为了讨好和珅向他奉上珍贵的珍珠，以为他下饭之用。传说江南吴县有一位珍珠商人名叫石远梅，每当他到扬州一带贩卖珍珠的时候，当地的地方官吏、富商大贾都会像迎接贵宾一样，纷纷不惜巨资向他购买珍珠。据他说，这些珍珠都是这些商人和官宦们买去奉献给和中堂的。焦循的《忆书》中记载："中堂每日清晨以珠作食，服此珠则心窍灵明，过目即记。一日之内，诸务纷沓，其胸中了然不忘。虽百手登记，不能如是也。珠之旧者与已穿孔者不中用。故海上采珠之人，不惮风涛，虽死不恤，今日之货，无如此物之奇也。"他把和珅的博闻强识归功于和珅每日服用珍珠，同时也可以看出和珅对珍珠的要求颇高，已经穿孔的或是已旧的珍珠都是不能用的。等到石远梅在嘉庆四年（1799 年）又得到一颗极其珍贵的珍珠时，却已经无人问津了，因为此时和珅已然倒台。

不仅如此，和珅一家的衣着用度也是极其精致，相传和珅有一件衣服的钮扣，全部是用西洋小钟表做成的。

除此之外，和珅的钱一大部分都花在修建豪华的园林庭院之上，占地广阔、曲折精致的庭院就有多处，其中最有名的大概就是现今北京大学未名湖畔的淑春园了。乾隆当年经常巡幸圆明园，为了便于时

第九章　疯狂敛财

时接见和珅，就在乾隆四十九年（1784 年）时，把紧临圆明园的淑春园赏赐给了和珅。淑春园原本也是圆明园的一部分，和珅蒙乾隆赏赐之后，又花巨资扩建了一番，修挖了湖泊，并将挖出的土堆成了小山和岛屿，使淑春园成了一座规模宏大的园林，号称当时的第一私人园林，共有房屋一千零三间，游廊楼亭三百五十七间，气势之大，实属罕见。

与贪婪相伴随的往往是吝啬，和珅对待自己和家人挥霍无度，可是对自己家的奴仆们却极其悭吝，不肯多花一毫一厘，和珅的家仆除了几个心腹之外，都穿粗布衣服，每日竟大多以吃粥度日。

这可能是贪婪的人的本性，他们关注的只是自己的安逸与放纵，哪管别人的死活。在他们心中，自我永远是处在第一位的，一切所作所为完全是以自身的利益为准绳。对自己有利的事情，便放开手脚，无所不为，反之，则斤斤计较，耿耿于怀。先哲所谓的"义""利""公""私"之辨指的就是这种心态。可这些，对于和珅这样的人来说无异于对牛弹琴。

第十章

温馨的家庭

和珅虽然是个大贪官，在官场打击异己毫不手软，但他对待家人却关爱有加，显示出了冷酷背后的温情。

1. 与和琳手足情深

俗话说得好，一人得道，鸡犬升天。和珅在官场上一路亨通，飞黄腾达，直至成为红极一时的"二皇帝"，把持大清国的军政、财政、文化、外交等大权，坐拥亿万财富，享受着神仙般的奢侈生活，和珅的家人也因此沾光不少。不少亲戚朋友还利用他的关系做了总督、巡抚，即使跟着他服务的家人们，也利用他的庇护，捞取了数万两、数十万两银子的财富。而其中和珅照顾、帮助最多的，还是他的亲弟弟和琳。可算是一个真正的如父长兄了。

我们前面已经说过，和珅的母亲大概在弟弟和琳出生后不久就死了，由于继母不能善待兄弟两人，所以两人很早就开始了相依为命的生活，而年长仅三岁的和珅则担负起父母的职责，负责照顾年幼弟弟的生活。年龄稍长，两人又一起进入咸安宫官学读书，相互激励、相互帮助，结下了深厚的兄弟情义。

和珅出仕做一名銮仪卫侍卫，弟弟和琳则以满洲文生员补为吏部笔帖士。等到哥哥和珅在乾隆四十二年（1777 年）以户部左侍郎兼任吏部右侍郎、步军统领时，和琳因回避制度调任工部笔帖士。此后哥哥和珅走上仕途发展的快车道，所任军机大臣、崇文门税监、总理行政事务、御前大臣、镶蓝旗满洲都统、正白旗都统、户部尚书、议政大臣、正白旗领侍卫内大臣、《四库全书》总裁，兼理藩院尚书、兵部

尚书兼管理户部三库事务、协办大学上兼户部尚书、吏部尚书等数不清的职务，甚至获授一等男爵，成为红极一时的人物，而和琳只官至巡漕御史。和坤希望帮助弟弟，积极寻找能让和琳展示才干的机会。

乾隆五十一年（1786 年）五月，浙江学政窦光鼐奉命察核浙江州县仓库亏缺情况，随即上奏弹劾永嘉知县席世维借诸生口粮添补充亏空仓谷；平阳知县黄梅以弥补亏空苛敛钱财；仙居知县徐延翰毙临海诸生马置于狱；布政使盛住进京时携带货财过多，引起人们议论纷纷；总督富勒浑经过嘉兴时供应浩繁，随行人员多至千百人等。乾隆皇帝接奏后很重视，随即命大学士阿桂到浙江，会同先遣尚书曹文埴等人处理此案。

但阿桂后来上奏称：盛住去京师携带应解参价银三万九千余并非私款；平阳知县黄梅母亲九十岁生日演戏，即于当天晚上去世；仙居诸生马置诬告寺僧赌博，因而下狱致死。等于说窦光鼐所奏不实。窦光鼐则再次上奏，称阿桂只是派属吏前往平阳谘访，并未得到实情，自己要亲赴平阳复察。不久，浙江伊龄阿巡抚上奏弹劾窦光鼐在平阳州讯逼供，乾隆皇帝随即下令将窦光鼐革职，准备交刑部处理。而窦光鼐也上奏称：自己亲赴平阳后，有士民呈上黄梅派捐单票，田一亩捐大钱五十文，勒捐富户数至千百贯；每岁采买仓谷不给钱。黄梅在任八年，所侵谷值及捐钱不下二十万，母死不欲发丧特令演剧，可谓证据确凿。至此，聪明的和坤已经知道此案有了扳过来的机会，这机会既是打击阿桂的机会，也是弟弟和琳表现自己才干的机会。所以，他极力劝说乾隆皇帝，让时任巡漕御史的和琳协助办理此案。

由于窦光鼐拥有实证，阿桂与一同处理此事的江苏巡抚闵鹗元不得不将黄梅论罪，盛住被罢职召回北京，所兼杭州织造由和琳接手。由于窦光鼐所奏非妄，被调回京后任光禄寺卿，不久转任宗人府府丞；负责审核此案的阿桂、尚书曹文埴、侍郎姜晟、伊龄阿等人因误判受到相应的处分；盛住所兼杭州织造即由和琳接手。和琳还因办理此案"妥帖"升为湖广道御史，同时兼管巡视山东漕运与监造漕船事务。

乾隆五十四年（1789 年），湖北按察史李天培受老上级、两广总督福康安的委托代买京中建房所需木料，并假公济私，利用湖北漕船北上送漕粮的机会，将所购木料带往京师福康安家中。不料此事被和珅了解到，随即决定抓住这次机会来打击福康安。同时为了达到离间福康安与阿桂的关系以及让弟弟和琳再次表现一番，一箭三雕的效果，即指示和琳出面向乾隆皇帝弹劾李天培。当时乾隆皇帝也正想整顿一下吏治，所以在和珅的鼓动下，当即派大学士、军机大臣阿桂前往调查、处理此事。此事的最终结果是：李天培被罢职流放到边疆；福康安因纵容部下受到乾隆的严厉指责，罚总督俸禄三年、罚公爵俸禄十年，而和琳则因举发此案被迅速地提升为内阁学士，兼署工部左侍郎、正蓝旗汉军副都统等职。

由于和珅抓住机遇巧妙安排，使和琳在这两桩案子中显示出突出的处事才能和认真负责的形象，从而为和琳仕途飞升创造了必要的基础。

乾隆五十六年，廓尔喀（今尼泊尔等地人）因贸易纠纷侵扰西藏后藏地区，时任两广总督的福康安、领侍卫内大臣海兰察为大将军，统索伦、吉林及川、陕西诸路兵前往讨伐。粮饷问题，藏东路由协办大学士孙士毅负责，和琳则出任驻藏大臣，负责督办前藏地区的粮饷供应。不久升职工部尚书。次年，因上奏报告廓尔喀首领拉特纳巴都尔有悔罪表现，促成廓尔喀和降，升任镶白旗汉军都统，仍与孙士毅、惠龄一起核办察木多以西销算事务，同时办理藏务。乾隆五十八年，获赐云骑尉世职。五十九年，授四川总督。

乾隆六十年，贵州、湖南地区先后爆发苗民石柳邓、吴半生、石三保领导的起义。乾隆随即命调任云贵总督的福康安、四川总督的和琳前往镇压。和琳因功封一等宣勇伯，获赏御服貂褂、玄狐端罩。嘉庆元年（1796年）春，福康安病死军中，和琳代理军务，并率兵俘获起义领袖石三保等人，同年八月，和琳也因染病死于军中，死时年仅四十四岁。获赠一等公，谥忠壮，赐祭葬，配享太庙，入祀昭忠、贤良等祠。

和琳是和珅最亲近的人，为栽培和琳，和珅可以说是费尽心血，也结下深厚的兄弟情义。看到和琳在仕途上如日中天的时候，却英年早逝，和珅不由得悲从心来，含泪写下《挽词十五首》，痛悼弟弟的去世。他自己说："希斋弟督军苗疆，受瘴而卒，痛悼之余，为挽词十五首，言不成声，泪随笔落，聊长歌以当哭云。"其中三首是：

同胞较我三年少，幼共诗书长共居；
宦海分飞五载别，至今音问藉鸿鱼。
看汝成人赡汝贫，子婚女嫁任劳频；
如何又为营丧葬，谁是将来送我人。
生前会少梦难成，华萼堪悲雁影惊；
重过旧居魂欲断，楼空燕子不闻莺。

　　和坤从小看着比自己小三岁的弟弟和琳长大，稍长后一起读书、共同生活，成年后各自奔波于宦海仕途，经常无法见面，但还要经常接济和琳一家的生活，和琳娶儿媳妇、出嫁闺女，和坤是一手操持。和琳死后又是和坤为他张罗葬礼，和坤能不痛心吗？当他看到和琳旧居人去楼空，听不到往日的莺声燕语，更增添了无限的伤痛。

　　当和坤看到和琳的宠妾殷云卿即将为和琳殉葬，并前来与他话别时，他又是一番感慨，挥笔写下诗词一首："新诗裁就凛冰霜，千古人寰姓字香；料得九原应寂寞，阿云同穴共仙乡。吾弟英灵信有神，好同携手夜台春；将来图画凌烟上，添个蛾眉节义人。"在前序中，和坤写下了这样一句话："吾弟功成名遂，惜年不永，既邀九重异数殊荣，复有宠姬云卿为之殉节，虽修短有数，亦可以生死无憾矣。感其留诗话别，心痛泪涟，促成短句，言不成文，聊为赆吊云尔。"

　　嘉庆四年，乾隆皇帝去世、嘉庆皇帝亲政、和坤被赐死后，和琳也被追究借和坤权势邀功，镇压苗民起义过程中牵制福康安，以致影响战事的责任，和琳的牌位被撤出太庙，他的专祠也被拆毁，儿子丰绅伊绵继承的公爵被削夺，改为三等轻车都尉。由于家道中落，丰绅伊绵靠着"善堪舆，贵家争延致之"维持生活。家庭变故还使得丰绅伊绵异常郁闷，因而沉湎于酒色，嘉庆年间死于"劳瘵"，只留下一个年仅四岁的儿子。

　　和琳依靠哥哥和坤的照顾、提拔，一度官至兵部尚书兼都察院右副都御史、四川总督等高位，死后获赠一等公爵，谥忠壮，赐祭葬，配享太庙，入祀昭忠、贤良等祠，异常荣宠，最终又因哥哥和坤的倒台而付之东流，可谓"成也萧何，败也萧何"！盛也迅速，败亦迅速！

2. 对子女疼爱有加

和世界上所有的父母一样，和珅也希望和家人丁兴旺，香火绵长。而和珅一生虽仕途通达，好运连连，妻妾众多，但生育不旺，只有正妻冯氏所生长子丰绅殷德、嘉庆初年所生随即夭折的一个小儿子。所生女儿不详，只知道有一个大女儿嫁给了康熙皇帝的曾孙贝勒永鋆为福晋，应该不会太多。其中的原因，或者是因为和珅终年忙于内外事务处理，随时跟随乾隆皇帝奔波于外，影响到了他的生育能力吧！

长子丰绅殷德生于乾隆四十年（1775 年），因与乾隆皇帝的十公主同年所生，被乾隆皇帝看中，随于乾隆四十五年赐名丰绅殷德，指为十公主的额驸。五十四年与固伦和孝公主完婚，命在御前行走。次年授散秩大臣。五十六年二月管理御茶膳房、造办处事务，同年四月兼武备院卿。五十八年调任奉宸院卿，次年升任正黄旗护军统领。乾隆六十年兼任内务府大臣。嘉庆元年（1796 年）兼任总理行营事务大臣。次年二月兼任銮仪使，八月任正白旗汉军都统，仍兼护军统领，临督崇文门税务。

嘉庆四年，因父亲和珅牵连，丰绅殷德所袭公爵被降为伯爵，并被勒令"在家闲居，不许出外滋事"。不久，从和珅家内抄出正珠朝珠，又被革去伯爵，赏给散秩大臣衔，承袭三等轻车都尉世职。嘉庆七年三月，因川楚陕三省白莲教起义基本被平定，丰绅殷德被赏给民公品级，在散秩大臣上行走。嘉庆八年，已革长史奎福控告丰绅殷德演习武艺谋为不轨，并欲毒害公主；将侍妾带至坟园，于国服内生女等，经大学士董诰与留京王大臣审办，只有在国服内妾生一女属实，丰绅殷德随即被处以"在家圈禁，令其闭门思过"的处罚。

直到嘉庆十一年正月，丰绅殷德被授予头等侍卫，在大门上行走的差使。四月，升任正白旗蒙古副都统，赏戴花翎。次年二月调任镶蓝旗满洲副都统，十二月赏给伯爵衔。十五年四月去世，嘉庆皇帝特派英和带侍卫十人前往奠醊，并赍赐陀螺经被，银五千两以资料理丧务，照公爵衔给予恤典。因无子，丰绅殷德的轻车都尉世职转由和琳之子丰绅伊绵承袭。

第十章 温馨的家庭

　　和珅对丰绅殷德的关爱和培养是相当尽心的，这不仅是因为丰绅殷德是他唯一的儿子，更因为丰绅殷德是乾隆皇帝自己挑选的乘龙快婿，是他与乾隆皇帝保持特殊亲密关系的重要纽带。所以他在丰绅殷德很小的时候，就为他聘请了一批饱学之士来对儿子进行良好的教育，如侍郎吴省兰、李潢，太仆寺卿李光云，以及窦光鼐等人，都曾被和珅请到家中辅导丰绅殷德读书。正因为丰绅殷德受到系统、良好的教育，所以他的文化素养还是比较高的。《延禧堂诗钞》辅国公思元裕瑞序中曾称丰绅殷德："性情敬慎谦光，慷慨磊落，于友道尤笃"，所做诗："珠圆玉润，高旷清灵，从来无一丝纨绔气，且措词庄重谨密，温厚和平。"张从孚虚磕舟《挽天爵道人》序中也称赞丰绅殷德："为人持重老成，不苟言笑，所学淹有群籍，博通条贯。其为文为诗为字，朗圆幽秀，士林重之。"可见丰绅殷德文采、品质在当时还是颇受部分人称许的。

　　丰绅殷德成年后，和珅也对儿子的发展前途给予规划，曾在嘉庆元年推荐丰绅殷德前往湖广地区视察军事，并让他担任事务性较强的总管内务府大臣，参与管理宫廷事务，负责乾清宫重建工程等。这是和珅有意让儿子走出皇宫增广见闻，历练才干，为以后的发展奠定坚实的基础。只可惜父亲和珅很快就倒台了，丰绅殷德也受到牵连而被赶出清代的政治历史舞台。

　　有关丰绅殷德与父亲和珅父子情感的文字，我们至今已无法寻觅，或者是当时的政治气氛不允许这样的文字流传下来，但丰绅殷德在嘉庆元年所写《泸溪途次闻幼弟凶信挽词六首》中一句"尔我同生锦绣丛，君亲恩育报难穷"可见端倪。

　　值得一提的是，丰绅殷德与父亲和珅性情颇有差异。和珅追求权力和财富不遗余力，而丰绅殷德对此却很淡薄。他在嘉庆二年《即事》诗中就写道："嗟哉名利子，富贵何足恃。一朝难掩瑕，百口交谗毁。前车已颠覆，后车每同轨。达者能见几，豫事辨臧否。"同年秋所写《读韩信传》中更有："谬哉假王请，终致云梦游。贪功不见几，季岂汤武俦？免亡走狗死，鸟尽良弓收。令人千载下，高风慕留侯。"可见，他已经清楚地认识到追逐名利、财富的危险性。

　　嘉庆三年母亲去世后，丰绅殷德有一首《自适吟》，其中写道：

"人生贵子适，身外更何求？颇羡陆东美，翻思马少游。才宜置丘壑，福不类王侯，仆仆风尘里，真堪呼马牛。"表明了对王侯富贵生活的不屑和对田园生活的向往。

嘉庆四年父亲和珅倒台后，丰绅殷德经历家庭的变故，名利心更被消磨殆尽，开始变得更为消沉。《逍遥吟》诗中写道："亦莫恋此身，亦莫厌此身。此身何足恋，万劫烦恼根。此身何足厌，一聚虚空尘。无恋亦无厌，始是逍遥人。"《自咏》诗中写道："朝亦随群动，暮亦随群动。荣华瞬息间，求得将何用。形骸与冠盖，假合相戏弄。何异睡着人，不知梦是梦。"

由于门庭冷落、身体的孱弱多病，丰绅殷德还开始沉湎于追求道家的长生术。昭梿《啸亭杂录》中就记载丰绅殷德"中年慕道，与方士辈讲养生术"，最终因此而患上了哮喘痼，痛苦而死，死时还不到四十岁，留下"一尚垂髫一尚嬉（大女十一，二女五岁）"的两个女儿，也没有留下一个儿子。和珅希望家族兴旺、福寿绵长的愿望就这样很快地破灭了。

和珅的次子生于乾隆六十年，老来得子，和珅自然是喜不自胜，加之这个孩子"生而颖异，每逢啼哭，乳母抱赴屏壁间，指点字画，即转啼为笑"，和珅非常喜爱，所以有"痴心望尔继书香"的厚望。不料想此子不到两岁即夭折，这给和家带来很大的打击，我们从和珅当时所写诗词中可以看到他在次子夭折后的伤感和痛惜。《七夕节得家信，闻幼儿病势增剧，不意竟以是日夭折，悼惜之余，感而成诗》写道："河汉盈盈两泪倾，都关离别恨难平。双星既有夫妻爱，应识人间父子情。"随后所做《忆悼亡儿绝句十首》也写道：

老来惜子俗皆然，半百生男溺爱偏；
今竟无情抛我去，几回搔首问青天。
褓褓即知爱文章，痴心望尔继书香；
归家不忍看题壁，短幅长条一律藏。
学语先知父母呼，每逢退食足娱吾；
秋来归去无聊甚，触处伤情痛切肤。

和珅的一句"归家不忍看题壁，短幅长条一律藏"，不由得使老年丧子之痛跃然纸上。

和珅夫妻的悲伤之情自不用说，就连丰绅殷德听到弟弟去世的消息也十分悲痛。嘉庆元年所写《泸溪途次闻幼弟凶信挽词六首》中写道：

> 忆得临行见汝时，曾将果饵笑相嬉；
> 何期一月零三日，遂使千秋永别离。
> 记否亲承言笑时，曾云长幼太参差；
> 并期他日攻书侯，指谓吾堪作汝师。
> 尔我同生锦绣丛，君亲恩育报难穷；
> 似兹富贵遭天折，岂若贫寒得寿终。
> 两载兄弟今永别，人间泉下路冥冥。
> 泪盈沧海千秋水，恨厌峦山万叠青。

由此可见，和珅次子的出生给和家带来的欢乐，以及夭折后给和家带来的失望和痛苦。这应该是和珅晚年受到的最严重的打击之一。

3. 对冯氏终身感激

我们知道，和珅的原配夫人冯氏出身名门，祖父英廉深受乾隆皇帝的信任，多年任户部尚书和总管内务府大臣，掌管国家财政和负责宫廷事务，是一个实权人物。当年英廉的独生孙女嫁给和珅时，和珅家族还处在破落阶段，和珅本人仅是一个咸安宫官学的生员，还看不到他以后能在仕途飞黄腾达，成为大清国的"二皇帝"，英廉把孙女许配和珅是有一定风险的，就是忍受贫穷的生活。但英廉认准了和珅的志向远大、勤奋好学、聪明伶俐，坚信他有朝一日会出人头地。所以他对和珅多方关照、呵护，并尽力给他提供仕途发展的机会。

正是由于英廉的多方关照、呵护，和珅得以顺利完成在咸安宫官学的学业。待到成年时，英廉又为孙女准备了丰厚的嫁妆，并亲自主持、操办了和珅与冯氏的婚事。和珅进入仕途后的第一个事务性较强的官职就是户部右侍郎，而户部尚书正是英廉，而户部左侍郎是福康安。乾隆四十五年处理李侍尧一案，和珅前往云南查办此案，而英廉则负责查抄李侍尧在京中财产，祖孙密切配合，最终扳倒了李侍尧这个皇帝的宠臣，展示了过人的才能，赢得乾隆皇帝的肯定，官职随即迅速升迁，并成为皇帝的亲家。当年他接任的户部尚书也正是英廉升任大学士后留下的职位，这应该有户部尚书英廉的因素。这种提携帮助，在和珅仕途起步阶段显得尤其重要，和珅不能忘记太岳父英廉的大恩大德，自然也不能不感激自己的结发妻子冯氏。

　　冯氏令和珅感激的第二点是冯氏为和珅生下了唯一的儿子丰绅殷德，这使和珅有了继承家业、绵延香火的条件。更重要的是，这个唯一的儿子还被乾隆皇帝看中，选为乘龙快婿，进而不仅为和家赢得大批嫁妆的物质利益，更使和珅与皇帝结成了特别密切的关系，成为和珅在清代官场上一个独特的优势条件，为他后来掌握国家军政、财政、外交、文化教育等大权奠定了基础。和珅不能不感激冯氏。

　　和珅感激发妻冯氏还有一个重要原因，就是冯氏近三十年中对和珅无微不至的照顾。冯氏出身名门，性情温顺，与和珅结为伉俪后，一直秉持相夫教子的传统妇德，对和珅可以说是体贴入微，令和珅颇为感动。和珅从年轻时就有类风湿关节炎的毛病，后来因政务繁忙越来越严重。犯病后痛苦异常，甚至于无法行走，而且春夏之际、夏秋之间多会发病，以至于常常卧床不起，不得不上朝时，就在凌晨杀狗一只，把剥下的新鲜狗皮缚在膝盖上，才能乘轿椅或肩舆进宫。和珅在乾隆五十四年所写的一首《病中作》对此有较生动的描述：

已酉仲春月初五，子夜病发若患蛊；

右膝之筋肿且挛，转侧维艰倍痛楚。

呻吟待旦难早朝，走告同僚日方午；

圣恩予假命医来，朝服加身代拜俯。

煎剂薰灼技并投，功不补患利二竖；

次日三日忽下行，红肿如汤沃右股。

延至四日左膝头，筋皆弛张较右努；

小筋历乱如弹丝，大筋决裂难手拊。

第十章　温馨的家庭

夜不能寐昼不宁，呼号无诉如失怙；
初九左手及腕肘，痛似箭簇钻心腑。
医巫环视技莫施，妻子彷徨泪如雨；
侍御承恩慰问来，对之有泣而无语。
每岁病发夏秋间，三日五日即可愈；
何以今春症益增，多云去秋落水故。
驾幸御园日已多，病羁城内路修阻；
朝朝侍从忽睽违，恍似婴儿离慈母。
有时愤恨不欲生，泪浮枕簟心意怃；
夜便觉甚昼少安，晴则略减阴偏侮。
胡天不愁遗藐躬，连朝雨雪增戕斧；
月之二十痛少瘳，卧舆到园勇气贾。
何期途次受风寒，孱体不克禁撑拄；
卧至二鼓疾又来，手足仍旧齐偻伛。
倦眼才昏痛即醒，睡魔不敢力相拒；
饮食言动甚鞭笞，袞稠衣带如网罟。
痛余仰面问苍穹，自反何辜受荼苦；
视天梦梦天不言，忏悔灾生因玉汝。
从此药饵日珍调，延至月杪痛稍可；
廿九晴明曙色佳，觐光念切私衷补。
扶掖瞻天拜跪艰，圣恩仍许假调处；
初四之夜筋又疼，坐听更筹抱膝数。
想是就愈欲婪尾，肱折成医语自古；
但祈从此日还元，指臂从心都健举。
鸟可飞兔筋不强，属车豹尾年年扈；
病暇援笔制长歌，置诸座右当训诂。
战战兢兢慎养身，启手启足凛陷虎。

从诗中可以看到，和珅的类风湿关节炎当时相当严重，他也曾多方请人诊治，甚至经常烧香许愿，祈求神灵的保佑，始终没有疗效，以至于乾隆五十八年英国马戛尔尼使团来华时，他还请英国随团医生吉伦博士为他治病，还曾说：虽然你这方案与吾中国通行之医理不同，新鲜奇突，好似从别个世界上来的话，却是颇有意思、颇有意思。并赠给绸缎作为感谢。

冯氏对和珅的风湿痛是时时牵挂，就是在嘉庆三年她病重期间还不忘和珅的腿痛病，常做祷告，祈求和珅尽快痊愈，可见他们之间的夫妻感情颇好。和珅次子出生后，夫妻两个非常高兴，而不料此儿生下不及两岁竟夭折了，这使夫妻两人悲痛异常。但和珅担心妻子的身体不好，因而强忍悲痛，劝解冯氏节哀。他在所作《忆悼亡儿绝句十首》中就写道："寄语老妻莫过伤，好将遗物细收藏。归时昏眼如经见，竹马斑衣总断肠。求神问卜亦徒然，妇女情痴漫苦煎。灵爽若知亲念切，或逾岁月再生还。谆嘱家人葬欲迟，也知无益笑愚痴。归来一向灵前奠，泪洒西风知不知"。可见和珅对妻子也是很体贴的。

这种感情可以从嘉庆三年（1798 年）冯氏去世时，和珅的沉痛、寂寞的心情表现出来。冯氏去世时，和珅正在热河随扈，想到跟随自己近三十年的恩爱生活，以及冯氏对他无微不至的照顾，还有事业上的巨大帮助，想到前年秋天幼子的夭折，去年冬天唯一的孙子也没有成活，已在官场摸爬滚打二十年的和珅，也不由得悲从心生，挥笔写下无限缠绵的《悼亡六首》，其中写道：

结褵三十载，所愿白头老；
何期中道别，入室音容杳。
屏帏尚仿佛，经卷徒潦倒；
泪枯挽莫从，共穴伤怀抱。
游川分比鳞，归栋叹只鸟；
追思病时言，尚祝余足好。
犹忆含殓前，不瞑心未了；
自此退食余，谁与伴昏晓。
抚棺一长痛，哕彼蒙庄矫；
茕茕儿与女，泣血牵我衣。
寸肠欲断绝，双泪空弹挥；
挥泪语儿女，父在莫悲苦。

吾已半百人，光景日过午；
修短各有期，生死同别离。
均此一抔土，泉壤会相随；
今日我哭伊，他年谁送我？
凄凉寿椿楼（和妻居处），证得涅槃果。
夫妻辅车倚，唇亡则齿寒；春来一齿落，
便知非吉端。哀哉之子逝，可怜形影单；
记得去春日，携手凭栏杆。
玉蕊花正好，海棠秀可餐；
今春花依旧，寂寞无人看。

折取三两枝，供作灵前观；
如何风雨妒，红紫同摧残。
昨在寒食后，为卿撤瑟时；
来年仲春晦，从礼初满期。
明月有圆缺，人生苦别离；
念尔子孙幼，先汝泉下随。
苟念伉俪笃，中夜来罗帷；
与子梦中晤，一言泉路思。
返魏乏灵药，起死无良医；
安得少翁术，仿佛见容仪。
人生能几何，倏忽若朝露；
自知非金石，荣落讵委数。

翻然中路违，别我竟先去；
幽明从此隔，簟冷怯昏暮。
岑寂穗帐空，长往不回顾；
似此享荣华，不如守荆布。
余鬓已半星，足病蹒跚步；
驾言出东郭，洒泪望蓟路。
开汝东阁门，检点巾服笥；

药干炉尚温，泪重袖犹渍。
触处实痛心，想象皆酸鼻；
我本多情人，糟糠忍弃置。
我即无情人，自念浮生寄；
迟早胥同归，如是三摩地。

幽灵叹潜翳，思与日俱积；
赋诗一泄哀，掷笔泪盈眦。

从全诗的字里行间，我们不由得感受到和珅丧妻后的悲痛和孤独，对妻子在世时甜美生活的依恋，更可以从他触景生情的描述中，看到和珅对妻子感情的细腻真诚、凄婉哀约。我们不能不佩服和珅这个乾嘉时期官场上飞扬跋扈的政治强人，竟能写出如此凄婉哀伤的诗文，不由得使人相信和珅是从内心里抒发的真实情感，反映出和珅的人情味。从中我们也可以看到，冯氏或冯氏家族对和珅一生生活和政治前途所产生的巨大影响。

4. 甘愿殉情的吴卿莲

当年和珅当权时，奴仆成群，姬妾众多。他除结发妻子冯氏外，尚有爱妾多人，以致有清人说他"后房姬妾无数"。但在当时的社会观念里姬妾众多也不是什么大不了的事情，我们的先人不是说过"不孝有三无后为大"吗？为了绵延香火，多娶妻妾多生子女也就有了合乎道德的理由，只要有物质基础作保证就可以了。富可敌国的和珅自然具备这样的条件，他也确实缺少子女，只不过他的许多小妾竟是无耻的官僚们主动献给他的，又因为他胆敢将出宫女子娶为次妻，把别人遗留下来的小妾纳为己有，所以落得后人的诟病和鄙视。

妾在封建社会是地位卑下的一个阶层，在我们看来，她们只是男人手中的玩物和生孩子的机器，是值得同情的社会牺牲品。她们与她们名义上的男人应该没有什么真感情，就如同现代的富人、权贵们所包的"二奶"差不多。其实也不尽然，当时的她们也有不少人与他们

共同拥有的男人还颇有感情，以至于有些人还会为她们喜欢的男人们牺牲自己的性命。和珅、和琳兄弟就有这样的魅力。嘉庆元年，和琳死在镇压苗民起义的战场上，他的爱妾殷云卿即为他殉了葬，使和珅感叹不已。和珅被赐死后，他的不少爱妾也为他自尽了，而现在能知道的就有吴卿莲和长二姑。

吴卿莲本是原任甘肃布政使、后任浙江巡抚的王亶望的爱妾，由于能诗善画，言语乖巧，很受王亶望宠爱，特在杭州西湖边上修建了饰以宝玉的楼阁供其居住，称为迷楼。乾隆四十六年，甘肃冒领赈灾钱粮大案发生，王亶望和时任陕甘总督的勒尔谨等二十余人被处死，家庭财产被抄没，他的爱妾吴卿莲即被侍郎蒋锡棨所得。后来蒋锡棨为巴结和珅，忍痛割爱，把她奉献给了和珅。

和珅一见钟情，对吴卿莲十分喜欢，经常把她带在自己身边，并仿照王亶望的迷楼，为她修建了专门的池馆。据说嘉庆四年正月初八和珅被抄家那天，吴卿莲住在和珅海淀淑春园中，当时就被刑部和顺天府衙门的兵士看管了起来。吴卿莲在被软禁期间，回想起自己一生几度荣辱，几易其主，又想到和珅对她的爱抚，不免有些眷恋，于是她在和珅死后的正月二十日午刻自缢身亡，临死前曾作绝句十章，叙述其一生悲苦心情。现据保存于中国第一历史档案馆的《查抄和珅家产清单》以及邓之诚《古董琐记》卷5中的吴卿莲诗词，摘录如下，以飨读者：

晓粒惊落玉搔头，宛在湖边十二楼。

魂定暗伤楼外景，湖边无水不东流。

香稻入唇惊吐日，海珍到鼎厌尝时。

蛾眉屈指年多少，到处沧桑知不知。

缓歌慢舞画难图，月下楼台冷绣襦。

终夜相公看不足，朝天懒去倩人扶。

莲开并蒂岂前因，虚掷莺梭廿九春。

回首可怜歌舞地，两番俱是个中人。

最不分明月夜魂，何曾芳草怨王孙。

梁间燕子来还去，害杀儿家是戟门。

白云深处老亲寻，十五年前笑语温。

梦里轻舟无远近，一声欸乃到吴门。

村姬欢笑不知贫，长袖轻裙带翠颦。

三十六年秦女恨，卿莲犹是浅尝人。

冷夜痴儿掩泪题，他年应变杜鹃啼，

啼时休向漳河畔，铜爵春深燕子栖。

钦封冠盖列星辰，幽时传闻进贵臣。

今日门前何寂寂，方知人语世难真。

一朝能悔郎君才，强项雄心愧夜台。

流水落花春去也，伊周事业空徘徊。

　　从该诗注释中可以知道，正月初八早起后，吴卿莲正在精心整理头发，突然间听说和家被籍没，惊吓之下，梳头的梳子也掉在地上；有正在吃饭的家人竟因惊吓而把饭吐了出来。恰似当年王亶望家被查封时的一幕：庖厨刚刚送进做好的燕窝汤，满屋都是，由于已经吃腻了，所以多放在茶几上，前来抄家的兵役看见后，纷纷大嚼，称之为洋粉。此情此景，使得吴卿莲感到世道的变化无常，人生的变化莫测。不由得为自己几易其主、几度荣辱的经历感叹不已，随即选择了自缢而亡。

　　还有一种说法是，吴卿莲被没入官后曾被某贝勒看中，想纳为自己的小妾，托人将吴卿莲从狱中接出来。可吴卿莲拒绝了贝勒爷的要求："奴婢是不祥之人，两次嫁人，两次被罪，本想随夫殉葬，只念老母孤身一人，无人侍候，婢子不敢先死，只好含羞忍辱，苟且偷生，若有机会，愿陪伴老母终生；若有不便，请允婢将青丝剪断，为贝勒爷祈福"。贝勒爷无奈，只好同意她削发为尼，于是吴卿莲在西山尼庵中做了一个尼姑渡过了自己的余生。据说吴卿莲出家时还留下了一首诗：

自从孤翼叹无巢，绮梦尘缘一例抛，

惭愧窗前雪衣女，心经一卷已先交。

炉香瓶水小排当，高矗莲花别样妆。

自是妙严公主样，上砖步步礼空王。

记否园中布地金，萧萧紫竹早成林。

杨枝遍洒人间水，争拜慈航观世音。

几多朱户几禅关，解脱因缘去不还。

历尽娥眉多少劫，夕阳斜处到西山。

两种说法，孰是孰非？今天已难于判断，但吴卿莲自从随了和珅后没有再嫁却是一致的，只不过是选择自缢而亡显得悲壮些，而选择在西山尼庵做一个尼姑显得平淡些而已。

5. 能干的长二姑

和珅另一个有名的宠妾名叫长二姑，人称"二夫人"。长二姑在和珅众多的妻妾中应该是最受信任的一个，由于善于理财，她常年负责和家的财务，成为和家的财务总监督。而且很有主见，和珅遇到一些棘手的事情时总喜欢与她商量商量，因而在和家最有权势。

据说长二姑的父亲原在正蓝旗牧地上放马，母亲姓白，是某公府中的贱婢，年长后出公府配人，婚后生有二男二女。长二姑是长女，十一岁时被送到刑部曹司员家做奴婢。司员太太是位善良的女人，本也出身贱婢，大概是同病相怜，她见到长二姑后，顿生怜悯之情，替她梳头缠脚，甚至教她识字读书，相处甚好。长二姑本是一个勤快、吃苦耐劳而又十分聪明伶俐的女孩，在司员家她不仅学会了管家理财，而且跟着司员太太学会了吟诗作赋，连琴棋书画也略通一二。几年之后，长二姑出落成一位漂亮的大姑娘，司员就想纳她为妾。而此时曹司员听说刑部秋审处出了空缺，曹司员为了把这个肥缺弄到手，就慷慨地把长二姑送给了和珅。和珅一看长二姑貌美异常，就欣然接受了。

长二姑来到和珅府后，非常尊敬和珅的嫡妻冯氏，再加上聪明能干，善于操持家务，和珅在官场上遇到了难题，就找长二姑讨教，经长二姑一点拨准成。因而长二姑很快就得到了和珅的宠爱，成了和珅的左膀右臂，和珅府中上上下下的人都尊称她为二夫人。

后来曹司员见长二姑在和珅家地位日升，为了巴结、讨好和珅，正式认长二姑为义女，并托长二姑向和珅求情，升任为永定河的道员，这也是一个经手钱粮的肥缺。

二太太知书达理，熟知函札簿籍，和珅偌大的家产，全凭她管理得井然有序，有条不紊。有时还代爱卖弄诗词的和珅吟几首诗，填几阙词，比幕僚做得还漂亮，令和珅的同僚们艳羡不已。和珅后来地位日升，姬妾也越来越多，但只有长二姑才是和珅的专宠，她的话在和珅府中说一不二，就如同家法一般。佣人的进退，田产的买卖，店铺的开设，只要二太太吩咐，和珅都一概应允。在和家，只是在老太太、太太面前，长二姑才俯首称小，一遇失宠的姬妾，她便作威作福，凌逼她们。

长二姑还是和珅敛财的好帮手，她为和珅卖官鬻爵出谋划策，收受礼物由她安排。她串通郝云士等一帮掮客，以及和珅府大管家刘全等人，弄到数百万的财帛金银，成为和家的聚敛能手。自和孝公主下嫁和家后，她把和孝公主的起居饮食安排得十分周全，深得和孝公主的宠爱。因此，有人求额驸或和孝公主办事，也都由她一人代劳从中捞利。

长二姑在和家也想着娘家人。在她的帮助下，她的兄弟一个做了知县，一个成了富甲一方的盐商，一人抓权，一人抓钱。她的子侄们也都在县衙里，靠和珅这块招牌谋了肥差。

嘉庆四年正月十八日，和珅引帛自尽的消息传到长二姑耳朵里时，她很悲痛，面对苦心经营的偌大家业顷刻化为乌有，和珅这棵遮风挡雨的大树也已不复存在，想到往日里她与和珅的恩爱和心灵相通，想到自己以后孤苦伶仃的生活，遂决定随和珅而去。死前亦赋七律二章挽之，并以自悼：

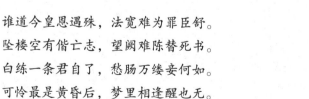

谁道今皇恩遇殊，法宽难为罪臣舒。
坠楼空有偕亡志，望阙难陈替死书。
白练一条君自了，愁肠万缕妾何如。
可怜最是黄昏后，梦里相逢醒也无。
掩面登车涕泪滂，便如残叶下秋山。
笼中鹦鹉归秦塞，马上琵琶出汉关。

第十章 温馨的家庭

自古桃花怜命薄，者番萍梗恨缘艰。

伤心一派芦沟水，直向东流竟不还。

　　长二姑原以为和珅罪不至于死，也想通过关系将和珅捞出来，甚至想上书替和珅顶罪，最终却无法如愿，眼见和珅已先她而去，独自苟生已无意义，随即选择了从和珅于地下的殉死一途。

第十一章

并非仅仅是贪官

1. 识得军国大事

和珅是一个大贪官，此话不假。但历史上的和珅除了"贪"之外，还做过许多至少看起来不是"坏事"的事。

和珅在乾隆后期，当政长达二十多年，深得乾隆帝重用和赏识，要知道乾隆帝毕竟是开创了"康乾盛世"的一代明君，而不是一个昏君。所以，和珅当政期间不可能是一个只知贪污受贿，不识军国大事的人；否则，不用等到嘉庆当政，乾隆早让和珅人头落地了。

但由于嘉庆赐死和珅后，官方关于和珅的档案资料可能多被毁坏，所以，我们能看到的官方及民间的记载，大都是和珅负面的形象。但从仅存的官方资料中，我们也可看出乾隆的数次重大用兵，和珅要么亲临前线作为督军，要么负责整个用兵的后勤供应，要么给乾隆帝出谋划策，都立下了一定的功劳。在处理少数民族与中央政府的关系上，在处理外交事务上也都有些政绩可言。

和珅在一些经济事务上，也作出了一定的贡献。例如《清史列传》记载，乾隆五十二年（1787年），"京师米价昂贵，各铺户囤积居奇。"竞相涨价，市民特别是贫民叫苦连天。和珅看到这种情况，便上奏："请嗣后饬禁，毋得过五十石。"即请乾隆下旨，各粮商存货不得超过五十石，否则问罪。和珅还主张把查出的六万多石粮食或减价出售，或设粥厂赈济百姓，因此曾引起商人和王公大臣的群起反对，据说只有刘墉支持和珅，而京城百姓则拍手称快，称和珅为"和青天"。

和珅当政的二十多年中，在乾隆的同意下，对清朝前期制定的所有政治、经济、文化等方面的制度，做了一系列的变更革新，具有一

定的历史意义，在这一点上，和珅可谓是一位军国大事的谋略家。当然，更多的是他为了方便自己独断专权而做的调整，为清朝以后的统治留下了弊端。

和珅长期在军机处任职，利用职权对军机处做了大量的调整，而且等到后来和珅倒台后，已经分辨不清哪些是原有的体制，哪些是出自和珅的手笔了。

清代学者洪亮吉曾说："十余年来，其更变成例，汲行一己私人，犹未尝平心而论，内阁、六部各衙门，何为国家之成法，何为和珅所更张，准为国家自用之人，谁为和珅所引进，以及随同受贿舞弊之人，皇上纵极仁慈，纵欲宽胁从，又因人数其广，不能一切屏除。"嘉庆上台后，即使想要彻底清除和珅党羽，也觉人数过多，忠奸难辨只好作罢了。和珅能做到这一步，首先因为他改变了过去军机处章京人数均有定额的做法，而是规定："其挑补俱由军机夫臣自取，并不带领引见"，这样一来，军机处就成了脱离皇帝管理之外的独立衙门，和珅完全掌握了军机处的人事任免权，可以不经过皇帝就决定人选，任人被排挤出去。和珅利用这一机会，将军机处中绝大部分与己不和、不依附于他的人撤职或调出，肆意利用党羽，使偌大一个军机处完全成了和氏的天下。

另外，和珅还对传统的台谏制度做了变更。中国传统的官僚体制，因为制度建设的松散和不健全，主要还是南官员进行"人治"，与此同时又缺乏有效的约束官员的体制，为了弥补这一缺陷，才设立了所谓的"谏官"制度。谏官起源于汉朝的"御史台"，所以又称"台谏"之官。谏官的任务就是"风闻言事"，负责监督各级官员的行为和操守，有权利直接向皇帝上疏弹劾官员，而且可以仅凭"风闻"，即不一定需要具备充实确凿的证据，就可以加以参奏。历代的谏官，都为封建君主重视，大多选用清正耿直之士来担任。到了和珅那里，他以年轻官员办事不如老年官员持重，多非无稽之谈为由，规定谏官只能任用六十岁以上的官员。试想人到老年，锐气大减，又离告老还乡时日不远了，谁还肯为了参劾官员毁掉自己的晚年。所以，自此以后，台谏之官大多缄口无言，形同虚设，而且和珅还规定，以后凡是呈递给皇上的奏折，都必须同时向军机处递交一份副本，这就是《清史稿》

中所说的："同有奏折，令具副本，关会军机处。"这样一来，和珅便把朝臣上疏言事的渠道给封住了，谁会胆敢把弹劾和珅的奏折送到他手中。和珅从此可以高枕无忧了，不用再担心有人会告他的状了。

在军事方面，和珅也手握重权，他除了担任正蓝旗、镶黄旗、正黄旗、正白旗、镶蓝旗的副都统、都统之外，还曾兼任过兵部尚书，掌握过整个国家的兵权。乾隆后期，甘肃农民起义，和珅曾做为钦差大臣前去督军，后来台湾起义，又是和珅向乾隆举荐福康安任主帅征讨台湾，而且整个用兵的粮饷、后勤也多是由和珅安排的。

和珅在制度上变更最为重要的是议罪银制度的设立。这项制度由乾隆四十五年（1780年）左右开始设立，一直延续到乾隆逝世才告终止，其间大约经历了二十年。议罪银由和珅在军机处内部设立的密记处加以管理，收取的银两绝大部分不归入国库，如果官员犯了过失尚非法所难有，是以酌量议罪，用不薄惩。也就是官员交纳银两以代罪的制度。然而，实际操作过程中，正所谓"欲加之罪何患无辞"，只要皇帝需要银两了，可以很容易地寻找原由，叫官员出钱。因为议罪银采取的是"自愿"交纳的形式，有一些贪赃枉法的官员，为了表明自己的忠心，也为了日后减少麻烦，未雨绸缪，常常不等怪罪就先交上银两，而且从重交纳，以博取皇上欢心，据记载只议罪银一项，乾隆每年的收入就可达三十万两左右。

和珅在制度上所做的一系列变革，在嘉庆亲政后随着他的倒台大多被废除，但是，毕竟对乾隆统治后期的社会产生了巨大的影响，造成了各地农民纷纷起义、官员贪污成性等社会的混乱局面。

2. 皇帝的理财高手

乾隆之所以特别宠信和珅，很重要的一个原因就是因为和珅善于敛财。他总是运用各种方式，为乾隆聚敛到不可计数的财富供他挥霍，正因为这样，乾隆才感到自己的生活中无论如何离不开和珅。

乾隆统治时期，整个社会经过了康熙、雍正两朝的励精图治，表现出一派欣欣向荣的景象，社会生产力得到了较大的提高，人民的生活也开始变得富足，国库也较为充裕。这些无疑使得乾隆有些沾沾自

喜，对自己的政绩颇为得意：这就好像一个殷实之家的主人，看到自己的财富日多，就会变得喜好讲究气派，追求排场。乾隆也渐渐成为了中国历史上不多的最为好大喜功的皇帝之一。然而再大的家业，也架不住整日的挥霍，乾隆一生中曾六下江南，多次拜谒泰山、三孔等古迹，还修建了多处宫室，再加上他性喜收藏，对各种诗词碑帖、古玩玉器无所不爱。就连当时的朝鲜使者都感觉到乾隆的奢侈无度，他说："皇帝穷奢极侈，故赋重役烦，生民困苦，不自聊活矣。"这样，到了乾隆中年的时候，大清帝国的国库已然有些不支了，而止所谓"由俭入奢易，由奢入俭难"，过惯了富贵日子的乾隆，很难一下子改变自己的生活，所以他迫切需要一个善于理财又能广开财路的人。和珅的出现恰逢其时，立即成为乾隆的心腹，被乾隆视做国之栋梁。

和珅是一个只知道敛财不会考虑社会生产发展与否的人。所以，他的广开财路，说白了只不过是巧立名目，把各地官员和商人的财富搜刮过来而已；而且，这些钱又必须来得名正言顺，让乾隆用得理直气壮。为此，他广泛号召官员，为了感激皇恩浩荡，自愿进行贡献，以示忠心。他这么一说，谁敢不听，如果不贡献财物，岂不成了对皇上不忠心了。当时，无论是朝中的官员，还是各地的地方官都争先恐后、不遗余力地把搜刮来的财物贡献出来。乾隆的第五、第六次南巡，靠的差不多全是江南一带官吏和富商的贡献，内务府几乎没有什么支出。还有每年到了皇上、皇太后寿诞或是年节之际，各地的礼物也会源源不断地涌入京城，让乾隆十分高兴，对和珅的理财才能赞不绝口，好像这些财富全是和珅一人的功劳，他就忘了"羊毛出在羊身上"的道理，和珅为他聚敛的财富还不是出自天下的百姓。

和珅除此之外，确实也对政府财政的管理费了不少脑筋。他在身为崇文门税务总监期间，像管理自己的家产一样精打细算，绞尽脑汁。京城中自明朝起就设有收税的关卡，原本有九道，即在九座城门分别向进出京城的客商官员收税。到了清朝全部集中在一处，在崇文门统一收税，设正副监督各一人。因为这是一个实实在在的肥缺，皇上一般会任命自己最喜爱的大臣掌管，以示恩宠，因此和珅在长达十几年的时间里一直担任这一职务，捞尽油水。崇文门的关税在和珅的掌管之下，越来越重，恨不得雁过也要拔毛；不但过往商旅不堪重负，就连朝廷官员也是难以应付。据传说，京城周围的百姓入城时，都会在帽沿上插上两文制钱，让把守的税吏自行摘取，已经成了习惯。这种苛刻的税收，使崇文门以每年十七万两的收入位居全国三十个税关的第四位，远远高于其他的关口。

和珅除了任崇文门税关总监督以外，还长期担任内务府大臣，内务府是皇室的财政机构，主管包括皇室的日常用度在内的一切开销。经过乾隆多年的奢侈生活，内务府早已是捉襟见肘，府库空虚，难以为继了。据史料记载，和珅担任内务府大臣前，"本府进项不敷用时，檄取户部库银以为接济"。可是和珅出任内务府大臣之后，不出几年，状况就大为改观，内务府不但可以自给自足，而且还有多出的银两可以接济外府了，整个局面来了个彻底的扭转。每年乾隆的寿诞，都是内务府的一笔巨大的开支，和珅没有接手之前，历任大臣每逢皇上寿诞都会百般无奈，既不能寒酸，又确实是苦于银两不足，常常到了最后只能勉强应付，很难令乾隆满意。到了和珅手中，皇上的寿诞成了求之不得的好事，他不但能操持得排场隆重，自己还能从中大捞一笔。乾隆五十五年（1790年），乾隆八十大寿，他像往年一样下御旨，要求务求节俭，不可铺张，剩下的一切都放心地交给和珅去办了。经过和珅的细心筹备，庆典办的异常隆重、盛大，史书记载："皇帝虽立节省，而群下奉行，务极侈大，内外宫殿，大小仪物，无不新办，自燕京至圆明园，楼台饰以金珠翡翠。假山亦设寺院人物，动其机括，则门窗开阖，人物活动。营办之资无虑屡万，而一毫不费官帑，外而列省三品以上大员，俱有进献，内而各院部堂悉捐米俸，又以两淮盐院所纳四百万金助之，方自南京营运，及其输致云。"

乾隆无疑将和珅看成了一个聚敛有方的精明强干之人，只要有和珅在，他就不必担心钱财的问题。和珅凭借这一点，在乾隆心中打下了坚实的基础，牢牢站稳了脚跟。

3. 出色的"民族事务家"

和珅除了善于理财之外，还是一个出色的民族事务家和翻译家。

清朝同国内各少数民族以及周边国家的交往日益频繁，国家对外

交人才的需求也日益加大。而中国传统化的训练对这方面人才的培养，无疑存在着一定的欠缺。和珅凭借着他在咸安宫官学中熟练掌握的满、汉、蒙、藏四种语言，脱颖而出，成为乾隆时期最为出色的民族事务家。

西藏自唐朝文成公主嫁给吐蕃首领松赞干布之后，就和中央政府保持着密切的联系。元朝时，中央政府开始正式在西藏派驻行政机构管理地方事务，西藏地区佛教鼎盛，藏民都信奉佛教的分支喇嘛教。所以，宗教领袖同时也是西藏的政治领袖。明朝万历年间，喇嘛教领袖南嘉措被尊称为达赖喇嘛，成为被中央政府承认的第一位西藏本土的首领，另外还有班禅额尔德尼，西藏就处在达赖喇嘛和班禅的统治之下。雍正年间，准噶尔部的头目策旺阿拉布坦趁两藏内部为争夺统治权的斗争而出现了两个达赖六世之机，攻入拉萨，囚禁了达赖六世，清政府派兵前往救援，经过艰苦的征战，驱逐了准噶尔兵，重新拥立青海所立的达赖六世登上宝座，举行了隆重的宝床大典。从此，西藏在清政府的管理下，安定了二十多年。

还有前面所述，乾隆四十五年，和珅妥善处理西藏六世班禅前来北京觐见乾隆皇帝这事，通过这些事，和珅展示出了他出色的处理民族事务的才能，被乾隆任命为理藩院尚书，管理蒙、疆、藏事务及外交上的一切事宜。

4. 御前奉和诗人

乾隆皇帝一向喜好夸耀自己的文采，平日里极为喜欢吟诗作赋，觉得他的诗作上可比李杜下不让温韦。每到一处，总忍不住显示一下自己的才华，题名赐字之余，还要赋诗一首，以志心志。和珅为了能同乾隆有共同语言，也刻意留心学习做诗，尤其是泛览乾隆的诗作，令他的诗风与乾隆极为相似，深为乾隆所爱。

历史上常有这样一些御用文人，用手中的笔墨粉饰太平，给朝廷妆点门面，为皇帝歌功颂德。就连才华横溢、放浪不羁如李白者不也曾为唐玄宗写过"云想衣裳花想容"之类的诗作吗？这样写出来的诗，往往词藻华丽，空洞无物，只会渲染气氛，却毫无真情实感。所以通观历史上留下来的千古不朽的诗作，几乎没有几首是出自御用文人之手。和珅在此道中还算是较为优秀的一个，他的诗还曾受到过钱泳的称赞，说他的诗有佳句可采。因为他写诗风格酷似乾隆，所以，有时乾隆就命和珅代为题诗，和珅的诗集中留下了不少奉"敕"而做的作品，如《奉敕敬题射鹿图·御宝戊申》：

> 木兰较猎乘秋令，平野合围呦鹿竞。
> 霜叶平铺青嶂红，角弓晓挟寒风劲。
> 图来制匣宝装成，贮就天章玉彩莹。
> 文修武备双含美，犹日孜孜体健行。

古人云："诗必穷而后工"，诗只有真正发自内心，才会有感人的力量。我们要探究和珅的诗才，决不能只看他的御前唱和之作。更应该关注那些他真正情寓于中不得不发的作品，从中才能更好地看出和珅的才华。

和珅的妻子冯氏在嘉庆三年（1798 年）病故，和珅悲痛欲绝，做悼亡诗六首：

其一：
结缡三十载，所愿白头老。
何期中道别，入室音容杳。
屏纬尚仿佛，经卷徒潦倒。
泪枯挽莫众，共穴伤怀抱。
游川分比鳞，归林叹支鸟。
追思病时言，尚祝余足好。（时余足疾复作）
犹忆含殓前，不暝心未了。
自此退食余，谁与伴昏晓。
抚棺一长痛，嗟彼蒙藏矫。

其二：
修短各有期，生死同别离。

场此一坯土，泉址会相随。

今日我哭伊，他年谁送我。

凄凉寿椿楼，证得涅槃果。

其三：

夫妻辅车倚，唇亡则齿寒。

春来一齿落，便知非吉端。

哀哉亡子逝，可怜形影单。

记得去春日，携手凭栏杆。

玉蕊花正好，海棠秀可餐。

今春花依旧，寂寞无人看。

折取三两枝，供作灵前观。

如何风雨妒，红紫同摧残。

这几首诗没有用他常用的七言体，而全部采用了五言古风，让人
很容易想起两汉时期的《古诗十九首》。和珅的这几首诗写的也确如
《古诗十九首》一样质朴无华，直指人心，落地有声，欲哭无泪，将他
悲痛的心情描画得淋漓尽致。

类似的佳作在和珅的诗集中还可以找到。他陪同乾隆在热河避暑
时，接到了次子夭折的消息，这对于爱子如命的和珅不啻晴天霹雳，
提笔写下了《忆悼亡儿绝句十首，以当挽词》：

河汉盈之两泪倾，都关离别恨难平。

双星既有夫妻爱，应识人间父子情。

老来惜子俗皆然，半百生男溺爱偏。

今竟无情抛我去，几回搔首问青天。

襁褓即知爱文章，（是儿生而颖异，每逢啼哭乳母抱赴屏壁间，指
点字画，即转啼为笑）痴心望尔继书香。

归家不忍看题壁，短幅长条一律藏。

学语先知父母呼，每逢退食足娱吾。

秋来归去无聊甚，触处伤情痛切肤。

寄语老妻莫过伤，好将遗物细收藏。

归时昏眼如经见，竹马玫瑰总断肠。

　　"双星既有夫妻爱，应识人间父子情"，也许就是钱泳所谓的诗中佳句了，正是"不能有此事，不可无此语"，和珅的这一句诗，将痛失幼子的彻骨之痛写的令人不忍卒读。

　　所以，和珅尽管仍是一个名副其实的御前奉和诗人，但是他的诗作中还是有不少佳品的，他的诗都收录在《嘉乐堂诗集》中，流传至今。

5. 慧眼识《红楼》，美文传天下

　　和珅一生中，最让人意想不到的是千古奇书《红楼梦》的完成、出版、流传竟然与他有着莫大的关系。可以这样说，如果没有和珅的发现，我们实在有理由担心《红楼梦》能否流传至今，成为中国文学史上的一朵奇葩，永远放射着夺目的光华。

　　乾隆四十五年（1780 年）十月，和珅出任《四库全书》正总裁之后，多次鼓动乾隆发布上谕，进一步催促各地"将违碍字句的书籍，着力查缴"，少有的严格。而据红学家们研究，《红楼梦》就是在这个时候，逐渐广为流传，为人所知的。其过程几乎与《四库全书》的修繁相始终。早些时候，虽然坊间也可以见到《红楼梦》的刻本，但是作为禁书，是由少数为了牟利的书商冒险刊行的。然而到了乾隆五十四年以后，江南各地已可以随处见到《红楼梦》的刻本了，这究竟是为什么呢？

　　《红楼梦》由曹雪芹在乾隆中期著成。曹雪芹是康熙时江宁织造曹寅的孙子，自小家中豪富，过着锦衣玉食的生活。后来，突发变故，因为在康熙帝诸皇子争夺皇位的斗争中，曹家支持皇八子胤禩，皇四子胤禛即位后即查抄曹家。曹雪芹当时只有十三岁，一下子被抛入了贫寒交加的境遇中。生活上的巨变，令他痛苦不堪，到了成年后家境

更加穷困，竟然达到了"举家食粥酒常赊"的地步，遂看破世情，于悼红轩中，批阅十载，开始写作《石头记》一书。

到了乾隆三十八年，曹雪芹唯一的儿子因无钱延医买药不治身亡，曹雪芹不堪丧子之痛，撒手人寰，留下了《石头记》前八十回的书稿和后四十回零散之回目及片断。不久，《石头记》被人辗转抄录传开。

据说，和珅的党羽苏凌阿花费巨资买到了《石头记》的原抄本，珍藏家中。和珅早就听说了《石头记》，但是苦于无处可寻。倘若他真要有心命人查找，原也不难，可是他身为朝廷负责审查书籍的官员，怎能公开命人查找这部禁书呢？所以，当他偶然从苏凌阿那里看到《石头记》时，欣喜之情就可想而知了，他很快读完了书的前八十回，不由倾心折服，认定这是天下第一的小说。于是打起了如意算盘，这样一本书，皇上一定喜欢，只要我像删削修改《四库全书》一样对它做一番处理，不就可以把它献给皇上，以讨皇上欢心，进而刊行天下，落得个好名声吗？而且这部书缺少后四十回，正可以命人在续写时对书中主旨做些修正，使它合乎礼法。

和珅命人找来了当时的著名文人高鹗，命他续写完成《石头记》一书。高鹗与他的朋友程伟元恰好早就在为《石头记》续卷成篇，听完和珅的话，喜不自禁，就将他们续写的书稿交与和珅。和珅拿来细读一番之后，认为写得过于绝望悲凉，就让高鹗重新安排一个略为圆满的结局，同时对前八十回中厌世的文字也做些修改。高鹗虽然心中不忍，却也无可奈何，只好按和珅的意图重新修改了《石头记》并更名为《红楼梦》，和珅看过新稿后，非常满意，就呈递进宫，请乾隆御览。乾隆一见果然非常喜爱，整日里手不释卷，一气读完，在和珅面前赞不绝口。和珅于是请求乾隆解除对《红楼梦》的禁令，刊行天下，乾隆允诺，由当时全国最好的出版机构武英殿刊刻一套聚珍版，从此《红楼梦》一书，流遍全国，风靡一时。

和珅一生，虽然毁坏书籍无数，但仅凭襄助《红楼梦》出版一事，已可以说是善莫大焉，于中国文学史有功了。

第十二章

末日来临

乾隆六十年（1795 年），年迈的乾隆皇帝传位于自己的儿子嘉庆。但嘉庆改元及新君即位，并不意味着乾隆时代的结束，实际上这位八十五岁高龄的太上皇依旧是大清帝国的主宰。在他看来，三十五岁的子皇帝"初登大宅，用人行政，尚当时加训诲"，军同大事"岂能置之不问"？身为太上皇的他，"仍当躬亲指教，嗣皇帝朝夕聆听训谕，将来知所秉承，不至错误"。这位"自揣精神强固"的太上皇，仍旧每日披览奏章，对于察吏勤民之事，随时训示子皇帝，希望他勤加练习。

据《朝鲜李朝实录》所载，嘉庆元年正月十九，太上皇在圆明园的"山高水长"招待前来参加归政大典的外国使臣及蒙古王公观看烟火。太上皇在召见朝鲜使团时，令和珅宣谕："朕虽归政，大事还是我办。你们回国，问国王平安。道路遥远，不必差人谢恩。"

可见，乾隆此时虽然位居太上，却仍不愿放弃大权。

登上皇帝宝座、得到皇帝玉玺的嘉庆，实际状况又如何呢？参加归政大典的朝鲜使臣李秉模，在回国后曾向本国国王作如下汇报："新皇帝状貌和平洒落，终日宴戏，初不游日，侍坐太上皇，上皇喜则亦喜，笑则宜笑。"

一言以蔽之，嘉庆不可能走出乾隆的阴影。

对嘉庆来说，一方面要接受太上皇的训政，接受太上皇的旨意，令行禁止，不能有任何个人的见地，另一方面也不能对权力有任何染指之嫌，更不能对藩邸旧臣与朝中大臣有蛛丝马迹的联系，否则就会在太上皇敏感而又多疑的心中形成一个虚幻的子皇帝党的威胁。乾隆对此是非常敏感的，嘉庆改元后，在新君藩邸的老师朱圭，同其他大臣一样向嘉庆进颂册，然而朱氏的颂册则要受到乾隆的审查，看其措

辞是否得当，是否符合大臣之体。此后，当乾隆决定把担任两广总督的朱圭调至京师担任大学士时，嘉庆立即赋诗祝贺，孰料墨迹未干，和珅已把此事向乾隆汇报，从而使太上皇得出"嗣皇帝欲示恩于师傅"的结论，竟至大动肝火，颇有治罪嘉庆之意，多亏董浩从中周旋，才使得乾隆冷静下来，并要求董浩"经常以礼辅导嗣皇帝"。这一场欲治罪嗣皇帝的风波，虽然终于平息，但它却给嘉庆以及朝中大臣留下了不尽的惶恐，此后的嘉庆只能更加小心翼翼，在权力问题上愈发表现得无所作为，一切唯太上皇的意志是从。

朝中一些大臣都在心底盼望嘉庆能真正亲政，盼望新君能走出乾隆的阴影。大学士阿桂于嘉庆二年（1797 年）八月二十一病故，终年八十一岁。他在临终前，曾无限感慨地对家人说：

"我年逾八十，可死；位居将相，恩遇无比，可死；子孙皆以佐部务，无所不足，可死。今忍死以待者，实欲俟皇上亲政，犬马之意得以上达。如是死，乃不恨然。"

然而，阿桂并未能等到这一天。

英国使团副使乔治·斯当东在撰写的回忆录中是这样描绘乾隆晚年与和珅的关系的：

"和中堂（即和珅）紧随在皇帝御驾后面，当皇帝停下轿子差人走过来向特使慰问的时候，几个官员跳过沟去走到轿前下跪致敬。可注意的是，除了和中堂之外，没有其他大臣和皇室亲人等跟随着皇帝陛下，足见和中堂地位之特殊。"

"他是皇帝唯一宠信的人，掌握着统治全国的实权。"

"这位中堂大人统率百僚，管理庶务，许多中国人私下称之为'二皇帝'。"

上面说的是嘉庆三年前的情形，迨至乾隆退居太上之后，随着乾隆体力、精力的衰退，对和珅就愈发依赖。

乾隆在退居太上皇之后，生活规律，起居有常，偶有失眠，默念几遍佛家《七偈》即可入睡，他在一首诗中写道：

"笑众虚称佛（宫内以老佛爷称太上皇），有心诚愧儒。消眠常背读，七偈七呜呼。"

太上皇的身体虽然健康如昔，但听力、视力却在急剧衰退。乾隆的左眼在二十多年前就已经变花，但他拒绝戴花镜，因而到八十多岁以后，已看不了奏折。臣下奏章的副本要交给和珅，而和珅为了不刺激太上皇，使其健康进一步恶化，就采取报喜不报忧的办法，致使许多真实情况被封锁。

尽管和珅极力要延缓太上皇的衰老进程，但乾隆衰老的速度依旧不以人的意志为转移，其左耳所患重听症愈发严重。按照中医的观点，男性左边的器官生病很难治愈，女性则正好相反。乾隆的视力、听力都是左边出了问题，这本身就不是一个好兆头。

乾隆退位两年之后，记忆力已明显衰退，很可能得了老年健忘症，经常是刚用过早饭，又传早膳，往往是"昨日之事，今日辄忘；早间所行，晚或不省"。不久，乾隆说话也变得含混不清，除了和珅能听懂太上皇说什么，和珅自然就成为乾隆的翻译，至于在翻译中是否假传圣旨，只有和珅自己清楚。为太上皇，依旧大权在握，这就意味着和珅仍然是"统率百僚，管理庶务"的"二皇帝"，是太上皇的代言人！但是，随着乾隆的逐渐衰弱，这一切已变得是"祸"不是"福"。

自从和珅得悉乾隆决心履行诺言，周甲退位后，他就被一种不祥的预感所笼罩。为了讨好即将成为嗣皇帝的永琰，和珅在乾隆五十九年九月初二，也就是公布永琰为皇太子的前一天，亲自到永琰的藩邸送玉如意。按照满洲贵族的习俗，每到年节，宗室王公以及从中央到地方的高级官员都要向皇帝送如意，取其吉祥如意之义。和珅向永琰送如意，表明对即将成为新皇帝的永琰的恭维。孰料永琰并不领情，在和珅离去之后大发雷霆，喝令王府侍卫，以后和珅来见一律不得通报。十五阿哥的这种敌对情绪，旋即传入和珅的耳中，使得和珅愈发不安。

在禅让大典举行之后，和珅则要周旋于太上皇与嗣皇帝之间，他

必须对太上皇竭忠尽智，但这又势必引起嗣皇帝的不满，一旦太上皇驾崩，嗣皇帝大权在握，他就免不了被罢斥；可是如果他转投到嗣皇帝门下，能否被接纳姑且不论，一旦被太上皇得到些许信息，他也必将死无葬身之地。

总之，和珅面临两难的选择——一个是日后垮台，一个是立即完蛋。在这种困境下，和珅选择了前者。

然而，嘉庆改元才过半年，厄运便向和珅袭来。在不到三年的时间里，他一连失去幼子、胞弟、独孙、发妻四位亲人，打击不可谓不大。

嘉庆元年四月刚过，和珅便扈跸太上皇踏上北上避暑之路。自从担任侍卫以来，他几乎每年夏天都要陪伴皇帝在避暑山庄中度过，这次当然也不例外。然而，在这次北上时，尽管和珅自身的关节老毛病又犯了，而且还承受着新皇帝对他不喜欢的巨大心理压力，但一封突如其来的家书却把他搅得心绪不宁——家书带给和珅的是幼子病重的消息。

和珅子嗣不旺，虽有一妻数妾，但只有元配生有一子，就是成为皇帝十额驸的丰绅殷德。一年多前，已是四十六岁的嫡妻又生一子，这可真应了民间那句"够不够四十六"的老话（女人过了四十六岁，一般不能再生育）。对于只有一棵独苗的和珅来说，老来得子自然是一件天大的喜事。更何况这个老疙瘩"生而颖异，每逢啼哭，乳母抱赴屏壁间，指点字画，即转啼为笑"，着实令和珅夫妇百般溺爱。就连丰绅殷德对这个比自己小十八九岁的幼弟也相当疼爱，丰绅殷德的儿子同这个小叔叔更是形影不离，不知情者真会把侄子当成叔叔的哥哥。幼子的降生，的确给这个人丁不多的家庭带来了不尽的欢乐。

七月初，在避暑山庄陪皇伴驾的和珅与长子、十额驸丰绅殷德接到这封不祥的家信，颇通岐黄之术的和珅父子，一看到郎中所开的方剂，"即知误投参剂，驰书急止，并寄良方"，但却晚了一步，一个不到两岁的孩子已经死于庸医之手，和珅得到这一噩耗时，正值七月初七。

老年丧幼子，和珅如同五雷轰顶，以致"几回搔首问青天"：

"速去何如始不来，空花幻影漫相猜。"

"关山南北难飞越，空寄青囊时后方。"

"双星既有夫妻爱，应识人间父子情。"

经历切肤之痛的和珅寄语老妻，把亡子遗物收好，以免归家之后触景生悲，他在给妻子的诗中写道：

寄语老妻莫过伤，好将遗物细收藏。

归时昏眼如经见，竹马斑衣总断肠。

经此打击，和珅对生死似有新解，他在忆悼亡儿的诗中，写下了"生儿何喜死何悲，身后身前两不知"，"自思自解自排遣，悟到无生念不灰"，悲伤心情溢于言表。

和珅在幼子夭折一个月后，又得到一个噩耗——胞弟和琳因瘴疾而死于平苗前线。和琳在平苗战事进行中，已被封为一等宣勇伯，逝后又被太上皇追封一等公爵，并得配享太庙。

和琳与学识渊博、才华横溢的著名诗人袁枚经常鸿雁传书，诗文唱和，交情不浅。

袁枚字子才，号简斋，亦号存斋、随园，比和琳大三十七岁，在和琳出任笔帖士两年之前，袁枚的文集《小仓房全集》即已刊行，并取得轰动于世的效应，以至于洛阳纸贵。和琳称这位"盛世才人"为"文星"，非常崇拜，即使在外居官也要"携小仓房诗稿，朝夕朗诵，虔等梵经"。但袁枚在官场上并不得志，虽然他于乾隆四年就已中进士，选为翰林院庶吉士，可在三年后考核时因满文不及格而散馆，外放知县。

袁枚是一个强调个性自由的诗人，在诗的创作上不拘泥于格律，对待经史不迷信传统；更难得的是，他敢于向"女子无才便是德"的正统观念挑战，为女子发挥聪明才智提供机会，他不仅支持妹妹、女儿、孙女作诗，而且冲破世俗观念的束缚，收多名女弟子为徒。

袁枚当时名满天下，向其求诗求文的人应接不暇，请他写一篇墓志铭往往要出润笔银一千两。但袁枚绝不会轻易把作品送给素不相识

的人，然而对和琳却是例外。他曾经多次同和琳唱和，这也可以从一个侧面反应和琳的为人与和坤还是大不相同的。

和琳虽然文才一般，但他对于洋溢在袁枚作品中的离经叛道，还是能有所领悟。他在给袁枚的信札中就有"宋儒之为道拘，犹世大夫之为位拘"等句，难怪袁枚会有"因文识我真奇士，为国亡身古丈夫"之叹。因而当80多岁的袁枚得悉和琳卒于军前时，"老泪盆倾"，以诗挽之：

> 伯爵才封赐紫缰，忽闻三楚丧元良。
> 祭遵儒将人都爱，邓禹英年事正长。
> 不待西阶舞干羽，竟将一死报君王。
> 圣心正是焦劳际，又洒尧天泪几行。
> 刻意怜才孰与同，小仓诗当梵经供，
> 久思立雪言何重，未画凌烟帐已空。
> 万里孤臣边瘴外，三生知己梦魂中。
> 痴心想借金灵马，追到灵台一见公。

有趣的是这对忘年之交，从未得一晤，只是书信往来，诗文唱和。袁枚在该诗序中写道"枚与公素无一面"，"八个衰年，非常知己，而终不获修士相见礼"。这同和琳多年外任、居止不定有很大关系。在和琳的《芸香堂诗集》中，就有不少诗句，真实地反映了客居他乡的情景。

例如，和琳入藏整整三年，在他的诗中就有不少地方描述了当地的风俗以及恶劣的自然条件，在《西招四时吟》中这样写道：

> 莫讶春来后，寒威倍胜前。
> 小窗欣日色，大漠渺人烟。
> 草枯归牧马，寒重敛肥蝇。
> （藏中苍蝇绝多，十月后方少，原诗注）
> 沙渍衣多垢，山重雪不疑。
> （冬日反无雪，原诗注）

客游闲戏笔，真个悟三乘。

由于气候高寒，当地不宜种蔬菜，通过四川驿站转运，"到此空磋色香改"，因而当收到从帕克里带来的黄瓜和茄子时，和琳竟兴奋地写下"更欣黄瓜与紫茄"，"强于两域得佛牙"，"吟诗大嚼挑银灯，瓜茄有灵幸知己"的诗句。能吃上一次黄瓜、茄子就赋诗志之，当地生活的艰苦可想而知，而和琳在此一住就是三年。

尤需一提的是，和琳在入藏之初，从四川转运军粮，一些极为贫苦的川民运粮至藏后，流落异乡，难以回归，"可怜役夫众，归路嗟迢遥。雪峰七十二，斗日寒威骄。人可万里步，腹难终日枵。家乡忍弃置，乞食度昏朝。"为了使这些役夫能够返回原籍，和琳三次"捐赀拨兵护送"，一些人才幸免一难。

和琳在嘉庆元年八月卒于军中，平苗战事已然接近尾声。面对胞弟的去世，"心痛泪涟"的和珅在痛悼之余，挽词十五首，以表达自己的哀伤之情。下面是其中几首：

> 同胞较我三年少，幼共诗书长共居。
> 宦海分飞五载别，至今音问藉鸿鱼。
> 最是南方瘴疬偏，悾偬忧虑病缠绵。
> 谁知灵药才驰去，已报流虹落帐前。
> 九年奉使未宁居，兄弟相违妻子疏。
> 痛汝承恩身未享，半生萍梗总华胥。
> 看汝成人瞻汝贫，子婚女嫁任劳频。
> 如何又为营丧葬，谁是将来送我人？

尽管和琳逝后备享哀荣，然而和珅当时竟有"谁是将来送我人"的感慨！位极人臣的和珅似乎已有不祥的预感，太上皇毕竟已经86岁。和琳在太上皇健在时去世，也算得上死逢其时，难怪和珅会有"老兄何意生人世"之念。

在为和琳办丧事时，还有一件值得一提的事，就是和琳的一个宠妾为之殉葬。殉葬之俗在清王朝开国之初相当盛行，努尔哈赤逝后大

第十二章 末日来临

177

妃乌拉氏及两个庶妃殉葬。殉葬的妃嫔侍妾有的是自愿，有的则是被逼无奈。但在皇太极即位以后，就明确规定妻子不能强迫侍妾殉葬。到乾隆时期殉葬之俗已经绝迹，和琳的宠妾为之殉葬，究竟是殉情，还是不能适应在家庭内所处地位的变化，现已无法考查。但有一点是千真万确的，即和珅对此倍感欣慰，"促成短句"提笔写道：

> 新诗裁就凛冰霜，千古人寰姓字香。
> 料得九泉应寂寞，阿云同穴共仙乡。
> 吾弟英灵信有神，好同携手夜台春。
> 将来图画凌波上，添个峨眉节义人。

嘉庆三年二月（1798年），和珅结发妻冯氏病故。冯氏系大学士英廉的孙女。

英廉字梦堂，出自汉军镶黄旗，隶内务府，其祖上是被掠为奴的汉人，因被编入内务府，得以接近皇室，并较快脱离奴籍。雍正十年，英廉中举，出任笔帖士，不久授内务府主事。乾隆初年，英廉前往江南治河工地学习治河，很快就补淮安府外河同知，累经升迁，出任永定河河道。也许正是由于治河生涯，英廉与和珅的外祖父、河道总督嘉谟来往频繁，最后嘉谟的外孙和珅娶了英廉的孙女为妻。

冯氏嫁给和珅后，夫妻关系融洽，不久就生下儿子丰绅殷德，这就是后来被乾隆看中，并将最宠爱的十公主下嫁的十额驸。

前文已经介绍，嘉庆元年七月，和珅幼子夭折，这对冯氏精神上打击很大。虽然和珅一再劝慰"老妻莫过伤"，但身为母亲的冯氏却一直"隋痴漫苦煎"，幼子穿过的每一件衣服，那双稚嫩的小手抚摸过的每一条条幅，都会令她触景生情，睹物思人。

不幸的是，在痛失幼子之后，还未从悲伤中恢复过来的冯氏，在一年后又经受了丧孙之痛——唯一的孙子在嘉庆二年冬天夭折。冯氏终于一病不起，追随子孙于九泉之下。

和珅接连失去四位亲人，遭受的打击可谓之大。尤其对原配冯氏，他写了多首悼亡诗，以抒发自己的悲伤之情。其中一首写道：

茕茕儿与女，泣血牵我衣。

寸肠欲断绝，双泪空弹挥。

挥泪语儿女，父在莫悲苦。

吾已半百人，光景日过午。

修短各有期，生死同别离。

均此一抔土，泉壤会相随。

今日我哭伊，他年谁送我。

凄凉寿椿楼（亡妻所居楼名），证得涅槃果。

和珅在哭悼冯氏的诗中，像悼唁胞弟和琳一样，再次发出了"他年谁送我"的悲鸣！这无疑表明，在和珅的内心深处，对太上皇百年之后自己处境的深深忧虑，毕竟乾隆已是八十八岁高龄的老人！

和珅的隐忧不可避免地来到了！嘉庆四年（1799 年）正月初三辰时，太上皇在乾清宫晏驾，结束了他漫长的一生。

乾隆的身体自幼康健，几乎没生过大病，只是在七十三岁时因"气滞"发作而未能亲去地坛祭地。退居太上之后，他除了记忆力衰退、口齿不清外，从外表上并不显得衰老。嘉庆时期的盛大庆典，太上皇都要亲自参加，元旦还要到太和殿接受皇帝以及王公大臣的朝贺；正月十一、正月十五、正月十九，三次设宴招待前来朝贺元旦的蒙古王公、回部伯克及外藩使节。朝鲜使节金文淳对乾隆在去世前一年的元旦接见就有如下记载：

第一次赐宴在圆明园的"山高水长"前的蒙古包进行，"太上皇乘黄屋小轿而出"，"入御蒙古大幕，皇帝西向侍坐，动乐设杂戏。礼部尚书德明引臣等诣御座前跪，太上皇手举御桌上酒盏，使近侍赐臣等。宴迄，太上皇乘轿还内，皇帝跟后步行。"

第二次赐宴在正大光明殿，太上皇在宴会结束后，"出御'山高水长'"观看在那里表演的摔跤、西洋秋千以及施放的烟火。

第三次赐宴在"山高水长"亭下。"太上皇帝出座，皇帝侍坐。德明以特旨引臣等至御座前，太上皇帝使和珅传言曰：'你们还归，以平安已过之意，传于国王可也。'臣等叩头，退出班次。宴毕后，太上皇帝入内，礼部官皆退去。宦侍手招通官（即翻译）引臣等随入'山高

水长'阁之内,从后门出,逶迤数十步,太上皇帝所乘黄屋小轿载于船上,船上从官不过四五人,此时日已昏黑,而无炬火,但有一人,以火筒从岸前导,明照左右……臣等乘小舟从行。"八十八岁高龄的乾隆,在春寒料峭的岁首,尚有如此高的游兴,其身体康健可见一斑。

嘉庆三年十月,朝廷已经着手为太上皇筹备九十大寿,总负责人就是和坤。

然而,一个不容忽视的现象是,自从进入嘉庆三年,天象屡屡出现异常,包括和坤在内的清廷高级官员都预感到要发生天崩地坼的大变故。尽管太上皇未被病魔纠缠,毕竟年事已高,其生命之火随时都可能被乍起之风吹灭。对此,和坤不能不防。虽然经历丧子、丧弟、丧孙、丧妻等一系列沉重的打击,和坤仍然要精神抖擞地出现在乾隆面前,既要充当太上皇的代言人,又要对太上皇的保健提出委婉的建议。

人步入老年就容易变得固执,更何况像乾隆这样一位乾纲独断的太上皇!乾隆已经习惯事必躬亲,为了不让太上皇过于焦虑,和坤就报喜不报忧,以致乾隆始终认为"教匪将届扑灭"。嘉庆三年八月,当乾隆得悉四川总督勒保所谓生擒王三槐的不真实的奏报后(其实王三槐是到清营投降),误以为扫平白莲教"势同摧枯拉朽,不日全司荡平","而朕于武功十全(乾隆自定的十全武功是"平准噶尔二,定回部一,扫金川为二,靖台湾为一,降缅甸、安南各一,即今之受廓尔喀降为二,合为十")之外,又复亲见扫除氛浸,成此巨功。"

乾隆对自己的身体相当自信,虽然在嘉庆三年冬至以后他就被风寒所侵,有时竟至情不自禁地呻吟,甚或神志昏迷;尽管从嘉庆皇帝到和坤、福长安等近臣都竭力劝他节劳静养,但他本人并不这样认为。平定白莲教牵动他的心,除夕设在重华宫的筵宴以及元旦的朝贺大典他也要参加,外藩使臣他还要接见。一连几天的劳累,竟然使乾隆兴奋不已,到大年初二他还提笔写下五律《望捷》一首,以至于许多人都以为太上皇龙体无恙了。

正当和坤为太上皇所表现出来的旺盛精力感到由衷的欣慰时,恰恰是死神一步步向乾隆逼近之际。

嘉庆四年正月初三下午,太上皇突然病情急剧恶化,任何汤剂都无济于事。时至傍晚，临御六十四年的乾隆昏迷不醒。虽然他的心脏依旧在顽强地跳动，他的生命还未最后终结，但对于一位大权在握的君主来说，不能再行使九五之尊的生命，已经没有任何意义。辰时，统治清王朝长达六十四年的太上皇乾隆在乾清宫晏驾，终年八十九岁。然而，当时白莲教仍然转战川、楚、陕等省，乾隆带着望捷不至的无限遗憾撒手而去，"眼睁睁把万事全抛"，中国封建社会的最后一个盛世——康乾盛世也因之寿终正寝。

在乾隆去世的当天，太上皇遗诏颁布。据说这份遗诏出自和珅之手，和珅作为乾隆晚期政策的执行者，对乾隆近六十四年施政所建立的丰功伟绩进行了全面总结。据实录所载，乾隆遗诰的主要内容有以下几个方面：

朕唯帝王诞膺天命，享祚久长，必有小心行事之诚，与天地无间，然后厥德不回，永绥多福。是以兢兢业业，无怠无荒，一日履乎帝位，即思一日享乎天心，诚知持盈保泰之难，而慎终如始之不易也。

朕仰荷上苍眷佑，列圣贻谋，爰自冲龄，即蒙皇祖钟爱非常，皇考慎选元良，付畀神器。即位以来，日慎一日，静思人主之德，唯在敬天、法祖、勤政、爱民。而此数者，非知之艰，行之维艰。数十年来严恭寅畏，弗懈益虔。每遇郊坛大祀，躬亲展恪，备极精禋，不以年齿日高，稍自暇豫……

爰于丙辰元旦，亲授皇帝，自称太上皇，以遂初元告天之本志，初非欲自暇自逸深居高拱，为颐养高年之地。是以传位之后，仍日亲训政。益自揣精力未至倦勤，若事优游颐养，非所以仰答天祖深恩，不唯不忍，亦实所不敢。训政以来，犹日孜孜，于兹又逾三年。近因剿捕川省教匪，筹笔勤劳，日殷盼捷，已将起事首逆紧要各犯骈连就获，其奔窜夥党亦可计日成擒，藏功在即。比岁环宇屡丰，祥和协吉，衷怀若可稍舒，而思艰图易之心，实未一刻弛也……

朕体之素强，从无疾病，上年气腊，偶感风寒，调理就愈，精力稍不如前，新岁正旦犹御乾清宫受贺。日来饮食日减，视听不能如常，老态顿增。皇帝孝养尽诚，百方调护，以冀痊可。第朕年寿已高，恐非医药所能奏效……

在发布遗诰的同时，嘉庆任命和珅、福长安以及其他王公大臣主持太上皇的丧葬仪式，而且以和珅居于首位，这的确给人一种一切都按照乾隆生前意志安排的假象。然而，时过一天，就风云突变。

就在遗诰颁布的第二天，嘉庆突然下达了一份措词严厉的谕旨，对三年来太上皇主持大政的时期所存在的问题予以揭露。兹录于下：

我皇考临御六十年，天威远震，武功十全，凡出师征讨，即荒徼部落无不立奏荡平。若内地民乱，如王伦、田五等，偶作不靖，不过数月之间，即就殄灭。

太上皇之在位，英明仁慈，对于群臣，恩德并施，非仅本朝感戴，即远居外域荒芜蛮邦，亦莫不恩沐雨露，而欢欣称颂也。但太上皇遐龄即高，仁慈益甚，如文臣将士，稍著绩，立与封赏。即偶或兵败失机，亦不重惩，唯去职留任而已。设能戴罪立功，则前咎且不问，仍与复职，并加优奖，足证太上皇仁慈，待遇臣僚之恩洪惠深，可谓至极！

讵内外文武，不能体上皇之怀柔，反通同为弊，出征之师以负言胜，略一挫敌，则历陈功绩，冀膺上赏，其心已不可问，而况丧师辱国，罪岂尚可逭乎！久之内外蒙蔽，上下欺隐，匪乱屡作，殃及良民。武政之废，将士骄惰；有太上皇近臣，为之缓颊，日复一日，几目朝廷之法律犹同儿戏，长此以往，国体何在！威信奚在！

且查历年兵部军糈一项，动辄巨万，究之事实，则执权者从而吞没，辗转盘剥，迨及士卒。只十分之一二，则国家坐耗巨饷非养兵也，乃为权臣谋耳。试问兵奚能强？战焉可克？盖国之强弱，与武政相关，甚为重要，今疏忽如此，后将何堪！是以特着各部院大臣着实查办，以修武政，而安天下。

嘉庆的这道上谕，令和珅心惊肉跳。在和珅看来，当今皇帝上谕中所抨击的"上皇近臣，为之缓颊"，"皆执权者而吞没，辗转谋利"，其中的"近臣""执权者"，显然就是指和珅了。

与此同时，嘉庆还下令免去和珅的军机大臣及九门提督（掌握维护京师治安的军队），令其与福长安昼夜守候在停放着太上皇灵柩的殡殿，不得擅自离开，也就是以守灵为名，将和珅与福长安软禁起来。

太上皇尸骨未寒，嘉庆皇帝就迫不及待要拿和珅开刀，以便彻底清除乾隆时代的烙印。已是不惑之年的嘉庆，在当了四年见习皇帝之后，必须尽快树立自己的形象，建立自己的班底，而扳倒和珅就是真正进入嘉庆时期的最明显的标志。

嘉庆在初四下达的上谕，以及在人事安排上所作出的决定，已向朝臣发出了治罪和珅的信号。于是，科道官员王念孙、广兴等大臣纷纷密劾和珅，揭发其祸国殃民的种种罪行。

对于王念孙，和珅还是略知一二的。王念孙系乾隆四十年进士，这位江苏高邮才子在四次落第后，曾投奔担任安徽学政的朱筠，并得到朱筠的赏识与礼遇，而朱筠就是嘉庆皇帝的老师朱珪的兄长。

当乾隆退居太上皇之后，曾决定把担任两广总督的朱珪调回京师任大学士，嘉庆非常欣喜，向老师祝贺，可是由于和珅告密说"嗣皇帝欲示恩于师傅"，使得此事无果而终。太上皇则因此而大动肝火，颇有治罪嘉庆之意。多亏董诰从中周旋，才使得乾隆冷静下来，并要求董诰"经常以礼辅导嗣皇帝"。这场欲治罪嗣皇帝的风波，虽然终于平息，但它却让嘉庆以及朝中大臣感到太上皇的淫威以及和珅的无孔不入。此后的嘉庆只能更加小心翼翼，在权力问题上愈发表现得无所作为，一切唯太上皇的意志是从，而和珅也因此结怨于帝师朱珪。

王念孙在为官后，一直同朱氏兄弟关系密切，因此王氏这次对和珅的参劾显然大有来头。嘉庆在经过四天的准备之后，于正月初八谕令夺去和珅大学士、夺去福长安户部尚书，将他们逮入刑部大狱。乾隆逝后仅四天，曾经权势熏天的"二皇帝"和珅就沦为了阶下囚，嘉庆不费吹灰之力就除掉了和珅。

嘉庆在担任见习皇帝时，曾写过一文《唐代宗论》，该文显然是有感而发。唐代宗李豫是唐肃宗的长子，在居储位时，皇后宠遇专房，与中官李辅国持权禁中，干预政事。太子弟、建宁王李倓被皇后诬陷至死，因此太子忧惧，担心皇后谋害自己，于是装作对皇后柔顺服从，而皇后却常想除掉太子。唐肃宗病危后，皇后因自己的儿子、定王李侗尚幼，就想立越王，于是假传圣旨，诏太子入宫侍候病危的皇帝。

权阉李辅国知道了皇后的阴谋，就向太子告密，并率禁军逮捕了越王，幽杀了皇后，肃宗由此受惊驾崩，李辅国拥立太子李豫即位，是为唐代宗。李辅国当年在马嵬之变及肃宗即位等重大事件中，就曾为肃宗出谋划策，于是倚仗拥立之功，独揽军政大权，出入有"甲士数百人随从"。当李辅国拥立代宗即位后，竟公然向代宗言道："大家（指皇帝）但内重坐，外事听老奴处置。"代宗心里发怒，但李辅国握有禁军大权，也就不敢表露出来，还尊其为尚父，事无巨细，都由李辅国参决。最终，唐代宗派人暗杀李辅围，对外宣称"盗入辅国第，杀辅国，携首臂而去"。

对于唐代宗以暗杀的办法处死李辅国，嘉庆皇帝颇不以为然，对此评论道："代宗虽为太子，也如燕巢于幕，其不为辅国所谗者几稀。及帝即位，若苟正辅国之罪，肆诛市朝，一武夫力耳！乃舍此不为，以天子之尊，行盗贼之计，可愧甚矣！"由此不难看出，在太上皇晏驾之前，对除掉和珅，嘉庆就已经成竹在胸。

按照儒家传统，三年毋改父之道始为孝。而嘉庆在诏逮和珅后第三天即明发谕旨，为自己迫不及待地治罪和珅作辩解。其谕曰：

和珅受大行太上皇考特恩，由侍卫擢达至大学士，在军机处行走多年，叨沐殊施。在廷诸臣，无有其比朕亲承付托负之重，兹猝遭皇考大故，苫块之中每思论语所云"三年无改之义"。如我皇考敬天法祖勤政爱民，实心实政，薄海内外，咸所闻知，方将垂示万年，永为家法，何止三年无改。

至皇考所简用之重臣，朕岂肯轻为更易！即获罪，稍有可原，犹未尝不思保全，此实朕之本衷，自必仰蒙昭鉴。今和珅情罪重大，并经臣工列款参奏，实有难以刻贷者。

在这里，嘉庆把乾隆的"敬天法祖，勤政爱民"同"简用之重臣"区别开，前者不仅三年不改，而且要"垂示万年，永为家法"，至于乾隆"所简用之大臣"，不能一概而论，能保全者就保全，至于"情罪重大"者却"难以刻贷"。尤需指出的是，嘉庆把匆忙治罪和珅归之于"臣工列款参奏"，而他之所以这样做，不过是顺应民意而已。

关于和珅被逮，有一种很流行的说法，说他是在自己家中被逮走的。实际上当正月初二下午太上皇龙体大渐时，他就奉命入宫侍疾，再也未回到家中，他是在太上皇的灵柩前被逮入狱的。

> 夜色明如许，嗟余困不伸。
> 百年原是梦，卅载枉劳神。
> 室暗难挨暮，墙高不见春。
> 星辰环冷月，缧绁泣孤臣。
> 对景伤前事，怀才误此身。
> 余生料无几，空负九重仁。
> 今夕是何夕，元宵又一春。
> 可怜对夜月，分外照愁人。
> 思与更俱永，恩垂节共新。
> 圣明幽隐烛，缧绁有孤臣。

这是和珅在入狱后第七天夜晚所写的《上元夜狱中对月》诗两首。太上皇龙驭上宾，只剩下一个被缧绁的孤臣，对景伤怀。

自从乾隆撒手人寰，和珅就失去了主宰与依托，犹如一叶浮萍，一任风浪吹打，只能听天由命。

在得悉乾隆要退居太上之后，和珅很想讨好嗣皇帝嘉庆，于是他提前给还是十五阿哥的永琰送如意；在十五阿哥嗣位后，他把交太上皇处理的奏折副本送给嗣皇帝过目；他所起草的太上皇遗诰中特意提到"皇帝孝养尽诚，百方调护，以冀痊可"。可这一切却弄巧成拙，送如意反倒成了一条罪状。和珅一向善于揣摩人主之意，然而这一套对乾隆的继承人居然行不通，真应了"一朝天子一朝臣"那句俗语。

和珅自知余生无几，早知有今日，何必当初要在乾隆面前抖机灵呢！他不禁想起《石头记》中的那幅对联——"身后有余忘缩手，眼前无路思回头"。和珅很欣赏曹雪芹的文笔，正是由于他的努力，这部被传抄的手稿才得到整理。以前他欣赏的是该书的文采，如今他折服的却是其中的哲理。当他还是一名御前侍卫时，是那样热衷于功名利禄，就像贾雨村一样，不管"黄道黑道"，一门心思往富贵场上钻；当

第十二章 末日来临

他位极人臣时，虽然有过"茫茫幻海待如何，生死循环万劫过。不是蓬瀛人到少，只缘尘妄众魔多"的感慨，却未能"退步抽身早"；而今当他身陷囹圄，悟透"乱哄哄你方唱罢我登场，反认他乡是故乡；甚荒唐，到头来都是给他人作嫁衣裳"时，却不可能像甄士隐那样，同"疯道人飘飘而去"。

在和坤银铛入狱的同时，他的家产已被查抄，就像荣国府被查抄一样。二十多年的苦心经营付诸东流，竟然也落到"好似食尽鸟投林，剩了片白茫茫大地也真干净"的地步。在十年前，和坤曾写过一首谈佛说道的诗，名曰《偶书》，其中有"人情变幻同飘絮，世事沉浮等泛舟"，"成仙成佛由成己，始信庄生悟解牛"等句。如今看来，正像辛稼轩在一首词中所挖苦的，"少年不知愁滋味，为赋新词强说愁。而今识尽愁滋味，欲说还休，却道'天凉好个秋'"！正在经历"人情变幻""世事沉浮"的和坤，终于悟出了成仙成佛不由己的道理，《上元夜狱中对月》两首诗就可以清楚地看到这一点。

嘉庆四年正月十六，皇帝在颁发的上谕中，公布了和坤二十大罪状：

乾隆六十年九月初三日，蒙皇考册封皇太子，尚未宣布谕旨，而和坤于初二日即在朕前先递如意，漏泄机密，居然以拥戴为功，其大罪一；

上年正月，皇考在圆明园召见和坤，伊竟骑马直进左门，过正大光明殿，至寿山口，无父无君，莫此为甚，其大罪二；

又因腿疾，乘坐椅轿抬入大内，肩舆出入神武门，众目共睹，毫无忌惮，其大罪三；

并将出宫女子取为次妻，罔顾廉耻，其大罪四；

自办川楚教匪以来，皇考盼望军书，刻萦宵旰，乃和坤于各路军营递到奏报，任意延阁，有心欺蔽，以致军务日久未竣，其大罪五；

皇考圣躬不豫时，和坤毫无忧戚，每进见后，向外廷人叙说谈笑如常，丧心病狂，其大罪六；

昨冬皇考力疾披章，批谕字画间有未真之处，和坤胆敢口称"不如撕去"，竟另行拟旨，其大罪七；

前奉皇考敕旨，令伊管理吏部、刑部事务，嗣因军需销算，伊系熟手，是以又谕令兼理户部题奏报销事件，伊竟将户部事务一人把持，变更成例，不许部臣参议一字，其大罪八；

上年十二月内，奎舒秦报循化、贵德二厅贼番聚众千余，强夺达赖喇嘛、商人牛只、杀伤二命、在青海肆劫一案，和珅竟将原奏驳回，隐匿不办，全不以边务为事，其大罪九；

皇考升遐后，朕谕令蒙古王公未出痘者不必来京，和珅不遵谕旨，令已未出痘者俱不必来，全不顾国家抚绥外藩之意，其居心实不可问，其大罪十；

大学士苏凌阿两耳重听，衰惫难堪，因系伊弟和琳姻亲，竟隐匿不奏，侍郎吴省兰、李潢、太仆寺卿李光云皆曾在伊家教读，并保列卿阶，兼任学政，其大罪十一；

军机处记名人员，和珅任意撤去，种种专擅，不可枚举，其大罪十二；

昨将和珅家产查抄，所盖楠木房屋，僭侈逾制，其多宝阁及隔段式样皆仿照宁寿宫制度，其园寓点缀竟与圆明园、蓬岛、瑶台无异，不知是何肺肠，其大罪十三；

蓟州坟茔，居然设立亭殿，开置隧道，致附近居民有和陵之称，其大罪十四；

伊家内所藏珠宝内，珍珠手串竟有二百余串，较之大内多至数倍，并有大珠，较御用冠顶尤大，其大罪十五；

又宝石顶，并非伊应戴之物，所藏真宝石顶有数十余个，而大块真宝石不计其数，且有内务府所无者，其大罪十六；

家内银两及衣服等件逾千万，其大罪十七；

且夹壁藏金二万六千余两，私库藏金六千余两，地窖内并有埋藏银两百余万，其大罪十八；

附京通州、蓟州地方均有当铺、钱店，查计赀本又有十余万，以首辅大臣与小民争利，其大罪十九；

伊家人刘全，不过下贱家奴，而查抄赀产竟至二十余万，并有大珠、珍珠手串，若非纵令需索，何得如此丰饶，其大罪二十。

上述二十条罪状，归纳起来可分为几个方面：对太上皇不恭（罪二，罪三，罪四，罪六，罪七）；擅权（罪八，罪九，罪十，罪十二）；隐匿家产，赃私累累（罪十七，罪十八）；与民争利（罪十九）；纵容家人刘全勒索（罪二十）；泄露立储机密，邀拥戴之功（罪一）；延误汇报军情（罪五）。二十多年来，乾隆视和珅为心腹。对嘉庆来说，最难办的是要把和珅同乾隆分隔开来，既要投鼠又要忌器。于是嘉庆一方面将和珅的罪行公之于众，另一方面又要充分肯定太上皇的文治武功。因此，嘉庆在为乾隆上庙号时，就极尽颂扬，"十全纪绩，武功之极而无外也"，"圣学渊深，文德之昭于千古也"。至于和珅长期得到乾隆重用的责任，嘉庆则归之于臣下不能及时对和珅进行弹劾。他在正月十一论及和珅罪行时，曾有如下一段妙论：

"和珅如此丧心昧良，目无君上，贻误军国重务，弄权舞弊，僭妄不法，而贪婪无厌，蠹国肥家，犹其罪之小者，实属辜负皇考厚恩。设数年来，廷臣中有能及早参奏，必蒙圣断，立置重典。而竟无一人奏及者，在诸臣自以皇考圣寿日高，不敢烦劳圣心，实则畏惧和珅，箝口结舌，皆朕所深知。"

嘉庆此论实在难以自圆其说。乾隆五十一年陕西道御史曹锡宝曾参劾和珅家奴刘全"服用奢侈"，车马宅第违制，并明确指出"苟非侵冒主财，克扣欺隐，或借主人名目，招摇撞骗，焉能如此"！曹锡宝奏疏的矛头已然直指和珅，但由于乾隆的庇护，和珅依然位极人臣，他的家仆刘全也依然逍遥法外，受到革职留任处分的恰恰是进言者曹锡宝，这就是所谓的乾隆的"圣断"。此案发生时，嘉庆已过而立之年，不该健忘至此，更何况嘉庆在诛和珅之后，还特意对唯一敢于参劾和珅的曹锡宝予以表彰。显而易见，不是无人弹劾和珅，而是乾隆根本听不进逆耳之言。因此，嘉庆以臣下不能揭露和珅的罪行来为乾隆倚重和珅作辩解，结果是欲盖弥彰。

正月十六，大学士、九卿、科道等官员遵旨对和珅、福长安拟定处理意见，经议作出"请将和珅照大逆律凌迟处死，福长安照朋党律拟斩，请即正法"的判决，并把议处送至御前。大学士九卿的拟处，显然是迎合嘉庆的情绪，但嘉庆在作最终判决时不能不考虑列祖列宗在处理此类案件时的量刑尺度。嘉庆治罪和珅的主要是贻误军机，按以往惯例，对贻误军机最重的处罚是处以死刑，如讷亲、张广泗、杨应琚、柴大纪等；而像常青、孙士毅等几乎没受到惩罚。如果按照专权擅政治罪和珅，顺治在治罪多尔衮党羽时只对何洛会一人凌迟处死（何洛会原本是顺治之兄肃亲王豪格下属，陷害豪格致死，在豪格死后又鼓动多尔衮杀害豪格诸子）；康熙在计擒鳌拜后，念其以往赫赫战功只是将其幽禁；雍正即位后，对待拥立之功而自傲的隆科多与年羹尧，一予幽禁，一赐自尽。如果按照贪污受贿惩治和珅，最重也只能斩立决。虽然从情感上说，嘉庆恨不得立即将和珅千刀万剐凌迟处死；但从律例上权衡，嘉庆又不能不有所顾虑。

正当嘉庆举棋不定之际，十公主入宫求见。十公主是乾隆所有子女中最小的一个，生于乾隆四十年，比嘉庆小十五岁。十公主长得最像乾隆，办事果断，深得父皇喜爱。乾隆早年最钟爱的孩子是皇后富察氏所生的皇二子与皇七子，而其晚年最疼爱的就是这位十公主。如果十公主是男儿身，嘉庆的皇太子地位也就保不住了。十公主是个有主见的人，从来说一不二，众皇兄都得让她三分。她此次入宫，正是为了和珅的判决而来，无论如何也要恳请皇兄赏和珅一个全尸。她很清楚，大行太上皇尸骨未寒，这是嘉庆必须顾及的，乾隆刚刚去世，他所任用的首辅大臣就被处以极刑，于情于理都有点说不过去，皇帝总还要顾及国体。

经过两夜一天的推敲，嘉庆终于在正月十八下达赐和珅自尽的命令，谕令如下：

"就和珅罪状而论，其压搁军报，有心欺隐，各路军营听其意指，虚报首级，坐冒军粮，以致军务日久未竣，贻误军国，情罪尤为重大。即不照大逆律凌迟，亦应照讷亲之例，立正典刑。此事若于一二年后办理，断难宽其一线，唯现当皇考大事之时，即将和珅处决，在伊固为情真罪当，而朕心究有所不忍。且伊罪虽浮于讷亲，究未身在军营，与讷亲稍异。国家本有议亲、议贵之条，以和珅丧心昧良，不齿人类，原难援'八议'量从末减，姑念其曾任首辅大臣，于万无可贷之中，

免其肆市，和坤著加恩赐令自尽。朕为国体起见，非为和坤也。"

由于对和坤已经减等，对福长安的处理"亦着从宽，改为斩监候，秋后处决。"在赐和坤自尽时，要"监提福长安前往和坤监所，跪视和坤自尽后，再押回本狱监禁"。但是到了秋后，并未将福长安处决，而是将其开释，令其以员外郎衔前往乾隆的陵寝裕陵充当供奉茶水的执事。此后不久，又发还其部分家产，只是那被削去的侯爵则不可能失而复得了。为了加官晋爵，福长安不惜以椒房懿戚去巴结逢迎和坤，结果却得不偿失，成为世人的笑柄。

和坤自入狱就已经预感到余生无几，虽然他以前总喜欢谈禅说道，直到身陷图圄才悟出乾隆帝同他相遇是一种缘分，既然乾隆的阳寿已尽，他也只能追随大行太上皇于地下。于是他便提笔写了一首任世人猜测的绝命诗：

> 五十年前梦幻真，今朝撒手撇红尘。
>
> 他时睢口安澜日，记取香魂是后身。

正月十八日，赐和坤自尽，他的这首绝命诗是在衣带间发现的。当时正在中国的朝鲜使者在向本国汇报时，曾提到过这首诗，朝鲜《李朝实录》也收录了这首诗。这首诗颇令人费解，尤其是第一句"五十年前梦幻真"及第四句"记取香魂是后身，"笔者以为应从和坤信佛、笃信佛教的轮回之说入手，因为在和坤的诗中不乏此类诗句。至于第三句"他时睢口安澜日"，讲的是嘉庆三年八月黄河在河南睢州决口一事，和坤入狱时尚未合龙，故和坤认为待睢口合龙时自己已投胎转世。和坤在悼念幼子时就写过"灵爽若知念生切，或逾岁月再生还"。所谓再生还，即指转世投胎，和坤相信在二十年后，自己或许又是一条好汉！

不过，贻误军机的和坤虽然被处死，白莲教起义却并不因和坤之死而立见收功。直到嘉庆五年十二月，皇帝在上谕中也不得不承认白莲教起义声势之浩大，担心"似此辗转奔逐，年复一年，何时始能剿尽"？

因此，和珅之死，"贻误军机"只是嘉庆迫不及待地处死和珅的借口，因为和珅的存在影响到了嘉庆体系的建立，用嘉庆的话说，就是"因其囊国殃民，专擅狂妄"。

被嘉庆列为党附和珅的官员有：福长安、和琳、伊江阿、苏凌阿、吴省钦、吴省兰、李潢、李光云等，而从严处置的只有福长安、和琳、伊江阿。

在和珅党羽中最主要的是福长安。在乾隆逝后，福长安同和珅一样被任命为治丧的主要人员，而且同和珅一起被软禁在大行太上皇的停柩之殿，一块锒铛入狱，真称得上是一对政治上的难兄难弟（按辈分，和珅是乾隆的儿女亲家，福长安是乾隆的内侄）。

嘉庆在颁布和珅二十大罪状的同时，也在上谕中提及福长安：

"至福长安，祖父叔侄兄弟世受厚恩，尤非他人可比。其在军机处行走，与和珅朝夕聚处，凡和珅贪黩营私，种种不法罪款，知之最悉。伊受皇考重恩，常有独对之时，若果将和珅纵恣蔑法各款，据实直陈，较之他人举劾，更为确凿有据。皇考必将和珅从重治罪正法，如从前办讷亲之案，何尝稍有宽纵，岂尚任其贻误军国要务一至于此！即谓皇考高年，不敢仰烦圣虑，亦应在朕前据实直陈，乃三年中，并未将和珅罪迹奏及，是扶同徇隐情弊显然。如果福长安在朕前有一字提及，朕断不肯将伊一并革职拿问。现在查抄伊家赀物，虽不及和珅之金银珠宝数逾千万，但已非伊家之所应有，其贪黩昧良仅居和珅之次。"

指责福长安未向嘉庆揭发和珅罪行，并非全无道理，但有一点需指出的是，在乾隆训政的三年，嘉庆尊称和珅为相公，凡有事向太上皇奏报，都要请和珅代转。当嘉庆身边的人对这一做法提出异议时，皇帝还解释道："朕方依靠相公治理同事，哪能轻视薄待他呢！"嘉庆表面上尊重和珅是出于韬晦，福长安又焉能悟出其中的奥妙？

和琳身为和珅胞弟虽已去世三年，亦被革掉公爵，从配享的太庙中撤出牌位。在嘉庆看来，和琳罪状主要为两点：一是"听受和珅指使"，"参奏福康安木植一案"，"为倾陷福康安之计"；二是"和琳同福康安剿办湖南苗匪，亦因和琳从中掣肘，以致福康安及身未能办竣，是和琳于苗匪一案有罪无功"。

山东巡抚伊江阿之所以被皇帝点名，是因为他得悉太上皇龙驭上宾时，竟然致书和珅劝其节哀，而在给皇帝的请安折中却没有任何"慰唁"，只是"将寻常地方事件陈奏"。对于伊江阿这种违背常理的反常做法，嘉庆大为恼火，在正月十三下达的上谕中痛斥道：

"伊江阿身为满洲，现任巡抚，又系大学士永贵之子，且曾在军机处行走，非不晓事者可比，乃竟如此心存漠视，转于和珅慰问殷勤，可见伊江阿平日不知有皇考，今日不知有朕，唯知有和珅一人，负恩昧良，莫此为甚！"

于是伊江阿被革职。

嘉庆在处决和珅的第二天，即发布上谕，明确表示"此案业经办结"，鉴于"和珅所管衙门本多，由其保举升擢者自必不少，而外省官员奔走和珅门下逢迎馈赂者皆所不免，若一一根究，连及多人，亦非罚不及众之义。"嘉庆再次重申，"朕所以重治和珅之罪者，实为其贻误军国重务，而种种贪黩营私犹为其罪之小者，是立即办理，刻不容待"，"不肯别有株连，唯在儆戒将来，不复追究既往，凡大小臣工无席心存疑惧。"因而对于上谕中点名的吴省兰、苏凌阿、李潢、李光云等也都网开一面。

在这里尤需一提的是吴省钦、吴省兰兄弟。吴省钦即把曹锡宝疏劾刘全一事向和珅告密者，吴省兰系其弟。吴氏兄弟早年科场及第，又以文采出众闻名。吴省兰从乾隆二十八年起在咸安宫官学任教习，曾是和珅的老师。孰料在和珅发迹之后，吴氏兄弟反而向和珅执弟子礼，趋炎附势之态令人作呕。嘉庆四年，吴省钦已经担任都察院左都御史，位居台长，和珅被逮之后，"伊自揣系和珅私人"，"恐被人列款弹劾"，抢先奏请回原籍养老，皇帝怒其"避重就轻"，"著即照部议革职，回籍"。

吴省兰曾任翰林院侍讲、礼部侍郎、浙江学政等职，还长期兼记注官及南书房行走。嘉庆嗣位后，和珅推荐吴省兰给皇帝誊录御制诗，以便能及时了解新君的喜怒。早已洞悉和珅用心的嘉庆则颇为谨慎，仅写一些祈祷风调雨顺、追述列祖列宗功业以及平定白莲教的诗，使得和珅根本无从了解嘉庆的真实想法。吴省兰在和珅案发前已经担任浙江学政，嘉庆念及他在浙江任内并无劣迹，只免去学政，降为编修。至于"两耳重听"的苏凌阿与正患痰疾的李光云，俱令以原品致仕。

嘉庆之所以以快刀斩乱麻的方式了结和珅一案，主要还是为了集中全力对付方兴未艾的白莲教起义。和珅既死，其家产自然罚没归公。

那么，和珅家产到底有多少呢？和珅家产被籍没后，抄出了大量动产与不动产。此事轰动了朝野上下，成为震惊中外的头号新闻，也成了街头巷尾议论的话题。和珅家财巨富，是清朝任何官吏所不能相比的。朝鲜使臣就曾说："阁老和珅权势隆盛。则天子亦不足贵。"以至他家的财产使皇子与王公贵胄们都为之羡慕、倾倒和垂涎；甚至有的皇子认为如果要能得到和珅家那么多财产，比当皇帝还要得意，因为他知道皇帝这个宝座，他无论如何是当不上的，因此就把希望寄托在有朝一日，能得到和珅家财了。和珅家产被籍没后，民间就广为流传说其家财达八亿两白银，而且这些说法被民国以来的某些史家所承认。甚至有人说：和珅家财"赤金五百八十万两，生沙金二百万两"，连同其他财产，"估计不少于八亿两黄金"。果真如此吗？很值得考证一番。

八亿两黄金相当于当时国库收入的十多倍，因为清朝在乾隆末年的国库收入在七千万两左右。难道在和珅当政的二十多年中，他一人每年的贪污收入，竟能相当于当年国库收入的一半？再说他家能有藏金七百八十万两（约合二百四十四吨黄金），如果当时清朝全国生产的黄金全都落入和珅家，也需要年产十吨以上。当时黄金全靠手工生产，其勘探、生产设备、机械，以及生产技术都是十分落后的，要年产十吨黄金是不大可能的。

从《清实录》与其他正史、档案的记载来看，和珅家除了珍藏大量稀世宝物、珠玉、古玩和字画（这部分财产是难于估价的）外，能够估价的现金、土地、房屋等，当在一二千万两之谱。仅就这个数字来看，那已是够惊人的了。这在清朝二百六十八年的历史中，已属罕见；同时他也是整个清朝被抄家的官吏中家赀首屈一指者，鳌拜、明珠、年羹尧、隆科多与讷亲等人没有一个人能与他相比。

说"和珅富比皇室"是并不过分的。据查,在"升平昌阜,财赋丰盈"的康熙六十一年(1722年)时,户部库存也不过八百余万两,而和珅的家财竟比这个数字多百余倍,这又怎么可能呢?还有,和珅的家业就是比起当时地位显赫的亲王、郡王们的家财也是有过之而无不及。例如,简仪亲王德沛(即德济斋),在乾隆十三年(1748年)嗣王位时,得知"邸库中存贮银数万两",就吓得不得了,非常恐慌,赶忙对王府中管事的长史说:"此祸根也,不可不急消耗之,无贻祸后人也。"不久,他决定把部分存银分给府中一些人,其余的则用于建造别墅、亭榭楼台……迅速花费掉了。又如,在嘉庆朝以富有著称的成亲王永理,邸库中存银也不过八十万两。由此可见,在嘉庆时期,一个王爷家中库存白银几万两、几十万两就算很大的豪富了。可这比起和珅来,真可谓小巫见大巫了。

应该指出官书与清朝档案中有关和珅家产的记载大体上是一致的,可以相互印证。只有个别地方稍有不同。如和珅家地窖藏银《清实录》中记载为两百万两,而在《清史稿》与《清史列传》中为三百万两。其他地方基本相同,只是语句和修辞稍有差异。这些官书的记载,又大体上都能与今天保存在中国第一档案馆的有关档案对上号,可见这些官书是来源于档案的,应该说是可信的,这是研究和珅家产数量的主要根据。比起官书和档案有很大差异的是野史、笔记等民间流传的记载。两者有关和珅家产的数目出入颇大,相差悬殊;就是相互传抄的所谓《查抄和珅家产清单》,彼此间也有一定差距,互不统一。因此,对于它们的真实性和可靠性必须作一番认真的考证。首先应该指出,野史、笔记中所载《查抄和珅家产清单》,表面上彼此大致相像,但要仔细推敲又很不相同。例如,房屋的数量、金银的数目、珠玉珍宝的数目都大不一样。在《查抄和珅家产清单》中记载和珅在海淀花园中的亭台一共是三十六座,而在薛福成《庸盦笔记》中记载为六十四座;《查抄和珅家产清单》中记载:宅第中,正屋一所(十三进,共七百三十间)、东屋一所(七进,共三百六十间)、西屋一所(七进,共三百五十间)、徽式房屋一所(七进,六百二十间)。而在《庸盦笔记》中却记载为:正屋一所(十三进,七十二间)、东屋一所(七进,三十八间)、西屋一所(七进,三十三间)、徽式屋一所(六进,六十二间)、东屋侧室一所(五十二间)、四角楼更楼十二座(更夫一百二十名,杂房一百二十余间)。在《查抄和珅家产清单》中记载:和珅家藏赤金五万八千两、银元宝五万五千六百个。而《庸盦笔记》中却记载为:赤金五百八十万两、银元宝九百四十万两。此外,有关和珅家的当铺、银号数目也不相同,《查抄和珅家产清单》中记载为:当铺十处,本银八十万两、银号十处,本银六十万两;而《庸盦笔记》中却记载为:当铺七十五座,本银三千万两,银号四十二座,本银四十万两。

还应该指出:野史、笔记中所载的各种《查抄和珅家产清单》,虽然是相互传抄,但由于途径不同,时间较长,难免以讹传讹,造成家产数字彼此不尽相同,真可以说是千奇百怪,五花八门。因此,不能不使人怀疑这些东西的可靠性。

在各种《查抄和珅家产清单》中,以中国第一历史档案馆保存的《和珅犯罪全案档》极为典型,它与《庸盦笔记》所载《查抄和珅住宅花园清单》非常相似,数目也大体相同。我们不妨以此为例,做一下考实。

《和珅犯罪全案档》与中国第一历史档案馆保存的其他档案截然不同,由于它所记事实与《清实录》《东华录》《清史列传》及《清史稿》等不同,却与市井传说或野史、笔记所述相似。仔细研读后,发现其中破绽百出,疑云丛生。不论从形式、字体、用词、称谓和财产数量等各方面彼此间都差异极大。现摘其要者,分述如下:

(1)从形式上看它与中国第一历史档案馆所保存的其他档案不同。该件档案本名为《录和珅犯罪全案》(以下简称《全案档》,其封面《和珅犯罪全案档》的题签是后人托裱后才加上的),从一个"录"字,就可以知道它不是原始的档案。从其内容上看,它既包括嘉庆皇帝的上谕,也包括《御览抄产单》;既有和珅的二十大罪状,也有他与爱妾的诗文,可以说是一盘名副其实的"大杂烩"。经仔细与《清仁宗实录》(以下简称《实录》)、《清史列传》、《清史稿》等官书及其他原始档案比较,出入颇大。其中不但讹舛很多,而且有些嘉庆帝的上谕在其他档案和《实录》等官书中根本找不到,不知源于何处。总之,《全案档》不像是一份经过官方系统整理后编辑的文书档案,却仿佛是一份民间传抄的杂录。

（2）从《全案档》成档的时间上看，也可以证明它不是原档。并且可以肯定它不是在嘉庆年间成"档"的。因为在《全案档》中，凡遇"宁"（繁体字为"寧"）字均写成为"寍"（少两笔为"笔讳"——笔者注），不言而喻，这是为了避讳嘉庆帝的儿子道光皇帝旻宁的名字。由此可见，这件"档案"一定是道光年间以后才搞成的。

（3）《全案档》所载审办、查抄和坤家产、园寓人员与正式档案、《实录》及其他官书所载审办、查抄和坤家产、园寓人员名单及分工均不相符。

《全案档》所列查办和坤人员是八王爷（即仪亲王永璇）、十一王爷（即成亲王永瑆）、绵二爷（即定亲王绵恩）、七额驸（即拉旺多尔济）、刘中堂（即刘墉）、王中堂（即王杰）、董中堂（即董浩）、盛柱、庆桂等人。具体分工为：永璇、拉旺多尔济、刘墉、王杰、董浩等负责审讯和坤；永瑆、盛柱、庆桂等负责查抄和坤住宅。

绵恩负责查抄和坤花园（即淑春园），并奉旨将和坤儿子丰绅殷德交宗人府看管。但在原始档案中所列却不大一样，在《军机处上谕档》与《录副奏折》中记载，主持审理和坤案件的是永璇、拉旺多尔济、王杰、刘墉与董浩等人，有时还有永瑆、布彦达赉、那彦成等人。最早派去查抄和坤家产的是永瑆，后来增加了绵恩、淳颖、緼布、庆桂等人。查抄和坤在海淀钦赐花园的则是永锡、绵懿和永来等人。查抄和坤热河寓所的是书鲁、姚良（二人均是热河总管）与穆腾额等人。查抄和坤在蓟州坟茔的是绵懿、特清额等人。根本就没有盛柱。由此可见《全案档》与原始档案记载不同，却与野史、笔记的记载相雷同，故不难看出《全案档》并非第一手材料。

（4）在《全案档》中收录的嘉庆帝上谕中对大臣的称谓，与一般官书不同。一般说来清朝皇帝称臣下多是直呼其名，偶尔才有缀上封爵和官职的。但无论如何不会有什么"八王爷""十一王爷""七额驸""绵二爷""王中堂""刘中堂"和"董中堂"之类的称呼。这一破绽，也可以证明该《全案档》并非原始档案，同时也不能不使人们对它的真实性与可靠性产生怀疑。

（5）《全案档》所录嘉庆帝上谕多与《实录》的同一上谕差异很

大，错字、丢字和添字比比皆是，极不严肃。相反，《实录》中的该上谕却与档案（包括内阁上谕、军机处上谕、起居注等）中的同一上谕（除个别字句外）大体相同。这就说明《实录》是源于档案的，而《全案档》中的文字，却是辗转传抄而来的。例如，关于嘉庆四年（1799 年）正月初四日上谕，《实录》原文是"自用兵以来，皇考焦劳军务，寝膳靡宁，……"《全案档》中却是"自用兵以来，皇上焦劳军务，寝膳靡宁……"《全案档》中称"皇上"显然不通。首先，嘉庆帝根本不可能称自己为"皇上"；其次，从上下文的情况来看，此处系指乾隆帝为妥，因此应该称"皇考"，而不应该称"皇上"。

（6）《全案档》中错字、丢字俯拾皆是，如把"靖"写成"竣"；把"咎"写成"疚"；把"有"字写成"不"；把"继"字写成"计"字；把"斩"字写成"渐"字；把"苦"字写成"若"字；把"每"字写成"再"字；把"昭"字写成"照"字；把"姜"字写成"妄"字；把"德"字写成"怀"字；把"伸"字写成"深"字；把"和琳"写成"和珅"等。此外，《实录》中有"尚未抄毕约有数千万两之多"；而《全案档》中为"所藏金银、古物等物，尚未抄毕约有万万余两之多"。《实录》中"数年来，"《全案档》却写成"数十年来；"《全案档》并且还把"十一王爷"写成"十三王爷"；把"贵德"写成"贵怀"；把"刘马二家人"写成"刘二马家人"；把"朋党"写成"明党"等等。

（7）《全案档》所载《御览抄产单》与原始档案所载的数字不合。

首先，查抄的房屋数量不合。《全案档》记载数为"正房一所，十三层（进），共七十八间，东房一所，七层（进）共三十三间。东西侧房共五十二间、徽式房一所共六十间、花园一座楼台四十二所，钦赐花园一座亭台六十四所、四角更楼十二座（更夫一百二十名）、堆子房七十二间（档子兵一百八十名）、杂房六十余间。而实际和珅拥有的房屋要大大超过此数。他家除北京城内什刹海畔的居所（即今恭王府）外，仅在京城西郊海淀附近的别墅和花园内就有房屋一千零三间、游廊、楼亭共三百五十七间。其次，他家京城内外取租房共有三十五项，按契载共房一千零一间半。此外尚有涿州、蓟州等处当铺取租房二百七十九间、在热河小南门等处有典卖房二百二十八间、京城会计司胡

第十二章 末日来临

同住房一百四十一间、赏给和孝公主居住房六所，共计九十八间、赏给庆郡王永磷宅门口等处铺面房七十五间、正阳门外大栅栏等处铺面住房四百九十六间。此外，尚有马圈一所房四十五间、善缘庵寓所一处，房八十六间，游廊四十二间，这样加在一起，约计共有房屋三千八百五十一间半。这里并没有包括留给庆郡王永磷的和珅住宅的前半部分与祠堂、马圈在内，也没有包括留给和孝公主居住的和珅住宅的后半部分与花园内房屋在内。显然和珅实际所拥有的房屋要比《全案档》所载房屋数字要多得多。

其次，《全案档》所载和珅在京家资数目与正式档案所载数目不合。《全案档》引述嘉庆帝上谕说："和珅家产一百零六号中二十五号，即折算成银二万二千三百八十九万五千一百六十两。""所藏金银、玉石、古玩等物，约值万万两之多。"可是这两条上谕不见于正式档案和正史。笔者认为和珅的家资，除难以估价的稀世珍宝、文物古玩外，其他财产是不会达到上亿两白银的。这从嘉庆帝的一道上谕中就可以得到证实。上谕中说："从来人言，多以外任为可羡，得资丰衣足食，以京官为清苦，不免生计艰难。殊不知外任官员，如果洁清自矢，亦岂能积有余资？而身任京员者，觊营私法，任意贪婪，如和珅、福长安，何曾一日外任，而封殖自肥，家资累至数十百万，胜似外任百倍，可见居官苦乐，不在京外之分，而在贪廉之别也。"这里嘉庆帝只说和珅"家资累至数十百万，胜似外任百倍"，看来他是有根据的，如果和珅果真有几亿两白银，皇帝是绝不会替他隐瞒的。

再有，清末以来，一些学者就曾对"和珅家产抄家清单"之类的东西表示怀疑。如薛福成、邓之诚等人，在他们的著述中都认为这些数字不可靠。薛福成认为："世俗私相传抄之本。乃其实数耶？抑或当时共谄和珅之富，遂于查抄清单之下，浮写其估价之数日久延，遂莫能辨真伪耶。总之，此单传抄以旧，余所见数本大致相同，断非凭空捏造，而与《东华续录》又似不无抵牾之处。盖私家记载颇资耳食，难尽为凭，官书又外间不能多见。事隔九十余年见闻已歧异若此，兹特兼志于此，以待搜考，并质世之博物洽闻耳。"邓之诚也说："是时军饷告竭，欲得其家产以瞻军耳。世传《查抄和珅家产清单》，出于当时民间小抄，实不足据。"这说明民间传抄的"查抄和珅家产清单"是很值得怀疑的。

还有，和珅及其家人所经营当铺的本银数量与一般当铺本银数量不符。《全案档》记载，和珅有"当铺七十五座（本银三千万两），银号四十二座，本银四十万"。但原始档案却记载为："查出和珅借出本银开当铺十二座及家人刘全、刘印、刘陔、胡六自开、伙开当铺共八座。""附近通州、蓟州地方均有当铺、钱店，查计资本又不下十余万……"

从上述材料可以看出，除当铺数量不相符外，《全案档》所列每座当铺的本银多者高达三四十万两，少者也在一二十万两左右，这是颇值得怀疑的。从现存的内务府档案中看，清代在乾嘉时代，北京地区当铺的本银一般是达不到此数的。当时开一座当铺，大致有二三万两白银作为本银也就足够用了。如果一座当铺的本银和架上货物的价银加在一起，能够达到五六万两，那在当时已是一座很大的当铺了。无论如何一座当铺本银也不会达到三四十万两之多。如和珅入官的恒升当，按当时的银价折算，合价本银伍万八千两，这在当时已是一座很大规模的当铺。又如，福长安所开三座当铺的本银多在白银几千两，最多也不超过二三万两。例如，他开的广泰号当铺，本银也就是在七千两左右。由此可见，一座当铺本银如果达到五六万两就已经是相当大了，如果一座当铺成本过多，就有碍于生意运营了；既不利于经营（即积压资金），也会造成浪费，因此在这种情况下，当铺主人就要想办法分号经营了。

再则，和珅所拥有的土地数目与《全案档》所载的数目不合。《全案档》记载和珅有土地八千顷，但是档案中却记载为："取租地计一千二百六十六顷零。"此数字虽然只是和珅在京畿与热河地区的田产，但这些地区是和珅家田产最多、最集中的地区。虽然可能在其他地区或隐匿未查出来土地还有一些，如，他家在盛京义州（今辽宁省义县）地区，就有许五德私自馈送给他的官地二十顷；其次在直隶易县、静海地区也还有一些零星地亩，但这些地区的土地数目不是很大，加起来绝不会有六七千顷之多。由此可知，《全案档》所载和珅拥有土地数量也是夸大其词的。

总之，《全案档》的漏洞百出，舛误颇多，是不足为信的。当然，

第十二章 末日来临

199

档案或其他官书中的数字也未必可靠。其中有些数字很可能被缩小了，或者他家的部分财产为本家所隐匿，或为经办人员侵吞，或因其家产分散、零星因此未能查出来。但是不管怎样，档案中公布的数字应是和珅家产的绝大部分。除他家宅第、花园与大量稀世珍宝、书画，以及文物古玩外，其他财产加在一起是很难达到上亿两白银的。

（8）《全案档》在行文中也存在着许多明显的讹错，与事实不符。例如，把和琳革去公爵，撤出太庙、拆毁专祠，其子丰绅伊绵割去公爵、斥退侍卫等事都张冠李戴地安在了和珅及其儿子丰绅殷德头上。

通过以上考察，可以得出结论：《全案档》至今仍然保存在中国第一历史档案馆里，但是它并不是一份正式档案。可以肯定它的文字不是原办案机构整理编纂的，而是后人汇集草成的。有种种迹象可以说明，《全案档》最早的材料来源是由宫内太监或好事者从邸报、小抄，以及人们传闻口碑中转抄、记录下来的。其中有真有假，特别是许多数字是经过渲染、夸大的。后来又在市井流传添枝加叶，添油加醋，尤其是对和珅的家产进行了无限膨胀、夸大，至道光年间后才汇集成册，变成了今天这个样子的。

长期以来，《全案档》在清宫内外流传，加上人们又轻易看不到原始档案材料，因此便以讹传讹，着力渲染，很少有人去认真核实、考察、比对与订正，致使鱼目混珠，真假难辨。甚至有不少人以类似这样虚假的材料来说明历史问题。

由于《全案档》与原始档案、官书等相差甚远，而与野史、笔记极为相近，故可以推知它们是同出一源。这样通过证实可知《全案档》是不翔实、不可靠，亦可以证实《查抄和珅家产清单》《庸盒笔记》等一类有关和珅家产的记载也是不真实、不可靠的。这些记载只能供人们研究和珅问题时参考而已，而不能以此为依据。通过以上的考察，可以得出这样的结论：和珅的家产肯定不像传闻所说有八亿两白银。这个数目之大，简直难以令人相信。因为和珅出身于满洲中上等的武官之家，并不是祖传的殷实巨富，所以家里没什么雄厚的积蓄；且他为官二十余年，也不是一开始就是军机大臣、大学士与一等公。即使二十多年来一直做上述高官，那他每年的薪俸也只有白银两千两左右；从乾隆四十一年（1776年）至嘉庆四年（1799年）的二十三年左右的时间，累计俸银也不过四五万两之数，除去他一家人的开销，所余不会太多。加上他招权纳贿、贪污中饱的各种财源，肯定会有不少积蓄，按常理来看，无论如何一个人每年收入也不会等于全国每年财政一半以上。当时清皇朝举国上下贪污成风，如果各级官员都依照和珅敛财这个比例进行敛财的话，那广大劳动人民将无法维持再生产了，社会必将立刻崩溃。可是乾嘉之际的清皇朝还没有危急到那种程度，当时只是由盛转衰的开始，而不是社会的总崩溃。

为什么人们对和珅的家产这么感兴趣，记载这么多呢？这是由于和珅是乾隆嘉庆时期非常有名的权相，是个"大奸大蠹"式的人物，他营私舞弊、贪污受贿的数量的确是"从来罕见罕闻"的。因此在审理和珅案件的同时，举国上下，街头巷尾都在流传着有关他的逸闻轶事。人们认为嘉庆帝诛和珅就是要籍没他家财产，用来接济军事上镇压白莲教农民起义的开支，故不少好事者就在财产问题上大做文章，添油加醋，无限夸大，以致越传越多，越传越神几乎到了令人难以相信的地步。到了清末民初时期，由于人民反满情绪高涨，对于清统治者，特别是对满族出身的高官更是无比仇恨；于是人们对清史中的一些问题，更是以传闻为史实，并以此对满族统治者进行鞭挞和痛斥。这样使本来就眉目不清的一些问题，如，"皇后下嫁""雍正夺位""乾隆帝非雍正帝所出"……弄得更加混乱，扑朔迷离，以致真假难分，现在有必要进一步澄清。有关和珅家产问题，近年来已有不少触及，但始终没能得出令人信服的结论。因此，至今许多论著还是因袭野史、笔记中的说法，认为和珅家资有八亿两白银……有鉴于此，作一些认真的考实、澄清工作是完全必要的。

和珅家产被籍没后，全部由以嘉庆帝为首的国家接管。他家的现金，包括金、银、制钱等绝大部分被送到了户部大库与内务府广储司银库。他家所有的珠宝玉器、金银器皿、首饰、字画、书籍、古玩、铜器、锡器、皮张、绸缎、布匹、瓷器、家具以及衣物鞋帽等，除一少部分由嘉庆帝赏给了王公大臣、公主及御前侍卫和太监等外，另外一小部分（主要是一些破旧的物件、戏装等）在崇文门税关和热河（即承德）等地变卖成现金，交广储司银库外，绝大部分直接归内务府接收，成为皇帝的私人财富了。

第十二章 末日来临

和珅在京城的住宅、别墅（花园）除留下一部分给和孝公主与丰绅殷德居住外，大部分赏给了几个亲王、郡王了。具体赏赐情况如下：和珅住宅的前所，以及祠堂、马圈等，赏给了乾隆帝第十七子，嘉庆帝的亲弟弟，庆郡王永璘；和珅住宅的后所仍留给和孝公主使用。和珅家的老宅，即和琳原来居住的西四驴肉胡同住宅，仍然赏给和琳之子丰绅伊绵居住。

和珅在海淀的别墅花园东段赏给了成亲王永理，西段赏给了和孝公主与丰绅殷德。在和珅家入官的当铺中，嘉庆帝把永庆当赏给了永璇、庆余当赏给了永璘、恒兴当赏给了奕纯、恒庆当赏给了永琅外，其余的当铺仍交给内务府管理。与此同时，嘉庆帝除把和珅在京城内的一些铺面房赏给了王公大臣外，其余的也全部归内务府照管。

和珅在热河的寓所东所赏给了成亲王永理，西所仍然由和孝公主与丰绅殷德使用。

和珅家的衣物、书籍等除了少部分赏赐给人外，大部分都交给了内务府处理、变卖。

和珅家在外地的粮食赏给或借贷给因灾而陷于饥荒的灾民，作为口粮或籽种。

此外，和珅家在蓟州的坟茔被拆除后，连同附近守坟人的房屋一起，由特清额负责招商变卖。

和珅家奴七十九户，共计三百零八口，以及逃亡后被抓回来的二十几户奴仆一起被变卖后身价钱全部交给了内务府。

嘉庆帝把抄和珅的家产钱的一部分还用于在招抚起义的农民重新归农的费用（如买粮食、农具、修理房屋等），以安顿百姓，平息民怨。另一部分成为了镇压白莲教农民起义的军费开支。

附　录

一、《清史列传·和珅列传》的记叙

　　和珅，钮祜禄氏，满洲正红旗人，由文生员于乾隆三十四年承袭三等轻车都尉。三十七年，授三等侍卫，旋挑补黏杆处侍卫。四十年闰十月，迁乾清门侍卫，十一月擢御前侍卫，授正蓝旗满洲副都统。四十一年正月，授户部右侍郎。三月，命在军机大臣上行走。四月，授总管内务府大臣。八月，调镶黄旗满洲副都统。十一月，充国史馆副总裁，赏戴一品朝冠。十二月，总管内务府三旗官兵事务，赐紫禁城骑马。四十二年六月，转左侍郎，兼署吏部右侍郎。十月，兼步军统领。四十三年，吏部尚书永贵等奏，京察降革司员参讯事件，免其随带，和珅以扶同瞻徇降二级留任。旋监督崇文门税务，总理行营事务。四十四年，命在御前大臣上学习行走。

　　四十五年正月，命偕侍郎喀凝阿赴云南查讯按察使海凝控告总督李侍尧贪营各款。鞫得实，并奏滇省自李侍尧婪索属员赃私狼藉，吏治废坏，各府州县多有亏帑，须彻底详查，清厘积弊。上以福康安为云贵总督，赴任查办。和珅于定谳后回京，未至，擢户部尚书。旋命在议政大臣处行走。五月复命，奏云南永昌府之潞江、普洱府之磨黑两地向立税口，禁携带丝纸针绸出隘，但关外尚有腾越、龙陵、思茅诸处，地阔民繁，难免偷漏，请改设以收实效。又奏滇省盐务缘川省私盐偷漏，味好价廉，致官盐难销，正课日亏，宜在川滇交界处实力禁止，并以滇省私盐盛行、官铜缺少，请设法整顿，皆奉旨允行。又奏缅甸送还苏尔相等，有同来缅子二人尚羁禁永昌，似应释回。云南开化府属设立关口，内地民人往交趾贸易者，由藩司给以印票，前交

趾黄文桐滋事，内地民人不从，俱逃回，经督李侍尧拿获有发遣者，有因曾在彼处娶妻定拟死罪者。闻粤省关隘亦有通交趾之处，办法又复不同，似觉两歧。上谕福康安将二缅子释归，其逃回人犯改拟具奏。寻授御前大臣，补镶蓝旗满洲都统。谕曰："和珅之子赐名丰绅殷德，指为十公主之额驸，待年及岁时举行指婚礼。"六月，授正白旗领侍卫内大臣。请以内务府笔帖式归八旗应考，上不许。十月，充四库馆正总裁，兼办理藩院尚书事。

四十六年四月，甘肃撒拉尔番回苏四十三等滋事，进逼兰州，上命额驸拉旺多尔济、领侍卫内大臣海兰察、护军统领额森特等率兵讨之。和珅带钦差大臣关防同往，又命大学士阿桂督师，旋以阿桂有痒疾，谕和珅兼程先进，督办一切。和珅至兰州，诇贼方踞八蜡庙、雷坛等处，掘濠自固，因奏言分兵四路，令海兰察等从山梁进剿，额森特等于丫口斜扑贼营，提督仁和等直攻八蜡庙大楼，和珅自偕西安将军伍弥泰等由龙尾山梁策应。时海兰察已逼贼至山梁，歼其沟中伏匪，和珅率弁兵乘势追逐，斩二百余人。贼立坎深数丈，小道皆掘断，不能度，遂撤兵。是役也，总兵图钦保阵亡，和珅匿不奏，后请恩恤始及之。上以其取巧传旨申饬。谕曰："和珅在途次所奉谕旨甚多，均未奏及，岂不知朕于数千里外悬悬廑注乎？再本日毕沅奏和珅在途行走情形，婉转开脱，措词委曲，此即外省观望习气，究于和珅之行走濡滞能逃朕之洞鉴乎？"和珅之未至兰州也，海兰察、额森特先驰至击贼胜之，和珅乃以二人不查贼形，希侥幸责数之，并奏其欺诳。上曰："伊二人先行打仗，并无不是之处，和珅遽形之章奏，岂行走迟延者反为有功乎？若令朕颠倒是非，申饬无过之人，朕不为也。"又以总督勒尔谨养痈贻患，不即参劾汇奏，下部议，降三级留任。五月，谕曰："和珅于四月十七日始抵兰州，而阿桂亦于四月二十一日续到，所有筹办诸事，虽皆联衔入告，而自阿桂到后，经画措置始有条理。此事阿桂一人已能经理妥协，无须复令和珅同办，且恐和珅在彼事不归一，即海兰察、额森特等向随阿桂领兵打仗，阿桂之派调伊等自较和珅呼应更灵，而朕启銮热河为期亦近，御前领侍卫内大臣、军机大臣等扈跸者现已无多，和珅令速行驰驿回京。"寻到京复命，奏陕西毗连四省，形势扼要，而驻防兵单，甘肃兵数以迁驻新疆，未经补额，存营者亦少，皆须多为添驻。又请西安提督仍复旧制驻固原州，而以固原镇总兵迁驻河州，其河州协副将改于安定或会宁驻扎，方足以资控驭。诏下阿桂等行之。十一月兼署兵部尚书。十二月，管理户部三库。

四十七年二月，以军机大臣审办甘肃镇迪道巴彦岱受贿徇隐事，拟罪轻纵，降三级留任。四月，御史钱沣劾山东巡抚国泰、布政使于易简贪纵营私，命偕都御史刘墉按讯，既定谳，命先回京。八月，加太子太保。十月，充经筵讲官。四十八年六月，赏戴双眼花翎。十月，充国史馆正总裁。十一月，充文渊阁提举阁事。四十九年三月，调正白旗满洲都统。四月，充清字经馆总裁。七月，甘肃石峰堡逆回张文庆等平，以和珅首承谕旨，再予轻车都尉世职，归并前职，照例议袭。旋调吏部尚书、协办大学士，管理户部。九月，仍以平回匪功议叙，封一等男爵。

五十一年六月，御史曹锡宝奏和珅家人刘全服用奢侈，器具完美，恐有借端撞索情事，应密行侦访，严加惩创。上命王大臣会同都察院查核，又意其欲劾和珅而又不敢明言，故以家人为由隐约其词，为将来波及地。复谕曰："此案总期根究明白，并非因此一虚言欲冶和珅，更非欲为和珅开脱。留京王大臣等不可误会朕旨，将曹锡宝加以辞色，有意吹求，使原告转成被告，亦无是理，务须平心静气，虚衷详问，如曹锡宝果能指出款迹，访查得实，即一面从严审办，一面据实具奏，不可因和珅稍存回护，若稍存回护，是乃陷和珅且自陷也。"继复谕详询曹锡宝，如果和珅有营私舞弊迹，不妨据实指出，朕必质讯明确，将和珅治罪。既而王大臣等奏，曹锡宝如有实据自应列款参奏，今遽以无根之言冀博建白之名，请交部议处。旋议降二级调用，上以其言官，改为革职留任。闰七月，授文华殿大学士，仍兼吏部、户部事。九月，谕曰："和珅于乾隆四十三年兼管崇文门监督迄今已有八载，现系大学士，亦不便兼理权务，前曹锡宝参奏和珅家人一事，未必非因此。"遂退去监督事。又谕曰："昨召见新放广信知府湛露，年纪尚轻，询以清语亦属生疏，难遽胜方面之任，且伊系福长安之妻弟，和珅于京察时将该员保送一等，不无瞻徇之意，殊属非是。和珅交都察院议处。"旋议降二级留住。十月，两广总督富勒浑纵容家人殷士俊等关通婪索事露，谕曰："富勒浑操守平常，密谕孙士毅据实查奏，时和珅即

在朕前，奏称不如将富勒浑调回徐行察查，可不致遽兴大狱，是和坤未免意存消弭，为回护富勒浑地步。"

五十二年，奏京师米价昂贵，各铺户囤积居奇，请嗣后饬禁，毋得过五十石。寻商人呈递公状，未即遵禁，定郡王绵恩释弗究。谕曰："和坤以京城米价昂贵，出示禁止囤积，而商人唯利是图，粮价仍未平减，因查出铺户囤积米麦六万余石，奏请交厂减价粜卖，其应如何立厂、派员稽查及作何减价平粜之处，和坤并未酌定章程，声叙明晰，已属非是，乃留京王大臣及绵恩所奏，似以此事于商民均有未便，办理诸多掣肘，又含糊其辞，竟若因和坤系原办之人为之迁就弥缝，委曲完事，而言外以联亦未免有回护原办之意，有是理乎？总之，此事非回护和坤，竟是害和坤矣。"五十三年二月，台湾逆匪林爽文平，和坤以承书谕旨晋封三等忠襄伯，并赏用紫缰。五十四年四月，充殿试读卷官，五月，充教习庶吉士。五十五年正月，谕曰："大学士和坤著加恩赏给黄带、四开襆袍。固伦额驸丰绅殷德著兼散秩大臣行走。"四月，充殿试读卷官。十一月，以总办万寿庆典，和坤同金简专司其事，命于所加二级外，再加一级。

五十六年四月，审讯护军海旺等窃库银一案，前锋统领、参领各官俱获咎，和坤以管库大臣既经失察，拟罪又失之宽纵，上责令照数赔补，仍下部议处。旋议降一级抵消。十一月，刻《石经》于辟雍，命为总裁。五十七年九月，廓尔喀平，恩予议叙军功，加三级。十月，兼翰林院掌院学士，充日讲起居注官。五十八年（五月），充教习庶吉士，兼管太医院及御药房事务。五十九年二月，吉林人参阙库额，命军机大臣缮写敕谕，和坤瞻顾迁延，未即拟旨，上责之，降二级留任。七月，奏八旗立厩养马，原以备扈从行营之用，但常时易致折膘，请分给各旗官员拴养，调习壮健较为得力，空出马圈地盖造房间，给与穷苦兵丁居住。如所议行。

六十年四月，充殿试读卷官。五月，充教习庶吉士。九月，朝审停勾，命查明其情最重者请旨裁定。而刑部、理藩院于蒙古台吉图巴扎布凶残一案未先具奏，俱干严议，和坤以管理理藩院，又军机书旨始终回护，降三级留任。十月，廷试武举发策，命军机大臣恭查实录，实录例不载武试题，和坤等率以文武试策总裁实录对，覆询，对如前。

上以护过饰非严饬之，革职留任。先是京察届期，和珅屡邀议叙，是年特命停罢。

嘉庆元年正月，调正黄旗领侍卫内大臣。六月，调镶黄旗满洲都统。二年，管理刑部，退去户部事。旋以军需报销，仍兼理户部。三年，邪匪王三槐就擒，和珅以襄赞机宜晋公爵。

四年正月三日，高宗纯皇帝升遐，仁宗睿皇帝令和珅总理丧仪，科道诸臣以和珅不法事列款参奏，上命王大臣公同鞫讯，俱得实。上乃谕曰：

"和珅受大行太上皇帝特恩，由侍卫洊擢至大学士，在军机处行走多年，叨沐殊施，诸臣无其比。朕亲承付托之重，兹猝遭皇考大故，每思论语三年无改之义，如我皇考敬天法祖、勤政爱民、实心实政，方将垂示万年，永为家法，何止三年无改！至皇考所简用重臣，朕断不肯轻为更易，即获罪者稍有可原，犹未尝不思保全。今和珅情罪重大，实有难以刻贷者，设数年来廷臣中有能及早参奏，必蒙圣断，立置重典，而竟无一人奏及者。内外诸臣自以皇考圣寿日高，不敢烦劳圣心，实则畏惧和珅，钳口结舌，皆朕所深知。今和珅罪状已著，其得罪我皇考之处，擢发难数，亦百啄难辞，朕若置之不辨，何以仰对在天之灵！除在京王大臣会审定拟外，著通谕各督抚，将和珅如何拟罪，并此外有何款迹据实覆奏。"旋据直隶总督胡季堂奏：和珅种种悖逆不法，蠹国病民，贪渎放荡，目无君上，请以大逆论，上纾太上皇帝在天之愤怒，下快天下人心之积恨。并查出和珅蓟州坟茔僭妄逾制。上乃申谕曰："昨于乾隆六十年九月初三日，蒙皇考册封皇太子，尚未宣布谕旨，和珅于初二日在朕前先递如意，泄漏机密，居然以拥戴为功，其大罪一。上年正月，皇考于圆明园召见和珅，伊竟骑马直进左门，过正大光明殿，至寿山口，无父无君，莫此为甚，其大罪二。又因腿疾乘坐椅轿抬入大内，肩舆出入神武门，众目共睹，毫无忌惮，其大罪三。并将出宫女子取为次妻，罔顾廉耻，其大罪四。自剿办川楚教匪以来，皇考盼望军书，刻萦宵旰，乃和珅于各路军营递到奏报任意延搁，有心欺蔽，以致军务日久未竣，其大罪五。皇考圣躬不豫时，和珅毫无忧戚，每进见后，出向外廷人员谈笑如常，其大罪六。皇考力疾披章批谕，字画间有未真，和珅胆敢口称不如撕去另行拟旨，

其大罪七。前奉皇考敕旨，令伊管吏部刑部事务，嗣因军需销算，伊系熟手，是以又谕令兼管户部，题奏报销事件，伊竟将户部事务一人把持，变更成例，不许部臣参议一字，其大罪八。上年十二月，奎舒奏循化、贵德二厅贼番聚众，在青海肆劫，和坤竟将原折驳回，隐匿不办，全不以边务为事，其大罪九。皇考升遐后，朕谕蒙古王公未出痘者不必来京，和坤不遵谕旨，令已、未出痘者俱不必来，全不顾抚绥外藩之意，其居心实不可问，其大罪十。大学士苏凌阿两耳重听，衰迈难堪，因系伊弟和琳姻亲，竟隐匿不奏；侍郎吴省兰、李潢，太仆寺卿李光云曾在伊家教读，保列卿阶，兼任学政，其大罪十一。军机处记名人员，和坤任意撤去，种种专擅，不可枚举，其大罪十二。昨将和坤家产查抄，所盖楠木房屋僭侈逾制，其多宝阁隔段皆仿照宁寿宫制度，其园寓点缀与圆明园蓬岛、瑶台无异，不知是何肺肠，其大罪十三。蓟州坟茔设立享殿，开置隧道，致附近居民有和陵之称，其大罪十四。家内所藏珍珠手串二百余，较大内多至数倍，并有大珠较御用冠顶尤大，其大罪十五。又宝石顶非伊应戴之物，伊所藏数十，而整块大宝石不计其数，且有内府所无者，其大罪十六。银两、衣服等件数逾千万，其大罪十七。且有夹墙藏金二万六千余两，私库藏金六千余两，地窖内藏埋银两三百余万，其大罪十八。附近通州、蓟州有当铺、钱店赀本又不下十余乃，以首辅大臣下与小民争利，其大罪十九。伊家人刘全不过下贱家奴，而查抄家产竟至二十余万，并有大珠及珍珠手串，偌非纵令需索，何得如此丰饶？其大罪二十。其余贪纵狂妄之处尚难悉数。著将胡季堂原折发交在京文武三品以上官员，并翰詹科道阅看，悉心妥议具奏。如有自抒所见者，另折封陈。"

诸臣俱言宜如胡季堂议。上念和坤曾任首辅，免其肆市，赐令自尽。以两淮盐政征瑞前后馈和坤银四十万两，山东巡抚伊江阿知太上皇帝龙驭上宾，奏折中不及一字，惟致书和坤劝其节哀办事，俱革职，并谕："故御史曹锡宝当和坤声势薰灼之际，无一人敢于纠劾，而曹锡宝独能抗辞执奏，不愧诤臣之职，今和坤治罪后，查办刘全家产，竟有二十余万之多，是曹锡宝前次所劾，信属不虚，自宜加以优奖。曹锡宝著加恩追赠副都御史，并将伊子照赠衔予荫。"既而上又通谕诸臣曰："和坤所管衙门本多，由其保举升擢者自必不少，外省官员奔走门下逢迎馈赂，皆所不免，若一一根究，亦非罚不及众之义，大小臣工无庸心存疑惧，况臣工内中才居多，即有从前热中躁进，一时失足，但能洗心涤虑，痛改前非，仍可勉为端士，以副朕咸与维新之治。"时多言和珅财产甚多，不止抄出之数者，又谕曰："朕所以办理和珅者，原因其蠹国病民，专擅狂悖，查抄所以惩戒贪黩，初不计多寡而事株连。嗣后臣工不得再以和珅资产妄行渎奏。"

先是和珅在军机时，虑人举发，凡有奏折令具副本关会军机处，至是奉旨革除。和珅又令各部将年老平庸之司员保送御史，俾其缄默不言，免于纠劾，至是亦因副都御史广兴布奏，命嗣后保送御史年无得过六十五以上。又谕曰："恭阅皇考朱笔，有严禁内外大臣呈进贡物谕旨二道，圣训煌煌，垂诫至为深切，祗因和珅揽权纳贿，凡遇外省督抚呈进物件，准递与否，必须先向和珅关白，伊即擅自准驳明示右权，而督抚等所进贡物皇考不过赏收一二，其余尽入和珅私宅，是以我皇考虽屡经禁止，仍未杜绝。嗣后有将饬禁之物呈进者即以违制论。"

初，乾隆五十四年山西举人薛载熙覆试除名，嘉庆六年载熙在燕郊迎驾，命试以诗，并谕曰："从前薛载熙覆试中式时，覆试文理尚无大疵，惟诗粗率，奏请停科，经皇考加恩宽免。嗣和珅等议覆科场事宜，以薛载熙覆试与中卷不符，难保无代倩情弊，请追革在案，是薛载熙斥革本非皇考之意，和珅办理此事实属有意从刻。今薛载熙考试诗句较前稍胜，著加恩赏还举人。"

其年又有湖北按察使李天培代福康安私交粮船分运楠木一事，时和珅弟和琳为巡漕御史，劾奏之，福康安因得严旨，并带革职留任。至是上谕曰："此案并非和琳秉公劾参，实系听受和珅指示，为倾陷福康安之计，今和珅籍没，查出所盖房屋僭妄逾制，较之福康安托带木植之咎孰重孰轻？"

寻湖广总督倭什布奏，汉阳府知府明保例应回避，谕曰："明保系和珅母族姻亲，平日依恃和珅势焰，在任声名甚属平常，从前引见知府时，即蒙皇考鉴其人甚庸陋。查伊出身履历，经和珅蒙混具奏，亦未令伊递折清训，径赴知府之任，皆朕所深知。明保著即来京，以部员补用。"又谕曰："近闻京师步军统领衙门及巡捕五营所管步甲兵丁，

附
录

- 209 -

在和珅宅内供私役者竟有千余名之多，实出情理之外，国家设立兵额，原资捕盗缉匪之用，岂可将归伍之兵供私宅之役，无怪乎兵数日少，盗贼肆行也。"

十九年五月，国史馆进呈和珅列传，谕曰："和珅逮问伏法迄今已越十五年，始将列传纂进，太觉迟缓，迨详加批阅，其自乾隆三十四年袭官以至嘉庆四年褫职，三十年间，但将官阶履历挨次编辑，篇幅寥寥，至伊一生事实全未查载，惟将逮问之后各谕旨详加叙述，是何居心，不可问矣。和珅在乾隆年间由侍卫洊擢大学士，晋封公爵，精明敏捷，原有微劳足录，是以皇考高宗纯皇帝加以厚恩，奈伊贪鄙性成，怙势营私，狂妄专擅，积有罪愆，朕亲政时是以加以重罚。似此叙载简略，现陛惩办和珅之时年分未远，其罪案昭然在人耳目，若传至数百年后，据本传所载，考厥生平，则功罪不明，何以辨贤奸，而昭赏罚。国史为信，今传后之书，事关彰瘅，不可不明白宣示。所有承办和珅列传之纂修官，著查明参奏，交部严加议处。"寻查明原纂官顾纯因出差，将稿本交馆席煜续办。命将席煜革职审讯。六月，谕曰："顾纯原纂和珅列传，稿本载有事实四条，皆和珅罪状，仰奉皇考高宗纯皇帝饬谕加以谴责者。葛方晋节去三条，席煜节去一条，其居心实不可问，除葛方晋身故外，席煜前已革职，著即行押解回籍，交江苏巡抚张师诚严行管束，令其闭门思过，不准外出，并留心稽查，如有怨望诗文，即奏闻，将该革员拿问治罪。"

初，和珅于乾隆四十一年入正黄旗，及得罪，仍隶正红旗。

子丰绅殷德，乾隆四十五年赐名，五十四年尚固伦和孝公主，命在御前行走。五十五年授散秩大臣。五十六年二月管理御茶膳房造办处事务。四月，兼武备院卿。五十八年，调奉宸院卿。五十九年，擢正黄旗护军统领。六十年，兼内务府大臣。嘉庆元年，总理行营事务。二年二月，兼銮仪使。八月，授正白旗汉军都统，仍兼护军统领，监督崇文门税务。

四年，因父和珅得罪，大学士九卿等会议革去世袭，谕曰："丰绅殷德系固伦额驸，且公主最为皇考所钟爱，自应仰体恩慈，曲加宽宥。若此时将丰绅殷德职衔斥革，齿于齐民，体制亦觉未协。和珅公爵因拿获王三槐赏给，应照议革去，仍加恩留伊伯爵，即令丰绅殷德承袭，在家闲居，不许出外滋事。"寻于和珅家内抄出正珠朝珠，询之家人，金称和珅往往于灯下无人时私自悬挂，临镜徘徊，对影笑语，声息甚低，人不得闻。奉旨："正珠朝珠为乘舆服用珍物，岂臣下所应收藏？家人供出和珅情状，竟有谋为不轨之意，今幸逃显戮，姑免磔尸，其子丰绅殷德若知有此物不行举发，当照大逆例缘坐，今经绵恩等讯究，实不知情，加恩免其追问，但不应仍叨世袭，著革去伯爵，赏给散秩大臣衔。"寻，上以和珅三等轻车都尉系伊高祖尼雅哈那巴图鲁军功所得，仍以丰绅殷德承袭。

七年三月，三省教匪平，谕曰："固伦和孝公主下嫁固伦额驸丰绅殷德，其品秩原与贝子相等，嗣因伊父和珅身获重谴，是以将丰绅殷德一并革职，旋经朕格外加恩，授为散秩大臣，今当大功戡定，恩逮亲藩，因念固伦和孝公主亦应一体锡予恩施，著将丰绅殷德赏给民公品级，仍在散秩大臣上行走，俾公主同深欢感，以示朕笃念推恩之至意。"

八年，内务府大臣缊布奏，和孝公主府内已革长史奎福呈控丰绅殷德演习武艺谋为不轨，并欲毒害公主，将侍妾带至坟园，于国服内生女各款，命大学士董浩回京与留京王大臣及缊布会同刑部堂官等悉心推究。旋覆奏，奎福所控各款，惟丰绅殷德在国服内妾生一女审讯得实，余俱诬控。谕曰："和珅获罪重大，中外共知，即肆市亦罪所应得，仍加恩赐令自尽，伊子丰绅殷德旋授为散秩大臣，赏给公衔，朕于和珅父子可谓仁至义尽，在丰绅殷德具有天良，自应感激无地，岂有反生怨望之理。此案绵布奏上时，朕即知事属虚诬，但所控谋逆情事，案关重大，朕若少露意旨，即使审讯实系诬控，而外间无识之徒，妄生臆度，必以朕过于仁慈，不忍遽兴大狱，而承审大臣亦似有心迎合，转不足以破群疑，而成信谳，当即特派董浩回京，与王大臣等会同秉公研讯。兹据王大臣等连日详鞫，惟丰绅殷德在国服内侍妾生女一节业已自认不讳，此外如公主疑心饮食下毒，金供实无其事，额驸与公主和睦，诬妄实属显然。至演习白蜡杆始于乾隆五十九年，藉以练习身体，并非起自近日。其私放利债，尚非违例盘剥，即引进高陞、郑二戏要棍杆，亦止系少年不谨，所作诗文，经保凝等亲至府内查出，封固进呈，多系嘉庆三年以前所作，惟《青蝇赋》一篇系四年在坟茔栽树，闻外间传说有大动工程之语，忧谗畏讥而作，详细检阅，委无

怨望违悖语句，实系奎福因革去长史心怀怨恨，捏词诬控。今爱书已定，丰绅殷德并无谋为不轨之事，其罪惟在私将侍妾带至坟园，于国服一年内生女，实属丧心无耻，前已降旨革去公衔、所管职任，仍著在家圈禁，令其闭门思过，如此惩办已足蔽辜，其他俱属轻罪不议。总之，此案如丰绅殷德果有悖妄之处，朕断不肯因公主曲法姑贷。既经讯系诬捏，朕又岂肯因其怨家造作蜚语遽将丰绅殷德置之重典，置公主于何地乎？著将办理缘由通谕知之。"

十一年正月，授头等侍卫，在大门上行走。四月，擢正白旗蒙古副都统，赏戴花翎。十二年二月，调镶蓝旗满洲副都统。十二月，赏给伯爵衔。十五年二月，因病奏请解任调理。四月，上念其平日小心供职，赏给公爵衔。寻卒，谕曰："昨因丰绅殷德抱病未痊，特降旨加恩赏给公爵，用示眷念，今竟尔溘逝！念系和孝公主之额驸，人素谨慎，著派英和带同侍卫十人前往奠醊，并赍赐陀罗经被，赏给和孝公主银五千两，俾资料理丧务，仍照公爵衔给与恤典，该部祭例具奏。寻赐祭葬。

丰绅殷德无子，轻车都尉，以和琳之子丰绅伊绵袭。

二、和珅《嘉乐堂诗集》欣赏

1.《游西山》

乘兴来山寺，登临策杖游；

峰回失径路，涧曲压飞流；

出岫云生足，凭高日近头；

蝉鸣千树响，雨过一天秋；

古壁苔痕渍，荒庭旧句留；

鸟声喧亦寂，草色碧还幽；

直与尘氛隔，行将牧竖俦；

花香清坐榻，松影落棋揪；

极目看无际，探奇意未休；

忘归浑不倦，把酒乐相酬。

2.《宿龙泉庵》

入山数里到龙泉，便向僧房借榻眠；
松撼半天风雨落，碑横曲径藓苔连；
诗留古壁山灵护，茗煮斋厨柏叶鲜；
惆怅欲归归未得，吟鞭摇破碧峰烟。

3.《香界寺》

久闻香界寺，今始到瑶宫；
楼阁连云汉，丹青夺化工；
山僧迎客屦，仙梵落松风；
古碣埋苍藓，宸章焕碧峰；
静中千树雨，寂处一声钟；
顿觉超尘外，夷然物我空。

4.《宝珠洞》

古洞宝珠名，天然拔地生；
寺从云外见，人若壁间行；
俯视众山小，遥瞻万里平；
晴原翻麦浪，绝壑起松声；
老干齐檐拂，流泉绕砌清；
嚣氛隔尘世，林石自怡情。

5.《秘魔岩》

秘魔别去已三年，今又登临岂偶然；
寺犬不惊知旧客，山僧相喜有前缘；
云烟幻出千岩雨，水竹偷来半刻禅；
更到卢师石室处，双松蟠曲二龙眠。

附
录

213 ·

6. 《登翠微绝顶》

> 登临上翠微，恍与世相违；
>
> 松子随身落，天花杂雨飞；
>
> 鹤穿青嶂去，人带白云归；
>
> 凭眺江村暮，炊烟挂晚晖。

7. 《游山乘兴口号》

> 踏穿游屐意忘归，乘兴寻幽上翠微；
>
> 绕树啼猿惊避客，沿溪芳草绿侵衣；
>
> 擎杯绝巘欢呼饮，得句危岩信笔挥；
>
> 日暮山中何所见，片云挟雨逐风飞。

8. 《山半有塔寺，因路隔未游，怅然而返》

> 归途山半隐招提，梵韵悠扬隔碧溪；
>
> 树绕寺门曲径小，塔留孤院乱峰低；
>
> 数声仙磬青林外，一片云幡夕照西；
>
> 我欲言旋游意倦，硐花啼鸟莫相稽。

9. 《游山归以诗谢同人》

> 入山便觉净尘襟，胜友相邀到梵林；
>
> 坐久半窗岩雨过，睡酣一枕白云深；
>
> 不通经语同僧话，且酌壶浆对客吟；
>
> 翻悔归来增怅怏，人间谁复是知音？

10. 《同人游西山诸名胜，见壁上有杜牧之霜叶红于二月
    花句，效轳辘体，题七律五首于壁者，因与诸公同
    赋，效其体韵，亦得五首》

> 霜叶红于二月花，秋光随意满天涯；

寒烟玉露萦衰草，冷雨凄风染绛葩；
几片飘零随塞雁，一林涂抹带栖鸦；
静看景色添诗兴，凭眺江村半酒家。

秋光点缀似春葩，霜叶红于二月花；
露湿胭脂千树紫，雨凝火齐数枝斜；
空林淡抹翻寒艳，小径浓妆着绛纱；
想是天官嫌寂寞，故教青女散朱华。

游览秋山玩物华，停车一望兴偏赊；
丹林色夺三春艳，霜叶红于二月花；
露冷吴江星隐跃，气森巫峡树槎枒；
西风有意留诗句，若为骚人点缀嘉。

枫林望处可停车，极目晴皋兴更赊；
雨过半丛明晚照，风摇一树抹残霞；
露脂香比中秋桂，霜叶红于二月花；
生受化工频点染，不教寂寞逊春华。

谩道春来竞物华，三秋风雨染晴葩；
晚添萤火参差度，暮乱渔灯远近遮；
一夜凉飚翻碎锦，满丛元露湿丹砂；
诗成画出枫林色，霜叶红于二月花。

11.《塞秋苦雨》

镇日浓云郁不开，塞云挟雨去仍回；
空阶渐沥凉孤枕，唯有蛩声入梦来。

12.《热河喜晴》

晓起已微晴，依稀曙色明；

附
录

塞山凝雨翠，武水泻流清；
获刈资农作，盈宁慰圣情；
愿同击壤辈，从此庆西成。

13. 《热河七夕》

翘首星河度女牛，又逢七夕塞垣秋；
骚人亦有闲情绪，索句还登乞巧楼。

14. 《乞巧》

天上桥初驾，闺中静未眠；
晚妆离户牖，结伴仰星躔；
采线迎风度，金针向月穿；
庭空花寂寂，人立夜娟娟；
斗巧笼纤指，争先输宝钿；
寄言儿女辈，守拙可长年。

15. 《木兰二首》

扈猎涉巑岏，秋高紫塞寒；
丹林遮毳幕，蓑草拂征鞍；
纵马凌云去，弯弓向月看；
莫嗟行役苦，时接圣人欢。

扈从木兰幸猎围，征鞍共逐塞云飞；
旌旗色杂岭头树，雾霰湿沾身上衣；
策马不虞峰崱屴，回营喜赐鹿鲜肥；
谩言弱质未娴射，曾见鹏翎带血归。

16. 《出哨归途晓发》

税驾凌晨发，天寒秋渐深；

霜痕凝浅草，岚气界空林；

山有送人意，鸿多别塞音；

途长频策马，语响乍惊禽；

残月淡星影，朝暾破岭阴；

囤场何处是，烟蔼没遥岑。

17.《即事有感》

独有风尘客，忙中学闭关；

长年余案牍，片晷猎溪山；

何药能医俗？无钱可买闲；

醉来慵睡里，又梦鬃毛斑。

18.《游飞云岩胜景》并序

庚子（1780年，乾隆四十五年）二月中瀚，奉使过黔，闻飞云岩
胜景，纡道登临，巉岏怪石，嵌空玲珑，如云下垂，如蛟起舞，又如
青芙万朵，缭绕于烟霞紫翠间，疑神工鬼斧亦不能造此瑰异也。爰作
七言转韵四十六句，用志灵迹，俾后之览者，知予乘传星驰，而即景
探奇兴复不浅耳。

黔州自古千岩抱，谁遣六丁开此道；

绝磴层峦一线通，嶙峋怪石天成造；

而我忽传空谷音，行行更觉入山深；

此中大有逍遥趣，减却匆忙于役心；

探奇揽胜恣游骋，况闻前有神仙境；

迟回玉勒缓丝鞭，马蹄踏碎松杉影；

忽见奇峰拔地生，喷流溅沫响泉声；

飞云洞口疑云起，恍若苍龙挟雨行；

清风终古难吹去，下有僧人未觉曙；

雾气朝朝郁不开，何年古佛锡飞来；

灵根幻出黄金相，贝叶封成碧玉苔；

危亭杰阁悬岩半，望之缥缈烟霞灿；

仿佛如同羽化升，归来翻恐红尘绊；

分付仆童让我先，今朝平地忽登仙；

家中鸡犬劳相挈，客里琴书莫浪捐。

忽然一阵峦风起，飘拂长林声震耳；

恍如棒喝顶门惊，唤醒痴迷悟方始；

禅机岂可妄相求，我对石言石点头。

丝缕牵缠尘网重，溪山笑傲宦情收；

凉汗沾肌岚气冷，从兹更觉发深省；

坦夷心地自清幽，世间处处皆仙境；

策马依然纵玉鞭，回看绝壁耸青天；

山灵不许游踪恋，顷刻飞云罩暮烟。

19.《登宝云亭，读鄂西林、尹塑山两节相题壁诗，勉步元韵并序》

宸从跸路浃旬，已过三齐，奉使邮程匝月，遂临六诏，回望属车豹尾，心恋恩光到来，金马碧鸡，身膺简命，问遐陬之物产，百昌殷阜，宁止蒟酱橦花遵王，路之荡平，九折坦夷，非比蚕丛鸟道，公余之暇。不废登临，使事将终，无妨骋眺，昆池习战，犹思汉主之旌旗，泸水观兵，曾峙武侯之壁垒，惟兹宝云亭者，地集青蚨，旁多赤仄，一邱一壑，居然景物清幽，某水某山，望去烟云杳蔼，纤青缭碧，花树千重，绕陌连阡，麦禾万顷，缅想昔人之创建故事，可征旷观壁上之留题，余风未泯，云蒸霞蔚，倡大雅于岩阿，绣虎雕龙，播新声于蛮貊。以予见闻弇陋，学识空疏，勉竭荒芜，继成篇什，愧乏雄辞丽藻，数行安望碧纱笼？犹冀妙笔锦心，片玉投来青玉。案此日付诸剞劂，用纪胜游，他年采辑风谣，传为佳话云尔。

郊野遍黔黎，青葱阡陌齐；

柳翻金翠浪，燕惹稻粱泥；

城拱山千点，波明水一隄；

兴酣游朱倦，落照数峰西；

政教洽群黎，番苗沐化齐；

自惭持玉节，每用凛金泥；

蜒岭青围郭，滇池浪拍隄；

缅怀千古事，题句勒黔西。

20. 《席间承孙中丞嘱和鄂、尹两节相诗，勉强押韵塞责，
自惭效颦，无以解嘲，复即席赋成五言三十韵，聊答
主人盛意，愧无当于大雅，望诸公不以为不可教而辱
教之，幸甚》

奉使来黔境，山川此地雄；

有云皆作雨，无岭不凌空；

鞭影千盘上，人声绝壑中；

傍岩开石磴，隔涧亘飞虹；

苗妇足双赤，獞民首尽蓬；

水田分上下，火耨各西东；

问俗停藤轿，观耕驻玉骢；

历看黎庶苦，定卜稷禾丰；

省治于焉至，舆情到处通；

深居宁爱寂，早起在先公；

莫谓矜尊贵，唯图慎始终；

会朝清宿弊，片语折群衷；

万里驰缄奏，三吴达帝聪；

偷闲离驿馆，走马访幽丛；

兴发劳琼醴，诗成引碧筒；

才惭刻烛疎，技痒慕雕虫；

广榭披襟快，层楼纵目穷；

泉流听活泼，峰窍透玲珑；

曙色晴逾好，春光暖更融；

盛筵欣饱德，抑戒凛持躬；

夕照芳亭绚，残霞翠嶂红；

踏青游未已，揽胜乐金同；

揖别笙歌送，言旋荣戟充；

晚钟音出树，清漏刻催铜；

鸟倦归林急，灯明夹路烘；

尚嫌丹壁勒，何望碧纱笼；

话旧交非浅，论心告必忠；

扪循岂是易，补救敢云功？

圣泽恩方渥，臣心志益冲。

漫为行李计，琴鹤一帆风。

21.《伏日蒙赐鲜荔枝恭纪》

赤玉盘盛锦荔芳，天恩分赐近臣尝；

擎来尚带瑶池露，滴处仍余闽地香；

硕果衔将丹凤啄，琼浆擘破紫罗囊；

遭逢圣泽渝肌髓，七字书绅志勿忘。

22.《木兰围猎，用彦翁老舅登西山元韵》

红树列远岫，凉风吹层峦；

策马登高峰，秋云涌寒澜；

长剑倚天外，嗟彼空铗弹；

此乐一何壮，知音良独难。

23.《哨内醉中咏怀，用彦翁老舅和陈景云一首元韵》

茫茫幻海待如何，生灭循环万劫过；

不是蓬瀛人到少，只缘尘妄众魔多；

当前境界皆空色，本地风光足窠歌；

乳酒既庐聊醉咏，傲他愁得面霜皤。

24. 《步司农梁阶平用米老元韵》

  紫塞霜寒重九天，北人乘马便于船；
  漫夸得句千山里，争似鸣弓万骑前；
  不敢题糕矜兴致，幸邀赐佩获恩传；
  挥毫满纸惊风雨，惭愧雄才属尔偏。

25. 《奉使济南，馈石庵总宪荷包、人参，戏赠二绝》

  量宏纵识能容物，无咎应占重括囊；
  脱颖会须由未见，中含妙义尽包藏；
  延龄岂藉灵苗力，粗健应知体不屏；
  自有鼎炉生造化，何须草木觅人间。

26. 《济南差次，石庵总宪见惠金刚经、端砚，题谢二绝》

  静唪金刚般若蜜，真谛妙义悟来新；
  就中得失君知未，现在即为过去因；
  赠我端溪片石洁，桂影波光池上结；
  水在澄潭月在天，此境可悟不可说。

27. 《济南临别，馈石庵总宪伽香十八子、手珠、手帕，
  戏赠二绝》

  累累圆珠色味含，端持默坐静和南；
  赠君十八摩尼子，前后三三仔细参；
  紫陌纷纷扑面尘，刘郎曾否识前因；
  殷勤拂拭兜罗洁，莫使嚣氛到客巾。

28. 《夏日即事》

  同人纳爽晚凉中，豪饮连倾百斗空；
  自笑疏狂无检束，强颜犹爱入诗丛。

附
录

29. 癸卯《应制题王翠雪江图》（乾隆四十八年，1783 年）

渺渺烟波玉垒寒，江天万里雪漫漫；
别开生面丹青手，不数宣和画里看。
一望江天在玉壶，寒威如对北风图；
笑他漫尔操觚者，便是小巫见大巫。
江树寒烟远近平，山村乱舞六花轻；
一从宸藻标题处，会见春和笔下生。
雪江归棹见宣和，此卷苍茫得趣多；
画意诗情两俱足，敢辞簪笔续吟哦。

30. 《应制题元拓石鼓文》

粤自上古开鸿漾，羲文苍画垂鱼虫；
夏殷而还变蝌蚪，史籀作篆参天工。
伟哉宣王歧阳猎，镌石作颂昭肤功；
字画奇古石似鼓，文义严密宗雅风。
舫舟鳞鲂贯之柳，我车既攻马既同；
依稀数字尚可辨，三百五十六字之内读鲜通。
溯昔移置凤翔庙，神鬼呵护吾道东；
况今已逾二千载，中唐完拓不可逢。
吾皇不贵异物重，法物已已拓本勤磨礲。
元时旧拓幸复睹，墨花玉版光熊熊。
韩韦苏赵诸名手，题识印记如陈红。
文字较多四十六，仿佛岣嵝古色丰。
秦碑汉碣未足贵，明堂清庙同昭融。
乃知神物不恒有，间世一出当圣躬。
搞词岂为擅风雅，勒之贞珉垂无穷。
做人寿考迈先圣，心源一贯千古隆。
伏读璇题后先句，为章云汉倬天中。
石鼓何幸际此遇，浑坚质朴非玲珑。

诸家考证如聚讼，不求甚解诚启蒙。

音训墨薮虽可辨，天章一扫群言空。

今值仲春在丁卯，诹吉释奠临辟官。

叨陪侍从睹石鼓，摩挲指画思霜蓬。

31. 丙午《奉敕敬题顾恺之洛神赋画卷》（乾隆五十一年，1786 年）

石渠洛神藏二图，长康绘事公麟仿。

兹复得一仍恺之，题词鉴跋相标榜。

旧彝非真见睿题，新图一手如出两。

白描亦非顾所长，梁陈时日多霄壤。

笔墨古雅楮素佳，临摹应在隋唐上。

采珠拾翠或模糊，春松秋菊堪神往。

三而一焉合贮宜，分题属赋欣宸赏。

32. 《奉敕恭题萧照瑞应图》

南渡争传说靖康，江山半壁守余杭。

贞符漫诩中兴谶，北狩谁嗟禾黍伤。

瑞应图成十二帧，题词绘事两兼精。

为怜卷尾余缯素，不补霜天五国城。

应图协瑞溯生初，又见临安胜汴居。

欲借丹青好手笔，写成二帝奉迎书。

荣辱分明睿制标，画书双绝表曹萧。

解嘲徒骛铺张美，任宋贻讥事小朝。

33. 《奉敕敬题陈书山窗读易图》

女史奋老笔，图之却近沈；

布置雅淡姿，皴染烟云濡；

一溪岩石流，数椽山麓枕；

写景自书识，字画如错锦。

而何幅留余，其旨别有恁；

附

录

意尽或当止，落想非末审。

读易易理含，默契不为甚。

（伏读圣谕有不为已甚之旨，陈书此卷画有尽而意无穷，适相吻合。）

先后仰宸题，石渠标上品。

34. 《奉敕敬题三星赞玉印匣》

福禄自天申，纵知祚万春；

三星朋做寿，五代古难论。

铭篚章含美，披图玉榅神；

德隆邀眷注，唯信乃能臻。

35. 丁未《奉敕题苏轼御书颂卷》（乾隆五十二年，1787 年）：

仁宗幼冲在潜邸，书赐保傅当以礼；

日新其德尚可居，弼予一人岂沃启。

为臣为子两失之，今古未尝议其疵；

迨及孙曾欲衔荣，东坡不免无臧否。

睿论发明初九爻，潜龙勿用揭奥旨；

天经地义阐宸题，昭垂万世励继体。

36. 戊申《奉敕敬题射鹿图》（乾隆五十三年，1788 年）

木兰较猎乘秋令，苹野合围呦鹿竞；

霜叶平铺青嶂红，角弓晓挟寒风劲。

戊申《御宝匣》（乾隆五十三年，1788 年）

图来制匣宝装成，贮就天章玉彩莹；

文修武备双含美，犹日孜孜体健行。

37. 《自题荷花扇头小照》

浮踪幻影等浮家，欲渡迷津乘汉槎；

自笑自疑还自悟，当前时现妙莲华。

形模影像镜中游，心已忘机可狎鸥；
我本无言卿亦默，栩然身世一虚舟。

色空空色两微茫，彼岸同登一苇航；
欸乃数声天地阔，风清荷静自生香。

鄞鄂依稀身外身，电泡生灭总非真；
拈花微笑相看际，尔我同为未了人。

38.《和彦翁母舅致贺四旬初度元韵》

不惑翻多惑，徒惊虚度年；
事浮惭后哲，政拙愧前贤。

碌碌时无补，苍苍鬓欲添；
相期修德业，荏苒任流迁。

39.《和彦翁舅近作四首元韵》

其一、《卧病》

闲从魔里解降魔，历尽千魔得道多；
饶我汤煎兼药裹，任他缁涅与磷磨。

过来触法生禅悟，病后声香现普陀；
一醉一醒殊况味，酒瓢诗卷半传讹。

其二、《偶书》

既道无愁却有愁，诗云良士自休休。
人情变幻同飘絮，世事沉浮等泛舟。

邻我东西皆一律，后先真妄总宜收。
成仙成佛由成己，始信庄生悟解牛。

其三、《病起赏雪》

瑞雪飘天外，诗情在笔端；
既能消病闷，耐可御冬寒。

附
录

集处狐千腋，装来絮几团；

琉璃隔世界，直是镜中看。

其四、《雪霁》

银海光摇雪乍晴，玉楼冻合粟寒生；

孱躯拥被灰添火，柏酒盈樽药解酲。

剥啄到门人善奕，绵蛮隔牖鸟传声；

诗消块磊沉痾失，仔细扶筇待品评。

40. 《和孙补山大司马自题云根听读图，用宋人陈亚韵元韵》

笑看童稚读三坟，总是书香具宿根；

积善之家自有庆，高门驷马逮诸孙。

醉饱堪羞东郭坟，不须磨洗净尘根；

含饴别有天伦乐，清白家风贻子孙。

地近孤山处士坟，清如梧竹秀梅根；

袁刘父子皆堪鄙，不负君家旧姓孙。

41. 庚戌《奉敕题文彭刻江山小品图章九枚》

手披云雾开鸿濛，偶然咳唾幻奇峰；

精英秀耸青芙蓉，九山突兀岗岭同。

文心制出夺化工，至今几案生香风；

仓籀刻画留鱼虫，天题一再声价崇。

不数岣嵝与崆峒，气凌星斗愁丰隆；

寿承绝技千古空，龙笺宝篆金石红。

42. 《奉和石庵尚书题扇元韵》（乾隆五十七年，1792 年）

把臂方从榆塞边，去来来去漫周旋。

有情山水知宾主，无意风光各地天。

点笔织成云锦巧，拈诗敲破月痕圆。

寄将便面劳鸿雁，秋夜如闻廿五弦。

43. 《和彦翁舅氏过九松山次壁间韵》来往禅扉认客踪，
解鞍沽饮对山容；

途中车马空尘迹，槛外风云澹远峰。

弹铗尚余三尺剑，含毫漫抚九株松；

壁间有韵谁拈破，醉拂吟鞭当短筇。

44. 癸丑《应制题汉玉带版》（乾隆五十八年，1793年）

作自轩辕式更新，谨身合度称垂绅；

褒衣蒂系夸横玉，肇草裸缠讶赐银。

不仅犀金传古制，漫云容遂诵诗人；

圣朝服饰高前代，宽博来王属使臣。

45. 《偶题盘谷寓斋瓶中红杏二首》

折来带露两三枝，研左簪瓶雅致宜；

恰喜小蜂穿幕入，却怜娇鸟隔窗窥。

醉看不许春虚度，倦赏何妨梦有知；

此际家园差烂漫，池边亭畔最相思。

日边分种岭边栽，旅馆移将春色来；

隔案乱霏红雨落，掩书倦对腻香陪。

拈题伴我诗魔醒，把盏凭他醉眼开；

爱此几枝消寂寞，满山桃李漫相猜。

46. 《盘山雨》

四山云气带烟生，旋听松声和雨声；

添得半溪春涨急，睡来一枕夜凉轻。

阶前小草抽新绿，天外群峰竞晓晴；

明日簦临多快意，涧花岩树倍欣荣。

47.《雨中游盘山四绝》

喜闻一夜雨声多，带露沾泥兴若何；
宁用游山双不借，欹鞭策马半云过。
（拓林司农前作有军持之句，故戏及之。）
春山一雨便成秋，乘兴凌晨伴奂游；
记得十年前此地，朗吟曾上岭巅头。
花雨时兼膏雨飞，松涛不动涧涛微；
行行又在云烟里，袖拂天香露湿衣。
归来仍是雨廉纤，香尚霏微酒待添；
欲对山容看淡冶，杏花疏处半开帘。

48.《希斋弟督军苗疆，受瘴而卒，痛悼之余，为挽词十五首，言不成声，泪随笔落，聊长歌以当哭云》

同胞较我三年少，幼共诗书长共居；
宦海分飞五载别，至今音问藉鸿鱼。
西昭奉使期才满，湘楚苗民逆命闻；

（弟甫由卫藏接川督之任，闻逆苗滋事，即奏请由秀山路督师进剿。）

羡汝手提三尺剑，请缨壮志又从军。复州俘逆殊勋建，紫勒黄鞓圣泽崇；

（福郡王崩后，弟即克复乾州，生擒贼渠。）

指日犁庭看饮至，云台第一貌元功。
最是南方瘴疠偏，悾惚忧虑病缠绵；
谁知灵药才驰去，已报流虹落帐前。
闻汝临终不及私，遗言僚佐是军谘；
出师未捷身先死，一例堪嗟蜀相祠。
不仅三军涕泪涟，宸心轸惜倍潸然；
老兄何意生人世，唐棣枝空泣杜鹃。
九年奉使未宁居，兄弟相违妻子疎；

痛汝承恩身未享，半生萍梗总华胥。
去后已生孙女两，年来凭仗是书函；
空思聚首含饴乐，肠断秋风忆楚南。
子侄言旋未浃旬，如何二竖忽缠身；
早知不久应辞世，留待亲支侍药人。
重阳翼日讣音至，恰是南旋阿监回；
书物两缄和泪启，好留手笔作遗哀。
易箦之时尚治兵，何无一语嘱遗兄？
应知地下无征战，犹冀骑箕慰梦情。
生前会少梦难成，华萼堪悲雁影惊，
重过旧居魂欲断，楼空燕子不闻莺。
湘江水碧楚山深，顽蠢无知亦革心；
他日有苗恩德化，应同堕泪岘碑阴。
看汝成人瞻汝贫，子婚女嫁任劳频。
如何又为营丧葬，谁是将来送我人。
魂魄归来冬季深，君恩赐奠重亲临；
先驱应早橇枪扫，好补生平报国心。

49. "吾弟功成名遂，惜年不永，既邀九重异数殊荣，复有宠姬云卿为之殉节，虽修短有数，亦可以生死无憾矣。感其留诗话别，心痛泪涟，促成短句，言不成文，聊为赆吊云尔"。

新诗裁就凛冰霜，千古人寰姓字香；
料得九原应寂寞，阿云同穴共仙乡。
吾弟英灵信有神，好同携手夜台春；
将来图画凌烟上，添个蛾眉节义人。

50. 丁巳《和东抚伊中丞喜雨元韵》

旧雨情殷阅岁更，喜君莅止体舆情。
随车甘澍天心顺，载道讴思众志明。

附
录

勉励风裁惩吏惰，倍饶清介厚民生。

闲赓佳作无多嘱，愿听齐东起颂声。

51. 戊午《悼亡六首》

结褵三十载，所愿白头老；

何期中道别，入室音容杳。

屏帏尚仿佛，经卷徒潦倒；

泪枯挽莫从，共穴伤怀抱。

游川分比鳞，归林叹只鸟；

追思病时言，尚祝余足好。

（时余足疾复作。）

犹忆含殓前，不瞑心未了；

自此退食余，谁与伴昏晓。

抚棺一长痛，喂彼蒙庄矫。

茕茕儿与女，泣血牵我衣。

寸肠欲断绝，双泪空弹挥。

挥泪语儿女，父在莫悲苦。

吾已半百人，光景日过午。

修短各有期，生死同别离。

均此一坯土，泉壤会相随。

今日我哭伊，他年谁送我？

凄凉寿椿楼，证得涅槃果。

（寿椿楼，亡妻居处楼名。）

夫妻辅车倚，唇亡则齿寒。

春来一齿落，便知非吉端。

哀哉之子逝，可怜形影单。

记得去春日，携手凭栏杆。

玉蕊花正好，海棠秀可餐。

今春花依旧，寂寞无人看。

折取三两枝，供作灵前观。

如何风雨妒，红紫同摧残。
昨在寒食后，为卿撤瑟时；
来年仲春晦，从礼初满期。
明月有圆缺，人生苦别离。
念尔子孙幼，先汝泉下随。
（前秋幼子姐，去冬弱孙殇。）
苟念伉俪笃，中夜来罗帷；
与子梦中晤，一言泉路思。
返魏乏灵药，起死无良医。
安得少翁术，仿佛见容仪。

人生能几何，倏忽若朝露。
自知非金石，荣落讵委数。
翻然中路违，别我竟先去。
幽明从此隔，箪冷怯昏暮。
岑寂繐帐空，长往不回顾。
似此享荣华，不如守荆布。
余龚已半星，足病蹒跚步；
驾言出东郭，洒泪望蓟路。

（茔地在蓟州。）

开汝东阁门，检点巾服笥；
药干炉尚温，泪重袖犹渍。
触处实痛心，想像皆酸鼻；
我本多情人，糟糠忍弃置。
我即无情人，自念浮生寄；
迟早胥同归，如是三摩地。
幽灵叹潜翳，思与日俱积；
赋诗一写哀，掷笔泪盈眦。

52. 《闻彦翁舅氏辞世诗以当哭》（时方扈从热河）

五十年来梦幻身，忽同老大忆青春。
慈亲两弟皆敦睦，一在天涯一故人。

自注：大舅远任边疆。

把酒论文半月才，惊传凶问到滦来；
灵帏不获躬亲奠，空对南云一写哀。
因果难凭报有无，谁知曙后竟星孤。

自注：二舅只留二女。

如何外祖多仁厚，积善之家若是夫。

棋着争如酒量高，况兼落笔擅诗豪。
悲哉转瞬成千古，帐望京华徒首搔。

幼同诵读长肩随，规劝原思自首期。
此去九泉知已少，夜台莫被杜康欺。

自注：二舅嗜酒成疾，每曾规诫，思之蜀胜怃然。

纵识人间若梦中，未来过去总成空。
彭殇妄作皆虚诞，愿证莲池悟大同。

三、和珅年谱

乾隆十五年庚午 1750 年十月和珅出生于北京，满洲正红旗二甲喇人，姓钮祜禄氏，生父名常保，母为嘉谟之女，另有一说是伍弥泰之女。

乾隆十六年辛未 1751 年

正月，高宗南巡至绍兴，至五月回。免江苏、安徽、河南、甘肃额赋或通赋。

十月，搜集云南少数民族文字，共 14 种，分汇成书进呈。

十一月，崇庆皇太后六十寿辰，中外臣僚云集北京举行庆祝活动，其铺张侈靡无以复加。

十二月，挑永定河。禁苗民充苗疆额兵。

乾隆十七年壬申 1752 年

四月，温州、台州等地发生饥民抢米事件。湖北罗田民马朝柱谋起事，事发，知县以开脱马朝柱被杀，牵连及四川、安徽、河南。

乾隆十八年癸酉 1753 年

六月，申禁朝官与诸王交通关系。有丁文林逆词案。

八月，南河舞弊案起。

十月，刘震宇《冶平新策》案发生。

是年，和珅弟弟和琳生。

乾隆十九年甲戌 1754 年

是年，准噶尔内乱，大部内附，清廷出兵新疆平定达瓦齐叛乱。

准许各地汉军出旗为民。

乾隆帝东巡谒盛京祖陵，经吉林、沈阳等地。

乾隆二十年乙亥 1755 年

是年，新疆达瓦齐叛乱平定，纂《平定准噶尔方略》。

是年，有"胡中藻坚磨生诗抄案""刘裕后大江谤书案""程赟秋水诗钞案"和"扬淮震投递霹雳神策案"等发生。

附

录

乾隆二十一年丙子 1756 年

正月，有"朱思藻吊时文案"发生，朱思藻被斩首。

二月，高宗弘历东巡，至曲阜谒孔庙、孔林而还。

乾隆二十二年丁丑 1757 年

正月，高宗弘历二次南巡，至杭州返回。

春天，新疆准噶尔都流行痘疫，发生内讧，清军二路围攻准噶尔，阿睦尔撒纳败逃俄罗斯。准噶尔部叛乱再次被平定。

六月，河南夏邑生员段昌绪因收藏吴三桂檄文并加圈评被杀。布政使彭家屏因家藏明末野史《潞河记闻》《日本乞师》《南迁录》等，闻风后概行烧毁，论斩，后以撰《大彭统纪》赐死。是为"彭家屏案"。

十一月，湖南巡抚富勒深奏称，陈安北所著《大学疑断》等书"违背朱注"，成狱。经乾隆御断免议。

乾隆二十三年戊寅 1758 年

五月，清廷以都统雅尔哈善为靖逆将军，率军自吐鲁番进攻库车，征剿宣布独立之回部和卓木兄弟布罗尼特和霍集占。

乾隆二十四年己卯 1759 年

正月，以贻误军机罪，杀靖逆将军雅尔哈善，代以兆惠。

闰六月，修浙江海塘，禁浙丝出洋。

九月，大小和卓木兄弟走死，天山南北路皆入版图，设驻伊犁将军总统两疆，并于库车屯田。

乾隆二十五年庚辰 1760 年

兆惠率军自新疆凯旋，乾隆亲自"郊劳"犒师，命阿桂为都统，总理伊犁事务。

乾隆二十六年辛巳 1761 年

二月，云南奏安南"沙匪"入界滋扰，遣兵会同安南兵击之。

五月，有林志功捏造"诸葛碑文案""阎大铺《俣俣集》案"。

八月，有"《余腾蛟诗词》案"。

是年，为皇太后举行七旬庆典。

乾隆二十七年壬午 1762 年

三月，高宗第三次巡视江南，至海宁，五月回。

十月，命直隶开通沟渠。

大约至当年前后，和珅、和琳兄弟考入咸安宫官学读书。

乾隆二十八年癸未 1763 年

正月，浚直隶河道。

六月，禁洞庭沽月滨私筑民堤，命北方备省广种卧柳。

乾隆二十九年甲申 1764 年

三月，弛蚕丝出洋之禁。

十一月，始熏修《大清一统志》。

是年，因俄罗斯于互市时违约课税，又有他种欺弊，停恰克图贸易。著名文学家、《红楼梦》作者曹雪芹去世。

乾隆三十年乙酉 1765 年

正月，高宗第四次南巡，至海宁，四月回。诏免江苏、浙江、安徽多项逋欠。

闰二月，乌什回民因不堪苛虐起事反叛，越六月失败。

十二月，金川土司攻扰党坝等处，缅甸侵扰猛捧等土司地，云南兵攻之不利。

附

录

乾隆三十一年丙戌 1766 年

正月，诏自本年至三十五年轮免各省漕粮。

三月，清军剿平侵扰云南之缅甸"莽予"。

十一月，因缅甸收纳招散，又常侵扰边境，发兵攻缅甸，"缅甸之役"自此始。

是年，皇后乌拉纳喇氏病逝。

乾隆三十二年丁亥 1767 年

二月，开馆修《续通志》《续通典》等书。

三月，以云贵总督杨应琚经营缅事欺隐赐令自尽，以明瑞代之，继续攻缅之役。

是年，和珅与大学士英廉孙女冯氏结婚。

乾隆三十三年戊子 1768 年

正月，柴世进投递词帖案发，柴世进以怙病妄行杖毙。

二月，有李绂诗文案，李绂诗文遭销毁。

八月，中俄恰克图贸易恢复。

十月，台湾民黄教起义。

乾隆三十四年己丑 1769 年

正月，因攻缅军事久无进展，改派傅恒经略攻缅甸军事。至十一月始撤兵议和。

七月，赵三联合景线、孟艮二土司于普洱起事反清。

是年，乾隆巡幸天津，和珅承袭三等轻车都尉。

乾隆三十五年庚寅 1770 年

正月，命自该年始各省轮免钱粮一次。

十月，改定捐例，禁宗室王公容留僧道星相人。

是年，和珅参加科举考试未中。

乾隆三十六年辛卯 1771 年

二月，高宗弘历再次东巡山东曲阜，登泰山，谒孔庙、孔林。

六月，渥巴锡率土尔扈特部蒙古脱离俄罗斯，返回祖圈，受到乾隆的热情接纳。

是年，小金川土司内讧，遣兵攻之，金川之役再起。

乾隆三十七年壬辰 1772 年

正月，命各省督抚、学政购访遗书。

六月，因丁役欠入地亩征收，诏停五年编审之制。

是年，和珅挑补粘竿处，任銮仪卫侍卫。

乾隆三十八年癸巳 1773 年

二月，始开四库全书馆，并撰《日下旧闻考》。

立皇十五子永琰为储君（太子）。

乾隆三十九年甲午 1774 年

三月，禁民间私制藤牌。

七月，有太监高云从结交嘱托朝官案，牵连者贬革有差。

八月，白莲教首领王伦于临清、寿张起义，逾月失败。

十月，命各省行保甲法。

十一月，令各地搜献明清之际有"违碍"书籍，禁毁书籍活动自此始。

乾隆四十年乙未 1775 年

是年，和珅擢御前侍卫，值乾清门。

十二月，兼任正蓝旗满洲副都统。

是年，和珅长子丰绅殷德、固伦和孝公主生。

附
录

乾隆四十一年丙申 1776 年

正月，与都统和隆武、左都御史阿思哈同获加恩，全族由满洲正红旗抬入正黄旗满洲。同月，外祖父嘉谟补授仓场侍郎，太岳父英廉署理户部尚书事务，并协办满洲大学士事务，英廉原兼之户部左侍郎员缺由福康安转补，福康安原户部右侍郎员缺，由和坤补授。

三月，任军机大臣。

八月，转任镶黄旗副都统。

十月，兼理武备院事务；获赐在紫禁城骑马。

十一月，充国史馆副总裁，戴一品朝冠。

十二月，总管内务府三旗事务。

乾隆四十二年丁酉 1777 年

三月，以京察，勤慎称职，获交部议叙。

同月，以大臣专责御纂各书，获派与袁守侗共同负责《大清一统志》，与彭元端共同负责《明纪纲目》，又与梁国治共同负责《通鉴辑览》《热河志》等书的编纂。

五月，奉命与英廉、程景伊、梁国治、刘墉等修改《明史》中蒙古人名、地名音译之误。

六月，转任户部左侍郎，并署理吏部侍郎事务，弟和琳吏部笔帖式照例回避，以工部笔帖士补用。

八月，奉派与大学士阿桂、于敏中等负责《满洲源流考》编纂事宜。

十月，调刑部尚书英廉为户部尚书，仍兼管刑部事务，以仓场侍郎德福为刑部尚书，以户部侍郎和坤为步军统领。

乾隆四十三年戊戌 1778 年

春，吏部尚书永贵等奏京察事件，和坤因受牵连降级留任，旋督崇文门税监，总理行营事务。

五月，授御前大臣，补镶蓝旗满洲都统。

六月，授正白旗都统。

乾隆四十四年己亥 1779 年

八月，在御前大臣上学习行走。

十二月，奉派同办御纂《辽史》《元史》编纂事宜；参奏大学士尚书程景伊，擅自批准原任山东济宁州知州蓝应桂革职捐复一事，致程景伊交都察院议处，举荐蓝应桂之山东巡抚国泰交部议处。

乾隆四十五年庚子 1780 年

正月，高宗第五次南巡，至海宁，五月回。

正月，偕同侍郎喀凝阿前往贵州查处云贵总督李侍尧贪污案。

三月，奏准查抄李侍尧家人张永受、八十五等家财；京察届期，再以勤慎称职交部议叙；参奏李侍尧于审办纳楼土司命案时吞隐多金。奏称：自李侍尧娄索属员，赃私狼藉，云南通省吏治废坏，闻各府州县，多有亏空之处，必须彻底详查，清厘积弊。

同月，英廉补用汉大学士缺，其户部尚书员缺，由和珅补授，和珅未到任以前，户部尚书事务仍由英廉管理。

四月，乾隆赐长子名丰绅殷德，指为固伦和孝公主额驸，并赏戴双眼花翎等。待年及岁时，再派结发大臣举行指婚礼。

五月，定拟李侍尧贪纵营私各款，拟斩监候，大学士九卿核议改为斩决，乾隆采纳和珅意见，仍拟斩监候。

奏请将云南永昌府属潞江隘口、普洱府属磨黑地方税口改设，以收实效。奏准各省城守尉，位列藩司之前，著为令。

奏报滇省采办铜料面临困境及其对策。

奏报滇省私钱盛行情形及其对策：与民间公平收兑小钱，改铸大钱。

奏请湖南、贵州一带苗民准其遵照内地，一例剃发。

奏请将羁禁永昌之缅人释回。

奏请将云南开化府属民人前往交趾贸易关口，依据粤省关隘交趾办法办理。

面奏滇省盐务情形，建议在川滇二省交界处实力禁止偷漏即可。

同月，补授永贵所遗镶蓝旗满洲都统员缺。

六月，兼正白旗领侍卫内大臣，获赏李侍尧入官房屋一所，作为十公主府第。

十月，充四库馆正总裁，仍兼署理藩院尚书事务。

十一月，奉命亲往点验杨景素入官家产。

十二月，奏请将内务府现任笔帖式归并八旗应考现任笔帖式内，届期统由吏部请派大臣一体考试，获准归并各部院笔帖式一体考试，并仿照乡会试之例，分别字号，另列等第，以昭平允。

同月，英廉、和坤奏正阳门新建箭楼改用砖石发券，发生闪裂，重修费用只准开销一半，其余一半由英廉赔十分之七，监督等赔十分之三，和坤因随从热河，并未在存工督办，获加恩宽免。

乾隆四十六年辛丑1781年

二月，《四库全书总目提要》进呈。

三月，尹嘉铨文字狱起，旋被处绞。

四月，甘肃回教徒马明心创新派，与旧派交恶，被清廷所捕，门徒苏四十三等起事，据河州，攻兰州，和坤偕同阿桂前往镇压。因和坤部署不利，致使总兵图钦保战死，乾隆将和坤调回京师。

五月，奉命驰驿回京，而以剿捕贼匪及筹办善后诸事俱交阿桂专办。

奏，前此初抵兰州，即闻王廷赞于贼围困兰州时，将马明心之子放出与贼，并有与贼讲和之事；奏，贼人以打牲为业，本有火药鸟枪，至攻破河州后，所抢火药又多，是以现尚未缺乏，且施放转较官兵有准；奏，陕西毗连四省，形势最为扼要，而现在西安驻防满兵，未免梢单，现有从前裁缺兵房空闲甚多，若添拨驻防兵数千，亦易安插。

奏准热河满洲兵丁于附近官地，赏给四十顷，以为埋葬之所。

乾隆四十七年壬寅1782年

正月，命江苏查禁鸟枪。第一部《四库全书》编成，命贮文渊阁。

四月，奉差率左都御史刘墉、钱沣等前往山东查处巡抚国泰，布政使于易简亏空案。

八月，尚书和珅著加太子太保。

十月，充经筵进官。

乾隆四十八年癸卯 1783 年

十月，充国史馆正总裁。

十一月，奉命以原衔充文渊阁提举阁事。

十二月，奏准天津商人王凤起于乾隆四十三年所领买户部三库绸布绒麻等项价未缴回银两，分作八年，陆续搭解广储司归款。

是年，和珅获赐赏戴双眼花翎，擢国史馆正总纂、文渊阁提举阁事、清字经馆总裁等职。妻祖父英廉去世。

乾隆四十九年甲辰 1784 年

三月，调为正白旗满洲都统。

四月，充清字经馆总裁。

七月，和珅因镇压甘肃回民起义，首承谕旨，缮写寄发，巨细无遗，一体宣劳，再获轻车都尉世职。

九月，获授一等男。

乾隆五十年乙巳 1785 年

正月初六，高宗于乾清宫行千叟宴，亲王至士农兵三千人与宴。

四月，申诫督抚不得纵容西藏来京喇嘛诈冒恣肆，并订护送照料喇嘛章程。

大学士阿桂亲戚海升殴死伊妻吴雅氏一案，左都御史纪昀，会同刑部侍郎景禄、杜玉林等复核不实，经和珅与刑部堂官公同检验，研讯海升，始得殴踢致死、装点自缢情节，阿桂罚公俸五年，仍带革职留任；喀宁阿、胡季堂、穆阿、纪昀等原审、复审官降革有差。

七月，定漕船携带贷物规程。令福建运送甘薯秧苗至河南村地推广种植，并抄传《甘薯录》于河南、山东及直隶传布。

附录

乾隆五十一年丙午 1786 年

三月，令夏间扈从热河，所掌户部印钥由署理户部汉尚书事务李侍尧代管。

六月，御史曹锡宝参劾和珅家奴刘全服用奢侈逾制，倚借主势招摇撞骗。乾隆包庇和珅，怀疑是纪昀对和珅"心怀仇恨"，指使曹锡宝所为，曹锡宝受革职处分。

七月，因苏凌阿、瑞保出差，所有行在工部事务由和珅暂行兼管。

闰七月，补授大学士，管理户部事务，福康安所补授吏部尚书亦由和珅兼管。

九月，免去兼管崇文门监督，转由其子丰绅殷德充任。

十月，阿桂改任兵部事务，和珅独理吏部事务。

十一月，台湾天地会首领林爽文等起义，清军入台镇压。

乾隆五十二年丁未 1787 年

五月，奏请于京城内外，减价粜卖查出各铺店囤积米麦六万余石。

六月，奉旨阅看《四库全书》各书，发现其讹舛处不一而足，如阎若璩《尚书古文疏证》一书，有引李清、钱谦益诸说，未经删削，并黄庭坚集诗注，有连篇累页空白未填者，纪昀、陆锡熊等纂修官受到处分。

十二月，改定乡会试条例。

是年，清廷继续镇压林爽文起义，并派福康安总统其事。

乾隆五十三年戊申 1788 年

二月，台湾林爽文起义被残酷镇压，和珅照从前大学士张廷玉之例，晋封为三等伯。

三月，因承旨书谕，于一切清汉事件，始终巨细无遗，勤劳懋著，获赏用紫缰。

奏请将巡幸天津时，沿途各省督抚、盐政、织造等呈进绸缎皮张荷包帽纬等项，除沿途颁赏随围王大臣并直隶办差大臣官员人等外，其赏用余剩物件，请留备赏需之用。

六月，安南内乱，国王黎维祁求救，命两广总督孙士毅筹办安南事，至十二月攻入东京（河内），恢复安南局势。

七月，廓尔喀巴勒布侵入西藏，驻藏大臣率军抵抗。

十月，许词臣及士子赴翰林院抄阅《四库全书》底本。

乾隆五十四年己酉 1789 年

正月，奉派与阿桂、王杰、福长安、董浩、彭元瑞等轮流前往钱局，督办监试。

安南再次内乱，至十月封郑光平为国王而定。廓尔喀巴勒布再次入侵西藏，至三月始定，七月，遣使内附。

二月，因敬公称职，获交部议叙。

三月，奉命带管行在兵部印钥。

四月，充殿试读卷官。

五月，任庶吉士教习。

同年，长子名丰绅殷德与固伦和孝公主成婚，获大量赏赐。

乾隆五十五年庚戌 1790 年

正月，获赏给黄带、四开楔袍，儿子、固伦额驸丰绅殷德兼散秩大臣行走。

二月，高宗东巡山东，四月返回。

四月，为殿试读卷官。

五月，与吏部尚书彭元瑞教习庶吉士。

八月，高宗弘历八十寿辰，举行隆重庆典，穷极奢侈。因与阿桂、福长安、胡季堂、金简、李绶、伊龄阿总办庆典，获议叙，加二级。

十一月，因总办庆典工程，与金简一起，于所加二级外，再加一级。

同月，内阁学士尹壮图参劾各地督抚逢迎上司勒派亏空、吏治废弛等状，触怒乾隆，和珅亲信庆成随同前往查勘，结果，因各地官员挪移弥补并未查出亏空，尹壮图被革职。

乾隆五十六年辛亥 1791 年

四月，护军海旺等偷窃库银一案，因系管库大臣，遭照数赔补所短银两，交部议处。

八月，廓尔喀侵后藏，占札什伦布等地大掠。

九月，以西藏行使廓尔喀钱，令开炉铸钱断禁外币。

十一月，命福康安赴西藏督师击廓尔喀。

同月，和坤任刻石经正总裁。护军海旺等盗窃库银案发，管库大臣和坤受降职处分。

十二月，规定西藏事务由驻藏大臣会同达赖喇嘛商议办理，禁噶布伦专擅。

乾隆五十七年壬子 1792 年

二月，京察，交部议叙。

六月，奉派偕福长安前往查勘热河雨灾。

九月，因办理廓尔喀侵后藏完事，与大学士公阿桂，王杰、尚书福长安、董浩、庆桂一体交部议叙。同月，颁金奔巴瓶于西藏。

十月，奉命与工部尚书彭元瑞一同充日讲起居注官。高宗作"十全武功记"。

弟和琳因查办和坤保攀之人普福，据实查奏，获赏给御用玉扳指一个，大荷包一对，小荷包四个。

十一月，清廷弛贫民出关就食之禁。

乾隆五十八年癸丑 1793 年

正月，定西藏善后章程，封安南国世子阮光缵为国王。

二月，定西藏与廓尔喀互市规程。

三月，改定达赖、班弹及大呼图克图呼毕勒汗选择用金奔巴瓶抽签法，并于北京雍和宫别颁金奔巴瓶供蒙古各地大呼图克图推择之用。

四月，奉命带管行在兵部印钥。

五月，和坤、工部尚书彭元瑞教习庶吉士。

七月，和珅奏，钦天监监正安国宁、监副汤士选及四堂西洋人罗广祥等十名，恳准赴园（圆明园），于该国匠役安装贡品时，一同观看学习。谕批：此亦甚好，多一人即多一人之心思，安国宁等既情愿前往，自应听其随同观看学习，尤可尽得其装卸收拾方法，庶将来该国匠役回国后，可以拆动那移，随时修理，更为妥善。

八月，英国所派马戛尔尼使团到达北京，并到热河行宫觐见乾隆，提出开埠、占地、减税、驻使等项要求。乾隆派人热情接待，但断然拒绝其要求。所发敕书表明"天朝物产丰盛，无所不有，原不藉外夷货物以通有无"，"天朝尺土，俱归版籍，疆址森然，即岛屿沙洲亦划界分疆，各有专属"的态度。

是年，和珅另兼管太医院、御膳房等事务，负责接待马戛尔尼使团。

乾隆五十九年甲寅1794 年

六月，查禁小钱，命云南贵州停止铸钱。令各省督抚裁革州县衙役。

六月，奏准将圈养马匹分与文武大臣官员拴养，所空圈地，建创官房，给予贫民居住。

七月，定大学士行走班次：阿桂居首，和珅居次，王杰居次，福康安居王杰之次，孙士毅居福康安之次。

八月，禁盐官勒派商人供应饭食银及杂费银。以金川旷地给降番耕种，免赋税。四川大宁谢天绣、湖北竹溪王占魁、陈金玉以传习"邪教"被捕，起解途中被教徒劫走陈金玉，又捕得教首刘松，供出太和刘之协，于是令各省开始穷搜。白莲教起义之爆发即源于此。

因票拟革职人员错误，在京大学士阿桂，及未经看出之行在大学士和珅、王杰，俱交部分别察议。

九月，石经馆总裁等校勘石经将次完竣，总裁彭元瑞均专司其事，加太子少保衔，赏大缎二匹。和珅等所管事务较繁，祗能总其大纲，酌加参阅，免赏。

十一月，因刘之协被捕后在河南脱逃，革河南巡抚穆和兰职。

附录

是年，和珅因包庇吉林将军恒秀侵吞币银降二级留用。幼子生，弟和琳转任四川总督。

乾隆六十年乙卯 1795 年

正月，贵州松桃苗民石柳那、湖南永绥苗民石三保等起义。

二月，清廷派云贵总督福康安、四川总督和琳会同湖广督抚率兵镇压苗民起义。

三月，台湾陈周全起义，旋失败。

四月，奉命与大学士王杰、吏部尚书刘墉、户部尚书董浩、礼部尚书纪昀、吏部侍郎金士松、礼部侍郎铁保、工部侍郎吴省钦同为殿试读卷官。

五月，与工部尚书彭元瑞教习庶吉士。因瞒报台吉图巴扎布凶杀案殿试武举发策"掩过饰非"被降三级留用。

六月，命福建浙江会剿洋盗。福建亏空案发，总督伍拉纳、巡抚浦霖被斩，道府州县官获罪者甚多。

九月，高宗公开皇十五子永琰为皇太子，明年元旦为皇帝，改元嘉庆，并轮免各省钱粮。

嘉庆元年丙辰 1796 年

正月初一，清廷举行授受大典，高宗弘历退位为太上皇，仁宗永琰继位，改年号嘉庆，铸嘉庆通宝钱。初三日于宁寿全宫再举千叟宴，与宴者四千余人。

是月，白莲教徒聂人杰等于湖北枝江、宜都起义，清军前往镇压。二月，聂人杰被俘死，姚之富等继续斗争。

四月，与吏部尚书刘墉、户部尚书董浩、工部尚书彭元瑞、吏部左侍郎沈初、右侍郎胡高望、兵部左侍郎玉保，内阁学士吴省兰同为殿试读卷官。

五月，与工部尚书彭元瑞同为教习庶吉士。调正黄旗领侍卫大臣。

和琳病死军中，和珅幼子病死，丰绅殷德到湘黔视军。

嘉庆二年丁巳 1797 年

三月，调为镶黄旗满洲都统。

八月，始管理刑部，不再兼管户部；任为镶黄旗领侍卫内大臣。寻仍兼理户部。

本年，和珅任刑部尚书，兼管户部，负责军需报销事务。大学士阿桂去世后，继为首席军机大臣。

嘉庆三年戊午 1898 年

八月，平定黔苗，因襄赞机宜，承旨书谕，一手经理，夙夜宣劳，晋封等公爵，照例承袭。

是年，乾隆皇帝预派与大学士王杰、苏凌阿、刘墉、尚书福长安、彭元瑞总办庚申年九旬万万寿巨典。

是年，妻冯氏病死。

嘉庆四年己未 1799 年

正月初三，乾隆帝死于养心殿（有说为乾清宫，误，此据实录及清鉴）。次日，和珅被夺军机大臣、九门捉督等职，命与福康安昼夜守直殡殿，旋下狱，正月十八日以二十大罪赐死，其党羽贬降有差。

四、清朝的官制

（文中描述了许多清朝的官制情况，为了帮助读者更好地理解，我们特将其作一简要说明）大清朝在入关之前，官职世代承袭，由小到大分备御（原为牛录额真，天聪八年改为牛录章京）、游击（天聪八年改为甲喇章京）、副将（天聪八年改为梅勒章京）、总兵（天聪八年改为昂邦章京）5 级。后面 4 种世职又各分 3 级。

入关后，清代官职有九品，每品有正有从，称为"九品十八阶"。九品以上是官，九品以下是吏。

正一品：太帅、太保、太傅、光禄大夫、殿阁大学士、领侍卫内

大眸掌銮仪卫事大臣。

从一品：少师、少傅、少保、协办大学士、太子太师、太子太傅、太子太保、尚书、总督（加尚书衔）、左右都御史、提督九门步军巡捕五营统领、内大臣、将军、都统、提督。

正二品：太子少师、太子少傅、太子少保、左右侍郎、各省总督、左右翼前锋统领、八旗护军统领、銮仪使、副都统、总兵。

从二品：内阁学士、翰林院掌院学士、巡抚、布政使司布政使、散秩大臣、副将。

正三品：都察院左右副都御史、宗人府丞、通政司通政使、大理寺卿、詹事府詹事、太常寺卿、顺天府府尹、奉天府府尹、按察使司按察使、一等侍卫、火器营翼长、简锐营翼长、护军参领、骁骑参领、王府长史、城守卫、参将、指挥史。

从三品：光禄寺卿、太仆寺卿、都转盐运使司盐运使、包衣护军参领、王府一等护卫、游击、五旗参领、协领、宣慰使司宣慰使、指挥同知。

正四品：通政司使司副使、大理寺少卿、太常寺少卿、太仆寺少卿、詹事府少詹事、鸿胪寺卿、都察院六课掌院给事中、顺天府府丞、奉天府府丞、各省守巡道员、二等侍卫、云麾使、副护军统领、副前锋参领、副骁骑参领、太仆寺马厂驼厂总管、贝勒府司仪长、侍卫领班、防守使、佐领、都司、宣慰使司同知、管带官。

从四品：翰林院侍读学士、侍讲学士、国子监祭酒、内阁侍读学士、知府、土知府、盐运使司同知、城门领、包衣副护军参领、包衣副骁骑参领、包衣佐领、四品典仪、二等护卫、宣抚使司宣抚使、宣慰使司副使。

正五品：左右春坊庶子、通政司参议、光禄寺少卿、钦天监监正、六科给事中、各部郎中、宗人府理事官、太医院院使、同知、土同知、直隶知州、三等侍卫、治仪正、步军副尉、步军校、分管佐领、关口守御、防御、守备、宣抚使司同知、千户。

从五品：翰林院侍读、翰林院侍讲、鸿胪寺少卿、司经局洗马、宗人府副理事、御史、各部员外郎、各州知州、土知州、盐运司副使、盐课提举司提举、四等侍卫、委署前锋参领、委署护军参领、委署鸟枪护军参领、委署前锋侍卫、下五旗包衣参领、五品典仪、印务章京、三等护卫、守御所千总、河营协办守备、安抚使、招讨使、宣抚使司副使、副千户。

正六品：内阁侍读、左右春坊中允、国子监司业、堂主事、主事、都察院都事、经历、大理寺左左寺丞、宗人府经历、太常寺满汉寺丞、钦天监监判、太医院院判、钦天监汉春夏中秋冬五官正、神乐署署正、僧录司左右善世、道录司左右正一、京府通判、京县知县、通判、土通判、兰翎侍卫、整仪尉、亲军校、前锋校、护军校、鸟枪护军校、骁骑校、委署步军校、门千总、营千总、宣抚使司金事、安抚使司同知、副招讨使、长官使、长官、百户。

从六品：左右春坊赞善、翰林院修撰、光禄寺署正、钦天监满洲蒙古五官正、汉军秋官正、和声署正、僧录司左右阐教、道录司左右演法、布政司经历、理问、运判、直隶州州同、州同、土州同、内务府六品兰翎长、六品典仪、卫千总、安抚使司副使。

正七品：翰林院编修、大理寺左右评事、太常寺博士、国子监监丞、内阁典籍、通政司经历、知事、太常寺典籍、太仆寺主簿、部寺司库、兵马司副指挥、太常寺满洲读祝官、赞礼郎、鸿胪寺满洲鸣赞、京县县远、顺天府满洲教授、训导、知县、按察司经历、教授、城门史、太仆寺马厂协领、把总、长官司副长官。

从七品：翰林院检讨、銮仪卫经历、中书科中书、内阁中书、詹事府主簿、光禄寺署丞、典簿、国子监博士、助教、钦天监灵台郎、祠祭署奉把、和声署署丞、京府经历、布政司都事、盐运司经历、直隶州州判、州判、土州判、七品典仪、盛京游牧副尉。

正八品：司务、五经博士、国子监学止、学录、钦天监主簿、太医院御医、太常寺协律郎、僧录司左右讲经、道录司左右至灵、布政司库大使、盐运司库大使、盐道库大使、盐课司大使、盐引批验所大使、按察司知事、府经历、县丞、士县远、四氏学学录、州学正、教谕、外委千总。

从八品：翰林院典簿、国子监典簿、鸿胪寺主簿、祠祭署祀丞、神乐署署远、僧录司左右觉义、道录司左右至义、布政司照磨、盐运司知事、训导、八品典仪、委署亲军校、委署救锋校、委署护军校、

委署骁骑校。

正九品：礼部四译会同馆大使、钦天监监侯、司书、太常寺汉赞礼郎、按察司照磨、府知事、同知知事、通判知事、县主簿、各营兰翎长、外委把总。

从九品：翰林院侍诏、满洲孔目、礼部四译会同馆序班、国子监典簿、鸿胪寺汉鸣赞、序斑、刑部司狱、钦天监司晨、博士、太医院吏目、太常寺司乐、工部司匠、府厅照磨、州吏目、道库大使、宣课司大使、府税课司大使、司府厅司狱、司府厅仓大使、巡检、土巡检、太仆寺马厂委署协领、额外外委。

未入流：翰林院孔目、都察院库使、礼部铸印局大使、兵马司吏目、崇文门副使、典史、土典史、关大使、府检校、长官司吏目、茶引批验所大使、盐茶大使、驿丞、土驿丞、河泊所所官、道县仓大使、百长、土舍、土目。

清朝官员品级十分复杂，以上仅是品级举例，晚清官级没包括在内。